BASTEI
LÜBBE

Arthur

Es war ein Kinderspiel

Aus dem Französischen von
Sylvia Strasser

BASTEI
LÜBBE

BASTEI-LÜBBE-TASCHENBUCH
Band 61 289

Deutsche Erstveröffentlichung
Die französische Originalausgabe erschien unter dem Titel MON ÉCOLE BUISSINNIÈRE bei Fixot, Paris

Printed in Great Britain, Februar 1994
Umschlaggestaltung: Manfred Peters
Titelbild: Fixot-Paris
Satz: Fotosatz Schell, Bad Iburg
Druck und Bindung: Cox & Wyman, Ltd.
ISBN 3-404-61289-2

Der Preis dieses Bandes versteht sich einschließlich der gesetzlichen Mehrwertsteuer.

Für meinen kleinen Schatz Kalvine

Mein besonderer Dank gilt Dadou
und Jaona, meinen Eltern, für
ihre wertvolle Hilfe sowie meiner
kleinen Schwester Kalvine für
ihre Anregungen.

Vorwort

Meine Schwester Kalvine sollte bald ihren zweiten Geburtstag feiern. Sie war ein so fröhliches, glückliches kleines Mädchen, daß die Tatsache, sie aufwachsen zu sehen, in mir den Wunsch weckte, mein eigenes Leben Revue passieren zu lassen. Ich war damals zwölfeinhalb und ging seit kurzem auf die Universität, wo ich Mathematikvorlesungen in beiden Studiengängen, d. h. mit Abschluß-Diplom und Staatsexamen, besuchte. Ich gehörte jetzt zu den »Großen«.

Um das Abenteuer, auf das meine Eltern und ich uns eingelassen hatten, besser zu verstehen, wollte ich meinen Lebensweg genau nachzeichnen. Ein Buch schien mir das geeignete Medium dafür zu sein. Ich sprach mit meinen Eltern darüber.

Jaona, mein Vater, war dagegen: Er fand, wir sollten meine Geschichte für uns behalten, das würde den Zusammenhalt unseres »Clans« stärken. Dadou, meine Mutter, war dafür: Sie meinte, ich könne mich nicht länger verstecken, bloß weil ich angeblich anders als andere wäre. Sie teilte meine Ansicht, an die Öffentlichkeit zu gehen und von mir und meinem Werdegang zu erzählen, sei die beste Art, das Mißtrauen und das Unverständnis, auf das ich leider allzuoft stieß, abzubauen.

Die Diskussion dauerte vier Monate. Dann, im Juli

1990, bekam ich grünes Licht. Und meine Eltern sagten mir ihre Unterstützung zu.

Über die ersten sieben Jahre meines Lebens, an die ich mich nicht mehr so genau erinnern kann, berichten Dadou und Jaona. Danach erzähle ich, wie es war, ganz ohne Schule auszukommen.

Arthur
Juli, 1991.

Teil I

Die ersten Schritte

1

DADOU

Montpellier, Ende August 1976

Ich wußte nicht so recht, was ich von dieser Situation halten sollte, in die ich mich da hineinmanövriert hatte. Als sich der Aufruhr meiner Gefühle ein paar Tage nach unserer ersten Begegnung ein wenig gelegt hatte, fragte ich mich, wohin das Ganze führen würde.

Jaona war wirklich ein besonderer Mensch. Er hatte etwas Rührendes. Für mich war er ein Poet. Er konnte lebhaft und temperamentvoll sein, aber meistens war er still und in sich gekehrt und mit den Gedanken irgendwo anders, fern der Wirklichkeit, mit der ich Tag für Tag konfrontiert wurde.

Ich fürchtete, er würde mich zu sehr ablenken. Ich hatte nämlich ein Ziel vor Augen: mein Schwesternexamen. Schließlich war ich schon fünfundzwanzig. Ende Januar, knapp fünf Monate später also, hatte ich

Prüfung. Ich durchlief die letzte Phase meiner Ausbildung, und zwar auf der Intensivstation, wo sich oft schreckliche Tragödien abspielten. Die Sache war ganz einfach die, daß ich verliebt war und Angst vor den Konsequenzen hatte.

Ich brauchte Zeit. Ein bißchen Abstand würde uns guttun; danach sollte Jaona mir klipp und klar sagen, wie er sich unsere weitere Beziehung vorstellte. Ich dachte mir, er könnte vielleicht bei der Weinlese helfen, und daher gab ich ihm die Adresse eines Cousins in der Côte de Beaune.

JAONA

Ich hielt es nicht lange bei der Weinlese aus: Ich war einfach nicht bei der Sache. Also fuhr ich zurück nach Mornant-la-Plaine bei Lyon, wo ich seit Juni ein Zimmer in einer grün-alternativen Wohngemeinschaft hatte.

Meine Freundin, mit der ich über drei Jahre zusammengewesen war – und mit der ich eigentlich den Rest meines Lebens hatte verbringen wollen –, hatte mich wegen eines anderen, eines gemeinsamen sehr guten Freundes, verlassen. Ich war furchtbar deprimiert. Glücklicherweise war es Sommer; ich glaube, ohne sein Licht, seine Wärme, seine Fülle wäre ich völlig verzweifelt.

Die Chancen, daß die aus den Vogesen stammende Dadou und ich, der Madegasse, uns begegneten, standen eins zu einer Milliarde. Und dennoch trafen sich unsere Blicke. Jenem wunderbaren Sommer sei Dank!

Bevor ich in die Côte de Beaune gefahren war, hatte

Dadou mir vorgeschlagen, sie nach Schweden zu begleiten, wo sie ihre beste Freundin, Malin, besuchen wollte. Die beiden hatten sich 1969 kennengelernt, als sie im Pariser Raum für die ATD (*Aide à toute détresse*) tätig waren, einer von Pater Joseph gegründeten Hilfsorganisation für die Vierte Welt.

Ich hatte schon alles für die Abreise vorbereitet und brauchte nur noch mein Visum abzuholen. Als ich in der Schlange vor der Amtsstube wartete, entdeckte ich zu meinem Entsetzen, daß meine Aufenthaltsgenehmigung in Kürze ablaufen würde. Und die Chancen auf eine Verlängerung standen eher schlecht. Das Risiko, nicht mehr einreisen zu dürfen, wenn ich Frankreich erst einmal verlassen hätte, war mir zu groß. Ich sagte die Reise ab – und stieß insgeheim einen Seufzer der Erleichterung aus.

Am 15. September traf ich mich wie vereinbart mit Dadou in Lyon. Sie schien sehr glücklich über meinen Entschluß, zu ihr nach Montpellier zu ziehen, sowie ich meine Angelegenheiten in der Stadt, in der ich fast fünfzehn Jahre gelebt hatte, geregelt hätte.

Ich war acht Jahre alt, als ich 1961 gemeinsam mit meinen Großeltern mütterlicherseits und meiner damals zwölfjährigen Cousine aus meiner Heimat Madagaskar nach Frankreich kam. Wir zogen nach Lyon, wo wir all die Jahre über wohnen blieben.

Ich lebte mich rasch ein in der neuen Umgebung und hatte, dank der guten Leistungen im Unterricht und der Pluspunkte, die ich beim Fußballspielen in der Pause sammelte, auch in der Schule keine Eingewöhnungsschwierigkeiten. Meine Großeltern wohnten in der Rue d'Anvers 29. Direkt gegenüber lag ein Café, das von einer Savoyerin namens Jeannette geführt wurde. Dort ging ich allabendlich hin, um fernzusehen.

Jérôme Rakotoson, mein Großvater, war ein ungewöhnlicher Mensch, ein Autodidakt, der sich aus eigener Kraft vom Bauern zum Bahnhofsvorsteher in der Hauptstadt Tananarivo emporgearbeitet hatte und für seine Verdienste mit dem Kreuz der Ehrenlegion erster Klasse ausgezeichnet worden war. Er war der Inbegriff des diensteifrigen, loyalen, pflichtbewußten Beamten. Und zu Hause war er der *pater*, das Familienoberhaupt, das allen Hindernissen und Demütigungen zum Trotz den Seinen zu gesellschaftlichem Ansehen verholfen hatte.

Dieser – laut Eintragung im Standesamtsregister – »um 1900« geborene Mann hatte seinen Vater nie gekannt. Er, der gläubige Katholik, war gezwungen gewesen, sich zum protestantischen Glauben seiner Frau Rahalisy zu bekehren, weil sie einer höheren Kaste angehörte. Sein Haus und sein gesamtes Hab und Gut waren infolge von Brandstiftung den Flammen zum Opfer gefallen, und er mußte wieder bei Null anfangen. Seinen Sohn Seta, das gescheiteste seiner sechs Kinder, hatte er unter merkwürdigen Umständen verloren (es ging das Gerücht, er sei das Opfer eines Fluchs geworden, den man gegen die Familie ausgestoßen hatte).

Meine Großeltern nahmen mich bereits als Dreijährigen unter ihre Fittiche; meine Eltern waren offensichtlich nicht in der Lage, meine Erziehung selbst in die Hand zu nehmen.

Vor seiner Heirat war mein Vater ein bekannter Komponist gewesen, dessen Lieder im madegassischen Rundfunk gespielt wurden. Außerdem verdiente er sich sein Geld als Klavierspieler in einer

Kneipe namens Bar Flip in Tananarivo, in der sich die französischen Armeeangehörigen munter unter das einheimische Volk mischten. Und er war ein Dandy: »Rahastyla« nannten sie ihn, was soviel wie »toller Hecht« bedeutet.

Aber mit alldem war Schluß, als er Fine Rakotoson, meine Mutter, heiratete, eine Tochter aus gutem Hause, lebhaft und intelligent. Statt sich weiterhin im Starruhm zu sonnen, mußte er eine Stelle als Schreiber bei der Eisenbahn annehmen. Ich war das älteste ihrer sieben Kinder.

Von den Gewohnheiten, die er als Nachtschwärmer hatte, war ihm das Trinken geblieben: Er hatte eine unausrottbare Vorliebe für Cognac und andere Spirituosen. Meine Mutter wiederum neigte zur Hysterie. Die Mischung erwies sich als hochexplosiv, und Leidtragender ihrer heftigen und nicht selten handgreiflichen Auseinandersetzungen war ich. Besorgt über die Entwicklung der Dinge, holten mich meine Großeltern mütterlicherseits von zu Hause fort und nahmen mich zu sich. Seitdem kümmerten sie sich um mich wie um ihren eigenen Sohn. Ich weiß nicht, was aus mir geworden wäre, wären sie nicht gewesen.

Es war ein unerhörter Glücksfall für mich, mit acht Jahren nach Frankreich übersiedeln zu können. Wie sich herausstellte, verstanden meine Großeltern eine ganze Menge von Kindererziehung. Sie wachten zwar auf der einen Seite darüber, daß ich in der Schule gut mitarbeitete, ließen mir aber auf der anderen sehr viel Freiheit. Als gläubige Protestanten lehrten sie mich die Grundwerte Ehrlichkeit, Nächstenliebe und Toleranz. Und da ich im Konfirmandenunterricht zu den Besten zählte, sahen sie mich schon als Pastor. In diesem Punkt mußte ich sie allerdings enttäuschen, auch wenn ich mir meinen Glauben bewahrt und an den moralischen Werten, die sie mir mit auf den Weg gaben, festgehalten habe.

Bildungsmäßig war mein Hintergrund so bunt gemischt wie das Viertel, in dem ich zu Hause war: Bürgerhäuser wie das, in dem wir zusammen mit anderen Parteien, darunter einem Obersten, wohnten, standen neben einfachen, oft heruntergekommenen Wohnblöcken, in denen hauptsächlich Gastarbeiter auf engstem Raum lebten.

Mein Großvater bezog eine ordentliche Pension, die uns ein angenehmes, wenn auch nicht luxuriöses Leben ermöglichte; der einzige wirkliche Luxus war meine alljährliche Ferienreise im Sommer.

Die Ermordung John F. Kennedys – ich war damals zehn Jahre alt – versetzte mir einen Schock. Ich begann, mich für alles, was mit Politik im weiteren Sinn zusammenhing, zu interessieren, und wurde ein eifriger Leser der *Monde* und später des *Express*.

Unsere Wohnung war ein beliebter Treffpunkt für die aus Madagaskar stammenden Einwohner der Stadt; die meisten waren Studenten. An den Sonntagnachmittagen diskutierte so die künftige geistige Elite der Nation bei selbstgebackenem Kuchen und einer guten Tasse Tee über die Zukunft des Landes. Auf diese Weise wurde ich mit der Sprache der politischen Wissenschaften vertraut. Mein politisches Bewußtsein entwickelte sich also relativ früh.

Ich war ein guter Schüler, nur mein Betragen ließ manchmal zu wünschen übrig, was an der Straße, meiner anderen Welt, lag. Ich trieb mich nämlich gern mit der Jungenclique unseres Viertels herum. Sie nahmen mich immer mit auf ihren Motorrädern, und wir brausten durch die Gegend.

Wenn ich von der Schule nach Hause kam, schaltete ich als erstes mein Radio ein, um mir *SLC – Salut les Copains* auf *Europe 1* anzuhören. Und abends durfte ich auf keinen Fall *Pour ceux qui aiment le jazz* oder *Age tendre et tête de bois* im Fernsehen versäumen. Ich schwärmte so sehr für Rock'n Roll, Rhythm and Blues und Jazz, daß ich unbedingt lernen wollte, ein Instrument zu spielen.

Mit zwölf fing ich an, Gitarre zu spielen. Mit vierzehn trat ich gemeinsam mit meinem Freund Kelly, der ebenfalls aus Madagaskar stammte und ein großer Aufreißer war, auf Tanzveranstaltungen auf: Er sang, ich begleitete ihn auf meiner Gitarre. Er war es übrigens auch, der mir das Trinken beibrachte und wie man die Mädchen anmacht und solche Dinge. Ich erwies mich als gelehriger Schüler und schlug mehr als einmal über die Stränge. Das Aufbruchsjahr 1968 kam mir da sehr entgegen. 1971 machte ich das Abitur. Ich war damals achtzehn und lebte mehr in den Tag hinein, als mir ernsthaft Gedanken über meine Zukunft zu machen. *Just do it!* lautete der Wahlspruch dieser Zeit.

Mein Großvater begann im Alter von zweiundsechzig Jahren mit dem Studium der Rechtswissenschaften. Zum einen wollte er geistig beweglich bleiben, zum anderen die juristischen Kenntnisse erwerben, die für die Vertretung seiner Interessen hinsichtlich seines Immobilienbesitzes auf Madagaskar, wohin er 1971, nach meinem Abitur, endgültig zurückgekehrt war, erforderlich waren.

Da ich schon nicht hatte Pfarrer werden wollen, hätte er es gern gesehen, wenn ich Jura studiert hätte, um die Verwaltung des Familienbesitzes zu übernehmen. Obwohl er mir eine finanziell und gesellschaftlich verlockende Position in Aussicht stellte, zog ich es vor, in Frankreich zu bleiben und den erregenden Geist von Freiheit und Abenteuer jener Zeit zu atmen.

DADOU

Jaona war per Anhalter nach Montpellier gekommen. Unterwegs hatte ihn der Regen überrascht, und er war naß bis auf die Haut, als er auf der Krebsstation, meinem neuen Arbeitsplatz, ankam, um die Schlüssel für mein Zimmer im Studentenwohnheim abzuholen. Der junge Mann, mit dem ich mein Leben teilen wollte, besaß praktisch nur das, was er auf dem Leib trug sowie eine Tasche aus Armeebeständen, die seine gesamte Habe aus dreiundzwanzig Lebensjahren enthielt. Er fing buchstäblich bei Null an.

Ich fragte mich, auf was ich mich da eingelassen hatte. Aber ich hatte keine Angst vor der Herausforderung, im Gegenteil, sie spornte mich an. Jaona dagegen haderte unentwegt mit seinem Schicksal, was die Sache für mich nicht gerade leichter machte. Mein Optimismus mußte für uns beide reichen ...

Die erste Zeit wohnten wir zusammen mit Danielle, auch eine angehende Krankenschwester, und einigen Studenten in einer großen Wohnung, wo eine ungeheuer lockere Atmosphäre herrschte: Die Wohnungstür war nie verschlossen, und wir diskutierten nächtelang bei etlichen Flaschen Wein darüber, wie man die Welt verbessern könnte. Nicht gerade die idealen Bedingungen für eine Examensvorbereitung ...

Als der Prüfungstermin näherrückte und Danielle allmählich in Panik geriet, übernahm Jaona die Funktion unseres »Betreuers«. Er lernte mit uns, hörte uns ab und führte obendrein noch den Haushalt.

Er hatte sich um Arbeit bemüht, aber nichts gefunden. Er konnte nur eine illegale Beschäftigung annehmen, denn seit Oktober war seine Aufenthaltsgenehmigung abgelaufen. Und die Immatrikulationsfrist für die Uni war ebenfalls verstrichen. Wie heißt es doch so schön: ohne Aufenthaltsgenehmigung keine Arbeitserlaubnis und ohne Arbeitserlaubnis keine Aufenthaltsgenehmigung!

Jaona war unversehens im Gestrüpp von Paragraphen und Bestimmungen hängengeblieben. Aufgrund eines neuen Gesetzes über die Einwanderungs- und Aufenthaltsbestimmungen für madegassische Staatsangehörige galt er als *primo rentrant*, das heißt als Person, die zum erstenmal nach Frankreich eingereist ist und sich illegal im Land aufhält. Jedesmal, wenn er auf die Präfektur ging und versuchte, die vertrackte Situation zu klären, bekam er zur Antwort, da sei nichts zu machen, so lauteten die Bestimmungen nun einmal. Ihnen hatte er es zu verdanken, daß er, obgleich er seit mehr als fünfzehn Jahren in Frankreich lebte, plötzlich als »Illegaler« galt.

Er regte sich aber nicht weiter darüber auf, denn das war immer noch besser, als schlicht und einfach abgeschoben zu werden. Das wäre wirklich eine Katastrophe gewesen, für mich noch mehr als für ihn: Ich wünschte mir nämlich ein Kind von ihm.

Es war an einem Nachmittag im November. Wir hatten uns geliebt und rauchten gemütlich eine Marlboro, während im Hintergrund eine in Chicago aufgezeichnete Liveaufnahme des Oscar-Peterson-Trios lief. Wir waren allein. Es war still in dcr Wohnung, und wir genossen diese Momente, in denen wir für uns waren.

Ich schaute an die Decke hinauf und schlug Jaona allen Ernstes vor, ein Kind zu machen.

Er lachte laut. »Ein Kind? Du spinnst wohl! Ich glaube, du schätzt unsere Situation ein bißchen zu rosig ein.«

Als er merkte, mir war es ernst damit, malte er mir unsere gegenwärtige Lage in den düstersten Farben aus: Er konnte jeden Augenblick ausgewiesen werden, wir lebten von 800 Francs, die mir meine Eltern monatlich überwiesen, und ich stand kurz vor dem Examen.

»Absolut tödlich, um ein Kind in die Welt zu setzen«, schloß er.

Worauf ich ihm lediglich antwortete, daß er meinen Kinderwunsch nicht einfach ignorieren könne, wenn er weiterhin mit mir zusammenleben wolle. Und das Gehalt einer Krankenschwester reiche auch für drei …

Ein Wort gab das andere, der Ton wurde lauter, und Jaona stand auf und ging. Drei Tage später, als er mir ansprechbar erschien, brachte ich das Thema noch einmal vor, in ruhigem, sachlichem Ton. Zwischen der Trauer um seine verlorene Liebe und der Sorge über seine heikle Situation hatten Jaona und ich nicht viele Augenblicke heiterer Gelassenheit.

Meine Hartnäckigkeit zahlte sich aus. Aber der Preis für Jaonas Bereitschaft, ein Kind mit mir zu zeugen war hoch: Er lehnte es ab, sich um seine Erziehung zu kümmern; dafür sei er nicht geeignet, meinte er. Ich freute mich trotzdem, denn das Wichtigste hatte ich erreicht: Ich würde ein Kind bekommen von dem Mann, den ich liebte. Und ich war zuversichtlich, daß er eines Tages ein Leben mit uns beiden würde teilen wollen. Außerdem hatte er mir versprochen, bei der Entbindung dabei zu sein. Das war die einzige Bedingung, die ich gestellt hatte. Nicht ohne Grund …

Ein paar Wochen später war ich schwanger. Ich wußte es bereits vor dem Schwangerschaftstest. Ich war außer mir vor Freude und sprach von nichts anderem mehr. Jaona hingegen war beunruhigt. Er fürchtete, ich könnte Drillinge oder womöglich Vierlinge bekommen, weil ich praktisch unmittelbar, nachdem ich die Pille abgesetzt hatte, schwanger geworden war. Ich aber wußte, ich erwartete nur ein Kind.

Mein Kind! Endlich hatte sich mein Wunsch erfüllt.

Über Weihnachten fuhr ich zu meinen Eltern nach Vecoux in den Vogesen. Ich konnte es kaum erwarten, ihnen die gute Nachricht mitzuteilen.

2

In »Le Raîtières« in Vecoux hatte ich meine Wurzeln: Dort, mitten im Grünen, stand mein Elternhaus, lebte meine Familie, war ich zusammen mit fünf älteren Schwestern und zwei Cousins aufgewachsen. Ich hing sehr an meiner Heimat. Im Badezimmer im ersten Stock war ich zur Welt gekommen, und ich hatte eine glückliche, unbeschwerte Kindheit verlebt. Meine Eltern erzogen uns nach traditionellen Maßstäben, das heißt sittlich und in christlichem Geist.

Aber auch das Handwerkliche, Praktische stand hoch im Kurs, was zum Teil sicherlich am beruflichen Werdegang meines Vaters lag: Nach fünfjähriger Kriegsgefangenschaft – vier Fluchtversuche inklusive – hatte er als Textilingenieur gearbeitet und war später zum Fabrikdirektor aufgestiegen.

Die Antoines, die Familie meines Vaters, gehörten dem gutbürgerlichen Mittelstand an. Die Jungen wurden auf die Schule Saint-Croix-de-Neuilly geschickt, die Mädchen auf die Sainte-Marie-Schule, so wie meine Tante Solange, die später ins Kloster ging. Mein Vater war kein Freund von langen Reden und hielt nicht viel von einer abstrakten Betrachtungsweise der Dinge; das erleichterte die Verständigung zwischen ihm und uns Kindern nicht gerade. Für ihn war entscheidend, daß wir uns in jeder Situation selbst zu helfen wußten, Arbeit hatten, in geordneten Verhältnissen lebten – und den Führerschein machten! Kurz gesagt, wir sollten so schnell wie möglich auf eigenen Füßen stehen.

Er war ziemlich sportlich. Die Lust an körperlicher Bewegung – Schwimmen, Skifahren, Radfahren – hatten wir ebenso von ihm wie die Vorliebe für Reisen, denen ein Hauch Abenteuer anhaftete: Im Sommer zogen wir immer mit dem Wohnmobil, das er selbst gebaut hatte, durchs Land.

Meine Mutter war zwei Jahre jünger als er und eine perfekte Hausfrau, eine Rolle, die sie vollkommen ausfüllte – schließlich hatte sie acht Kinder zu versorgen. Sie stammte aus einer Handwerkerfamilie. Ihre Eltern, die Lescures, waren einfache, aber gebildete Leute, die in Selongey im Côte-d'Or eine Stanz- und Prägefabrik aufgebaut und sich damit einen Namen gemacht hatten. Meine Mutter war für alle geistigen, kulturellen Dinge aufgeschlossen und lehrte uns die Liebe zu Büchern, zum Klavierspiel, zum Ballett und zum Theater, das wir in Form von Hörspielen im Radio genossen.

Als Kind war ich fleißig und strebsam gewesen, aber als ich älter wurde, packte mich das Fernweh. Mein Traum war es, durch die Welt zu trampen. Für die Ausbildung zur Krankenschwester hatte ich mich nicht zuletzt deshalb entschieden, weil ich diesen Beruf in allen Teilen der Welt würde ausüben können.

Obgleich ich keine Zweifel daran ließ, wie sehr ich mich über das Kind, das ich erwartete, freute, nahmen meine Eltern die Neuigkeit mit gemischten Gefühlen auf. Sie waren der Meinung, in Anbetracht unserer finanziellen Situation sei es leichtsinnig, eine Familie gründen zu wollen, und fürchteten, ich hätte mich in eine ausweglose Lage manövriert. Aber sie sicherten mir ihre volle Unterstützung zu. Mit mir, dem Nesthäkchen, sind sie immer schon nachsichtig gewesen …

Nachdem das also geklärt war, drehte sich die Unterhaltung nur noch um die Schwangerschaft im allgemeinen. Einige meiner Schwestern hatten mir diese Erfahrung voraus. Sie überhäuften mich mit Ratschlägen und zeigten sich rührend um mich besorgt. Gestärkt durch die Wärme und Geborgenheit im Schoß der Familie, fuhr ich nach Montpellier zurück.

Jaona ging es besser, wie ich erfreut feststellte. Er hatte begonnen, sich mit Anthropologie zu beschäftigen, und durch die Lektüre eine gewisse Ausgeglichenheit wiedererlangt.

Mein Examen bestand ich spielend. Ich bekam mein Diplom und meine Freundin auch. Jaona war darüber fast noch glücklicher als ich: Wenigstens etwas hatte geklappt! Ansonsten sah es eher düster aus: Schachmatt gesetzt von einer gesetzlichen Regelung und als Folge davon ins soziale Abseits gedrängt, blieb ihm nur eine Existenz am Rande der Gesellschaft. Er mußte sich eine Arbeit suchen, die keine Papiere, sondern einzig Können oder Begabung erforderte. Schreiben zum Beispiel oder eine Tätigkeit am Theater. Genau wußte er es selbst nicht, aber allein die Tatsache, daß er verschiedene Möglichkeiten in Betracht zog, bedeutete, er erwachte allmählich aus seiner Lethargie.

Es war Anfang März 1977, und für mich wurde es höchste Zeit, mich nach einer Stelle und einer Wohnung umzusehen.

Da ich fast im vierten Monat schwanger war, versteckte ich meinen Bauch unter einem weiten Mohairpullover, den meine Mutter gestrickt hatte, als ich mich an der Uniklinik von Montpellier bewarb. Der Ruf der Schwesternschule, an der ich mein Examen abgelegt hatte, war so hervorragend, daß man mir auf Anhieb eine Stelle in der Rheumatologie anbot. Am 16. März konnte ich anfangen. Das war zwar nicht gerade das, was ich mir gewünscht hatte, aber ich hatte Arbeit, das war das Wichtigste.

Nach langer Suche fanden wir auch eine Wohnung: Ein nettes, sonniges Apartment mit großem Balkon in einer ruhigen Gegend und nur einen Katzensprung von der Uni entfernt. Bis zur Klinik brauchte ich mit meinem Mofa knapp fünf Minuten.

Alles in allem schien mir die Herausforderung nicht so schwer wie erwartet. Jaona fing sich allmählich wieder. Der Umgang mit den Studenten aller Nationalitäten, mit denen er in der »Bar des Lettres«, dem Treffpunkt des Viertels, diskutierte, gab ihm neuen Mut, neue Perspektiven. Aus den Aufführungen, die sie gemeinsam planten, wurde jedoch nichts. Aber er hatte ja noch seine Musik, die Jam Sessions, bei denen er Gitarre spielte.

Unsere Beziehung war ganz in Ordnung. Ich ging gewissenhaft meiner Arbeit nach und bekam dafür 2500 Francs netto; damit kamen wir gut aus. Mein Dienst war anstrengend, aber die langen Abende mit Jaona gaben mir immer wieder Kraft. Wir hörten Musik (immer), lasen (oft) oder spielten Tarock mit Freunden (gelegentlich). Vor allem aber sprachen wir miteinander.

Die Schwangerschaft verlief problemlos. Nach den üblichen Untersuchungen wußten wir mit Sicherheit, daß nur ein Kind unterwegs war.

Dr. Griboul, Gynäkologe und Geburtshelfer, führte in seiner Praxis einen Kurs für Schwangere zur Vorbereitung auf die Entbindung durch, an dem ich regelmäßig teilnahm. Nach dem Film und dem bekannten Buch von Frédérick Leboyer, *Geburt ohne Gewalt*, nannte man das Verfahren, das die Geburt erleichtern sollte, die Leboyer-Methode.

Jaona begleitete mich immer dann, wenn auch die werdenden Väter in das Programm mit einbezogen wurden. Und ihm entging nicht, wieviel Hoffnung jedes der anwesenden Paare in das Kind, das bald zur Welt kommen würde, setzte.

Dr. Griboul drückte sich in einfachen Worten aus. Mit unhörbarem Akzent bereitete er uns voller Wärme und Überzeugungskraft auf unsere künftige Aufgabe vor: ein Kind ins Leben zu führen, zu spielen und uns schöpferisch zu betätigen. Ich wußte nicht, warum, aber ich hatte das eigenartige Gefühl, er wandte sich insbesondere an Jaona. Und als wir später darüber sprachen, sagte Jaona, ihm sei es genauso gegangen.

Unsere Zuversicht wuchs mit jeder Begegnung mit dem Arzt, dessen direkte, mitreißende Art so vertraueneinflößend war. Ungeduldig sehnte ich den Tag der Geburt herbei. Die Hebamme, die mir helfen würde, mein Kind zur Welt zu bringen, hatte alles, um mir die nötige Gelassenheit zu geben: Wissen, Erfahrung und Taktgefühl.

Über Pfingsten waren Jaona und ich nach Vecoux gefahren, damit er meine Eltern kennenlernte. Und wie immer in so einem Fall überboten sich alle Beteiligten gegenseitig an Zurückhaltung und Höflichkeit. Louise, meine Mutter, gab sich liebenswürdig und zuvorkommend, mein Vater beschränkte sich auf die Rolle des aufmerksamen Gastgebers. Ich glaube, Jaona wäre es lieber gewesen, wenn er Gefühle, und seien sie negative, gezeigt hätte. Aber er fand bald heraus, daß mein Vater immer so war: wortkarg, aber deswegen nicht unbedingt gleichgültig. Eins jedoch war offensichtlich: Jaona war nicht der Schwiegersohn, den er sich gewünscht hätte. Nicht, weil er Madegasse war, sondern weil er keiner geregelten Arbeit nachging.

Unsere Pläne indes fanden Anklang, obwohl sie zum Teil eher Luftschlössern als soliden Bauwerken glichen. Jedenfalls freute sich die ganze Familie, endlich Jaonas Bekanntschaft gemacht zu haben, und ich versprach, Anfang August, vor meiner Niederkunft, wiederzukommen.

Wir fuhren in dem alten Peugeot 504 Diesel, den mein Vater uns geschenkt hatte, weil er nicht wollte, daß seine Tochter auf dem Mofa durchgeschüttelt wurde, nach Montpellier zurück. Im Languedoc hatte der Sommer endgültig Einzug gehalten. Ich kannte diese wunderbare Landschaft bereits, aber jetzt, da wir ein Auto hatten, konnten wir ihre Schönheit gemeinsam entdecken. Das Leben war herrlich! Mein Optimismus wuchs. Ich war mir sicher, daß Jaona mich liebte und bei mir und unserem Kind bleiben würde, das sich immer häufiger in mir bewegte.

Anfang August, ich hatte Mutterschaftsurlaub, fuhr ich nach Vecoux, wo ich meine Babyausstattung besorgen wollte. Jaona sah es nicht gern, daß ich bei dieser Hitze, mit meinem dicken Bauch und meinen Atembeschwerden allein unterwegs war.

JAONA

Da wir kein Telefon hatten, rief ich Dadou abends, wenn Ferngespräche billiger waren, von der Telefonzelle aus an, die unten an der Straße stand, die zu uns heraufführte. Ich rief sie oft an, um mich zu vergewissern, daß es ihr gutging. Eines Abends sagte sie ganz ruhig, der Gebärmutterhals habe sich geöffnet und die Öffnung die Größe eines Ein-Franc-Stücks.

Ich mußte sie so schnell wie möglich nach Hause holen, damit sie wie geplant in Montpellier entbinden konnte. Am 15. August nahm ich den ersten Zug nach Vecoux. Wir verloren keine Zeit. Dadou war überglücklich und kam in ihrer freudigen Erregtheit auf die verrückte Idee, ihr Kind unterwegs, im Grünen, zur Welt bringen zu wollen. Schließlich habe sie während ihrer Ausbildung einem guten Dutzend Geburten beigewohnt und sei sehr wohl imstande, ohne fremde Hilfe zu gebären!

3

DADOU

Ich hatte bereits vor Wochen angefangen, mit meinem Kind zu sprechen, damit wir uns kennenlernten. Ich vertraute ihm meine kleinen Freuden und Sorgen an, ich erzählte ihm von den großen Hoffnungen, die ich hatte, und ich sprach ihm Mut zu, ich sagte ihm, wie hübsch es sei und wie gut es wachse.

Ich nannte es »mein Baby«, aber ich dachte dabei an einen kleinen Jungen. Jaona und ich wünschten uns sehnsüchtig einen Jungen. Wir waren der Ansicht, ein Junge käme unserem Temperament eher entgegen als ein Mädchen. Wir hatten auch schon einen Namen für ihn: Arthur.

Eine Zeitlang schwankten wir zwischen Arthur und Oscar, nach Art Tatum und Oscar Peterson, zwei virtuose Jazzpianisten, die wir sehr verehrten. Aber weil Oscar ein bißchen zu sehr nach Butler klang, entschieden wir uns für Arthur. Außerdem würde unser Sohn dann so berühmte Namensvettern haben wie Arthur Rubinstein, der Pianist, Arthur Honegger, der Komponist, und die Literaten Arthur Koestler, Arthur Miller und nicht zuletzt Arthur Rimbaud.

Ich liebte es, mein Kind zu streicheln und es behutsam in ene andere Lage zu bringen, wenn es sich bewegte. Es war so eine Art Spiel, das mir große Freude bereitete. Manchmal versetzte mir der Kleine auch einen kräftigen Tritt. Da er fast rund um die Uhr mit Jazzmusik berieselt wurde, hoffte ich, er begann bereits zu swingen in seiner kleinen Welt. In meinem Bauch erlebte er sein erstes Konzert, das auch für mich das erste war: Wir hatten uns Ella Fitzgerald angehört.

An diesem 24. August 1977, einem Mittwoch, war es ungewöhnlich heiß gewesen. Die drückende Schwüle machte mir sehr zu schaffen, ich war wie am Boden zerstört und hatte während der ganzen Fahrt eine miserable Laune. Am späten Nachmittag braute sich ein Gewitter zusammen, das sich in einem heftigen Streit entlud. Die zärtliche Versöhnung ließ aber nicht lange auf sich warten ...

Die Atmosphäre war entspannt, ja sogar heiter. Gegen 20 Uhr setzten plötzlich die ersten Wehen ein. Aber weder ihre Häufigkeit noch meine Empfindungen stimmten mit dem überein, was ich im Vorbereitungskurs gelernt hatte. Wir waren unschlüssig, wie wir dieses Signal interpretieren sollten. Also warteten wir, bis die Wehen stärker wurden und in immer kürzeren Abständen auftraten. Dann erst fuhren wir ohne Eile zum Krankenhaus. Das war um Mitternacht.

Der wichtigste Augenblick unseres Lebens stand bevor.

Die diensthabende Hebamme untersuchte mich, um den voraussichtlichen Geburtsbeginn zu bestimmen. Das werde noch ein Weilchen dauern, meinte sie, so als wollte sie mich beruhigen. Ihr energischer, entschiedener Ton machte mich einen Moment sprachlos. Dann fragte ich zaghaft:

»Aber werden Sie Madame B. denn nicht benachrichtigen, Dr. Gribouls Hebamme?«

»Oh, das hat noch Zeit, machen Sie sich mal keine Sorgen!«

Sie führte uns in ein leeres Zimmer und ließ uns allein.

Jaona kämpfte gegen die Müdigkeit an. Ich war zwar auch schläfrig, kam aber innerlich nicht zur Ruhe. Ich traute der Gelassenheit des Krankenhauspersonals nicht – schließlich war ich vom Fach!

Ich wußte, wie man einen Patienten »ruhigstellte«, damit er nicht alle fünf Minuten ankam, weil er glaubte, irgend etwas stimme nicht.

Ich wollte unbedingt, daß *meine* Hebamme mir bei der Entbindung half. Die Ungewißheit, in der man mich ließ, war unerträglich für mich.

Zu guter Letzt schliefen wir doch ein, das heißt, Jaona schlief, und ich döste zwischen zwei Wehen vor mich hin. Als ich fühlte, es würde bald soweit sein, weckte ich Jaona und bat ihn, die diensthabende Hebamme zu verständigen, auch auf die Gefahr hin, mich lächerlich zu machen. Jaona sprang auf und wankte schlaftrunken aus dem Zimmer.

Meine Sorge war berechtigt gewesen: Die Hebamme schimpfte fast mit mir, weil wir sie erst jetzt geholt hatten. Beinah Hals über Kopf eilten wir in den Kreissaal hinunter. Er war hell erleuchtet, so wie man ihn sich für eine klassische Entbindung vorstellt.

Jaona half mir beim Hinlegen. Ein paar Minuten später kam Marie-Thérèse B., die Hebamme, herein. Die Leboyer-Methode sieht vor, daß die Eltern ihr Kind allein zur Welt bringen und die Hebamme lediglich da ist, um die Sicherheit von Mutter und Kind im Notfall zu gewährleisten. Die Intimsphäre der Eltern muß sie in jedem Fall respektieren.

Als erstes sorgte sie für gedämpfteres Licht: Sie ließ nur so viele Lampen eingeschaltet, daß man genug sehen konnte, der Raum ansonsten aber in ein sanftes Halbdunkel getaucht war, das eine friedliche, besinnliche Atmosphäre schuf. Wir sollten so wenig wie möglich sprechen und wenn, dann nur im Flüsterton.

Und das taten wir auch, Jaona und ich, während wir uns ganz auf das Kommende konzentrierten. Die Hebamme hielt sich diskret im Hintergrund und griff nur ein, wenn ich sie darum bat. Ich war völlig nackt. Die Füße hatte ich in die Bügel geschoben. Jaona stützte meinen Rücken und gab mir Halt, sooft ich pressen mußte.

In der letzten Phase, der sogenannten Austreibungsperiode, wich die Hebamme nicht mehr von unserer Seite. Und als sich der Kopf des Kindes zeigte, holte sie einen Spiegel, damit ich es sehen konnte.

JAONA

Obwohl ich fast schon einen Krampf in den Armen hatte, hielt ich Dadou, so fest ich konnte. Das Gesicht verzerrt vor Anstrengung, keuchend, am ganzen Körper zitternd, gab sie ihr letztes. Und da kam der Kopf des Kindes.

Die Hebamme schob rasch einen Finger unter die Achseln des kleinen Körpers und forderte mich auf, es ihr nachzumachen. Ich achtete nicht einmal darauf, ob es ein Junge oder ein Mädchen war, so angestrengt konzentrierte ich mich darauf, dem Kind aus dem Mutterleib zu helfen. Es stieß keinen Schrei, sondern nur ein leises Wimmern aus, als ich es behutsam auf Dadous Bauch legte. Sie gab ihm sofort die Brust, und es saugte gierig, mit weit aufgerissenen Augen. Benommen fragte sie die Hebamme nach seinem Geschlecht. Diese hob vorsichtig das linke Beinchen des Neugeborenen an und antwortete dann mit ihrer ruhigen, hellen Stimme:

»Es ist ein Junge.«

Während Dadous Freude noch wuchs, nahm ich die Nachricht auf, als wäre es das Selbstverständlichste von der Welt.

Alles war gut gegangen. Unser Baby lag Bauch an Bauch auf dem weichen, warmen Leib seiner Mutter. Dadou strich ihm mit sanften, wellenartigen Bewegungen über den schleimigen, zarten Rücken. Ich legte meine Hand auf ihre, und unser Kind stieß einen leisen, behaglichen Seufzer aus unter der langen Liebkosung, in die wir unsere ganze Liebe legten.

Die Hebamme bereitete unterdessen alles für das Bad vor. Sie stellte die kleine blaue Plastikwanne unmittelbar neben den Tisch. Behutsam ließ ich den Säugling in das warme Wasser gleiten. Dadou wiegte ihn einige Augenblicke hin und her, dann zog sie die Hände zurück. Ich wartete noch einen Moment, ehe auch ich den federleichten Körper losließ.

Unser Baby riß die Augen auf, große, schwarze Augen, sanft und unergründlich zugleich. Verwundert und doch irgendwie wissend blickten sie in die Welt.

Die lächelnden Gesichter, die Worte im Flüsterton, die Liebkosungen, all diese Dinge hießen den Neuankömmling willkommen im Reich der Menschen.

Plötzlich kam Leben in ihn. Er drehte den Kopf nach rechts und nach links, öffnete den Mund, machte ihn wieder zu, öffnete ihn von neuem, streckte die Zunge heraus, stülpte die Lippen nach vorne, nukkelte an seiner Faust. Aber nur ganz kurz. Sofort streckte er abermals tastend die Hand aus, so als wollte er die wunderbare Empfindung, die er in dem neuen Element verspürte, keine Sekunde missen.

Für den Bruchteil eines Augenblicks verharrte er in völliger Regungslosigkeit, halb erstaunt, so schien es, über die Dinge, die er da vollbrachte, halb in genießerischem Entzücken die allerersten Minuten seines Lebens auskostend.

Der Zeitpunkt für die Durchtrennung der Nabelschnur war gekommen. Erfüllt von dem überwältigendem Glücksgefühl, Vater zu sein, vollzog ich das uralte, bedeutungsschwere Ritual. Es war ein feierlicher Moment.

Die Hebamme ließ uns allein; sie war wunderbar gewesen. Dadou gab unserem Sohn die Brust für seine erste, richtige Mahlzeit. Ehrfürchtig schaute ich zu. Arthur sei mir wie aus dem Gesicht geschnitten, beteuerte Dadou.

Innerlich frohlockend, ein Siegerlächeln auf den Lippen, setzte ich mich ins Auto und fuhr im Schritttempo nach Hause. Ich gebe zu, ich war mächtig stolz! Nicht nur, weil ich Vater geworden war, sondern weil ich mein Versprechen eingelöst hatte. Es gibt im Leben einige wenige Momente der Wahrheit: Die Geburt unseres Sohnes war ein solcher Moment für Dadou und mich. Eine Prüfung, die wir erfolgreich bestanden hatten und die uns hoffen ließ für die Zukunft.

Nie würde ich den Anblick des Säuglings vergessen, wie er mit geschlossenen Augen und einem Gesichtsausdruck, der an den eines meditierenden Mönchs erinnerte, dalag. Nie würde ich die verzauberte Atmosphäre im Kreißsaal vergessen: Kein Schrei, kein Weinen hatte die Stille durchbrochen; die einfachen Gesten der Liebe und des Lebens hatten das Geschehen bestimmt.

Strahlender Sonnenschein und ein leuchtend blauer Himmel machten diesen herrlichen Tag vollkommen. Ein gutes Vorzeichen für die Zukunft vielleicht?

Als ich am Nachmittag ins Krankenhaus kam, gestand mir Dadou, sie habe kein Auge zugetan, so aufgewühlt sei sie gewesen. Sie habe ihr Baby in einem fort betrachtet und liebkost und mit ihm gesprochen. So hatten sie einander ungestört kennengelernt.

Ich hatte ihre Eltern gleich am Morgen benachrichtigt. Sie und ihre Schwestern hatten Dadou daraufhin angerufen und ihr versichert, wie sehr sie sich mit ihr freuten. Dadou war ganz gerührt über ihre Anteilnahme.

In die Unterlagen des Krankenhauses ließ ich als Namen des am 25. August 1977 um 6 Uhr 12 geborenen Kindes den Familiennamen der Mutter, Antoine, eintragen. Ein paar Tage später ging ich aufs Standesamt, wo ich das Kind offiziell als meines anerkannte.

Wir nannten es Arthur Lewis Robert. Den zweiten Vornamen, Lewis, hatte ich mir gewünscht; ich dachte dabei an Lewis Carroll. Und den dritten hatten wir ausgesucht, weil uns Robert ganz einfach gefiel.

4

DADOU

Die erste Woche mit Arthur verbrachte ich in einem Zustand des Entzückens und der Verwunderung. Das Stillen, die Liebkosungen, der ständige Blickkontakt schufen eine Verbindung zwischen uns, wie sie enger nicht hätte sein können.

Arthur schlief nie in seiner Wiege, sondern immer bei mir im Bett, in meinen Armen; entweder neben mir oder auf mir. Auch sonst war er, abgesehen von den zehn Minuten, in denen er gebadet wurde, ständig bei mir.

In unserer Wohnung konnten wir nicht mehr bleiben. Jaona gelang es gerade noch rechtzeitig, bevor ich aus dem Krankenhaus kam, ein möbliertes Zwei-Zimmer-Apartment in einem Motel in Pérols in Strandnähe für uns aufzutreiben. Wir verschwendeten nicht allzuviele Gedanken an die Zukunft. Ich erholte mich beim Sonnenbaden und Lesen, und Jaona übernahm die Kinderpflege. Er war bald eine perfekte Säuglingsschwester. Nachmittags gingen wir mit unserem Kind ans Meer.

Als ich vier Wochen später mit Arthur für ein paar Tage nach Vecoux fuhr, schrieb Jaona uns einen Brief, der mich tief bewegte. Die Geburt unseres Sohnes habe ihn bis ins Innerste aufgewühlt, gestand er; er sehe die Dinge nun mit ganz anderen Augen.

Es war also alles in bester Ordnung. Wir fanden sogar eine Wohnung, und zwar in Prades-le-Lez, einem kleinen Dorf ungefähr zehn Kilometer nördlich von Montpellier.

Da ich meinen Sohn stillte, war mein Mutterschaftsurlaub verlängert worden, und Jaona und ich nutzten die Zeit, um ein »Programm« für die nächsten zehn Jahre zu entwerfen. Jaona hatte sich nämlich bereiterklärt, mindestens zehn Jahre bei Arthur und mir zu bleiben. Es sei auch sein Kind, meinte er, und deshalb sei es seine Pflicht, sich darum zu kümmern.

Ich war überglücklich. Ich hatte fest daran geglaubt, daß er sich eines Tages so entscheiden, daß er seine »Phase der Unsicherheit« überwinden würde.

Es hatte lange gedauert, bis die Wunde verheilt war und er sich von neuem dem Leben zuwandte. Seine Krisen hatten mir viel Geduld und Opferbereitschaft abverlangt. Aber er war nun einmal der Mann, mit dem ich mein Leben verbringen wollte. Ich hatte unendliches Vertrauen zu ihm, und ich konnte mir keinen andern an meiner Seite vorstellen.

Ganz am Anfang unserer Beziehung hatten wir uns einmal über Kindererziehung unterhalten – ohne daß von einem gemeinsamen Kind die Rede gewesen wäre – und einander unsere Idealvorstellungen beschrieben. Jetzt war er bereit, meine Herausforderung anzunehmen.

Mein größter Wunsch war ein Kind mit einer eigenwilligen Persönlichkeit, eins, das nicht unbedingt auf ausgetretenen Pfaden wandeln, sondern zum Beispiel künstlerisch tätig sein würde. Insgeheim träumte ich von einer Karriere als Tänzer für meinen Sohn. Damals war ich nämlich ein glühender Fan von Startänzern wie Nurejew und Jorge Donn.

In jedem Fall aber sollte mein Kind die Chance erhalten, sein eigenes Leben zu leben; das schien mir wichtiger, als es im Leben zu etwas zu bringen, wie man so schön sagt.

Ein Außenseiter sollte es jedoch bei aller Originalität nicht werden. Folglich mußte ich mir etwas einfallen lassen, wenn es einen wenig begangenen Weg einschlagen sollte, ohne dabei auf die Nase zu fallen. In diesem Punkt rechnete ich fest mit Jaonas Hilfe.

Nachdem die beiden wichtigsten Voraussetzungen – seine Bereitschaft, ein Kind mit mir zu zeugen, und sein Versprechen, sich mit seiner ganzen Kraft seiner Erziehung zu widmen – erfüllt waren, konnten wir mit dem Bau unserer Luftschlösser beginnen. Davon ließen wir uns auch nicht von Jaonas nach wie vor heikler Situation abhalten.

Wir nahmen uns vor, unser Kind ausschließlich selbst zu betreuen. Das heißt, wir wollten es nicht in den Kindergarten schicken und mit der Einschulung mindestens bis zur ersten Klasse des Gymnasiums warten.

Ein günstigeres Umfeld als die Familie für die ersten Lebensjahre, in denen die Weichen für die weitere Entwicklung gestellt wurden, gab es unserer Ansicht nach nicht. Wir wollten Arthur unsere ganze Aufmerksamkeit, all unsere Liebe schenken, mit einem Wort: immer für ihn dasein, ihm absolute Priorität in unserem Leben einräumen.

Knapp einen Monat, nachdem ich wieder an meinen Arbeitsplatz zurückgekehrt war, kündigte ich und trat in ein befristetes Arbeitsverhältnis ein, das nach jeweils sechs Monaten verlängert werden konnte. Das war die einzige Möglichkeit, eine Halbtagsstelle zu bekommen: siebenundzwanzig Stunden pro Woche als Nachtschwester.

Jaona war rund um die Uhr für Arthur da, und wir waren sehr froh darüber, daß wir soviel Zeit für unser Kind hatten.

Wir gingen so gut wie nie aus. In zwei Jahren gaben wir Arthur nur zweimal in die Obhut eines Babysitters: einmal, als wir an einem Diskussionsabend über die Leboyer-Methode teilnahmen, das zweite Mal, als wir ein Jazzkonzert in einem Nachbarort besuchten.

Die Erziehung sollte Körper und Geist gleichermaßen berücksichtigen, getreu der Devise »ein gesunder Geist in einem gesunden Körper«. Die Leboyer-Methode, nach der ich mein Kind zur Welt gebracht hatte, gab diese Einstellung wieder.

Eine gesunde Lebensweise war daher von größter Wichtigkeit. Dazu gehörte zum einen gute Luft – und die hatten wir in der ländlichen Gegend nicht weit vom Meer entfernt, in der wir wohnten – und zum andern eine gesunde, ausgewogene Ernährung. Ich stillte unseren Sohn, so lange es ging; erst als ich nicht mehr genug Milch hatte und Arthur außerdem ein wenig zu nachdrücklich und für mich schmerzhaft sein Recht forderte, hörte ich auf. Danach aß er vegetarisch genau wie wir: Vollwertkost, pflanzliche Eiweiße – vor allem Soja –, Obst, Gemüse, aber auch Fisch, Eier und Käse; keine ganz strikte vegetarische Ernährung also, mit Produkten aus biologischem Anbau, garantiert ohne chemische Düngemittel oder Pestizide, so daß Nährwert und Geschmack erhalten blieben. Beides war wichtig, nicht nur wegen der Freude am Essen, sondern auch wegen der Entwicklung der Geschmacksnerven.

Eine indische Massagetechnik diente der Gesundheit, dem seelischen Wohlbefinden und der Festigung der Bindung zwischen meinem Kind und mir. Diese wunderbaren Minuten schienen mir wie eine Fortsetzung des unvergeßlichen Augenblicks der Geburt.

Das Säuglingsschwimmen gehörte ebenfalls zum Programm. Als unser Sohn viereinhalb Monate alt war, kehrte er in sein ursprüngliches Element, das Wasser, zurück, das ihn bei der Entwicklung seiner Psychomotorik unterstützte. Die Eltern hatten genausoviel Spaß an den Treffen im Schwimmbad wie die Kinder.

Arthur schien den anderen in dieser Hinsicht weit voraus. Er hatte einen ungeheuren Bewegungsdrang. Besonders gern spielte er mit einem Ball – insgesamt mehr als drei Stunden am Tag, so faszinierte ihn dieses Spiel.

Die Füße benutzte er eifrig: Er kickte alles weg, was sich in seiner Reichweite befand. Das ging so weit, daß er sich bereits mit vierzehn Monaten den linken Fuß verstauchte. Mit dem linken war er zweifelsohne geschickter als mit dem rechten.

Seine Umtriebigkeit, sein Forscherdrang waren

nicht ganz ungefährlich. Wir konnten ihn keine Sekunde aus den Augen lassen. Und dennoch gelang es ihm immer wieder, uns einen höllischen Schreck einzujagen.

Eines Morgens stand er in seinem Bettchen aus ungebleichtem Leinen, das wir am Fußende unseres Bettes aufgestellt hatten, hielt mit beiden Händen die Kante umklammert und rüttelte daran, so fest er konnte. Während Jaona und ich uns noch einmal faul auf die andere Seite drehten, verlor Arthur plötzlich das Gleichgewicht: Er machte einen Purzelbaum vorwärts und landete unsanft mit dem Hinterteil auf dem Fußboden. Zum Glück hatte er gerade noch rechtzeitig die Bettkante losgelassen …

Ein andermal fiel er in der Küche aus dem hohen, angeblich sicheren Kinderstuhl, und zwar mit dem Kopf voraus. Jaona konnte nichts tun, er war zu weit weg. Aber wie durch ein Wunder schaffte es Arthur, sich zu drehen, so daß er nicht mit dem Kopf auf dem Fliesenboden aufschlug, sondern mit dem Rücken.

Beide Male hatte er weder geweint noch geschrien. Er war lediglich ein bißchen erstaunt gewesen, wie Kinder eben sind, wenn sie die Welt entdecken.

Wir hörten Jazzmusik von früh bis spät. So, wie Arthur sich dazu bewegte und mit dem Po wackelte, schien er sie sehr zu mögen. Auf andere Musik reagierte er weniger. Wir versuchten es mit klassischen Werken, französischen Chansons, gregorianischen Gesängen und meine Freundin Malin sogar mit schwedischer Volksmusik, aber nichts wirkte so anregend auf ihn wie die Musik von Oscar Peterson, Art Tatum, Charlie Mingus oder Boogie-Woogie-Stücke. Er konnte noch nicht laufen, da krabbelte er schon ins

Wohnzimmer zu den Lautsprecherboxen der Stereoanlage, lauschte verzückt und bewegte dazu die Hüften. Und wenn die Platte zu Ende war, gab er keine Ruhe, bis jemand kam und sie umdrehte ...

Arthur war gern mit andern Kindern zusammen. Er hatte etliche Freunde in unserem Dorf und freute sich auch jedesmal, wenn wir nach Vecoux zu seinen Cousins und Cousinen fuhren.

Mit den Begriffen wie Heim, Familie, Kinder verknüpfte Arthur unweigerlich das Haus seiner Großeltern. Es war ein märchenhafter Ort für Kinder, voller Schätze und wunderbarer Plätze: das Spielzimmer zum Beispiel mit einem Berg von Spielzeug und einem Flügel; das große Wohnzimmer mit seinen Bücherregalen und dem Kamin, in dem bei kaltem Wetter ein flackerndes Feuer brannte; und dann die Mahlzeiten im Kreis der Familie, die im Sommer auf der Terrasse und im Winter in der großen Wohnküche eingenommen wurden.

Ein majestätischer Mammutbaum breitete seine Äste über dem Garten aus, der sich wunderbar zum Verstecken und Ball spielen eignete. Es gab auch einen Gemüsegarten, wo Arthur zusammen mit Oma Gemüse erntete oder saftige Erdbeeren pflückte. Unmittelbar dahinter floß ein Bach, der weiter hinten bei den Eichen und Fichten »gestaut« wurde. Neben dem Planschbecken stand ein prächtiger Tulpenbaum, und außerdem gab es noch eine Menge Obstbäume. Im Winter konnte man auf dem kleinen Hügel Schlitten fahren und im Sommer auf dem gepflasterten Hof davor Rad. Mit einem Wort, ein Paradies!

Manchmal besuchten wir auch Monsieur Galmiche, den freundlichen Bauern vom Hof nebenan, und dann durfte Arthur die Kaninchen und die Hühner füttern, beim Melken zusehen oder bei der Heuernte. Und immer war er an der frischen Luft.

Von Anfang an sprachen wir mit Arthur wie mit einem Erwachsenen und nie in der Babysprache. Zum einen schien uns das natürlicher, unverfälschter, zum andern war unser Kind dadurch in der Lage, vollständig an unserem Leben teilzuhaben und in gewisser Weise all unsere kleinen Freuden und Sorgen zu teilen.

Seiner Direktheit nach zu urteilen, muß die Konfrontation mit menschlichen Emotionen, der er bereits im zarten Alter ausgeetzt war, seine Sensibilität gesteigert haben. Er war übermäßig in allem, in seinem Zorn ebenso wie in seiner Freude, in seinem Kummer oder in seinen Liebesbekundungen. Dank dieser Unverblümtheit hielten die Leute ihn für ein schwieriges Kind – und das im Alter von noch nicht einmal zwei Jahren!

Er ertrug es beispielsweise nicht, auf dem Tennisplatz hinter den Zaun verbannt zu werden, wenn seine Eltern spielten, und machte seinem Unmut lauthals Luft. Daß ihm sein Gebrüll die tadelnden Blicke sämtlicher Spieler eintrug, die in ihrer Konzentration gestört wurden und über die Heftigkeit seines Wutanfalls nur staunten, störte ihn nicht im geringsten. »Es ist echt zum Weinen mit diesem Bengel!« stöhnten wir, ohne auf die Idee zu kommen, daß er von uns wahrscheinlich genau das gleiche dachte …

Sowie er sprechen konnte, scheute er sich auch nicht, alles zu sagen, denn er sprach, genau wie seine Eltern, eine zuweilen recht derbe Sprache …

5

DADOU

Mein Arbeitsvertrag wurde aus Gründen der Umstrukturierung nicht verlängert, und wir mußten über ein Jahr, von Juli 1978 bis Oktober 1979, von meiner Arbeitslosenunterstützung leben. Von der finanziellen Seite her betrachtet, war das eine harte Zeit für uns, aber Arthur brachte sie den Vorteil, daß ich rund um die Uhr für ihn da war. Sogar in meinen Stepkurs nahm ich ihn mit, in der Hoffnung, doch noch sein Interesse fürs Tanzen zu wecken …

Auf die Dauer konnte es jedoch so nicht weitergehen. Wir gaben unsere Wohnung in Prades-le-Lez auf und zogen nach Vecoux. Eines Tages bot meine Freundin Danielle, die in Leucate bei Narbonne als freie Krankenpflegerin arbeitete, mir an, ihre Patienten zu übernehmen. Ich sagte zu. Meine Eltern schossen mir die erforderliche Summe vor, und wir ließen uns für eineinhalb Jahre in dem traditionsreichen Dorf mit seinen etwa tausend Einwohnern nieder. Die Menschen in dieser ruhigen Gegend lebten vom Fischfang und im Sommer vom Fremdenverkehr.

Ich kannte den Ort bereits von einem viertägigen Besuch im April 1978. Danielle und ihr Mann hatten mich eingeladen, und ich war mit meiner schwedischen Freundin Malin und einer meiner Schwestern hingefahren. Gleich am ersten Tag bekam ich hohes Fieber, das aber am andern Morgen genauso plötzlich verschwand, wie es gekommen war. Ich führte es darauf zurück, daß ich zum erstenmal von meinem damals sieben Monate alten Sohn getrennt war. Wie kamen er und Jaona wohl ohne mich zurecht?

Arthur wuchs heran, und unser Leben in Leucate verlief bald wieder in geordneten Bahnen. Vormittags kümmerte sich Jaona um ihn; sie spielten zusammen oder gingen ins Dorf zum Einkaufen. Manchmal beschäftigte sich Arthur auch allein mit seinen Spielzeugautos oder hörte sich Märchen auf Kassetten an, zum Beispiel *Die drei kleinen Schweinchen* oder *Peter und der Wolf*.

Nachmittags war ich für Arthur da, während Jaona sich in eine stille Ecke zurückzog und fleißig las. Ich malte mit meinem Sohn oder las ihm etwas vor. Am späten Nachmittag, wenn ich wieder arbeiten mußte, gingen Arthur und Jaona meistens zum Fußballspielen ins nahe gelegene Stadion. Arthur fand es toll, eine so riesige Spielfläche ganz für sich allein zu haben.

Und seit wir ihm ein Fahrrad geschenkt hatten – unsere erste größere Anschaffung –, war er fast nur noch unterwegs auf Entdeckungsreise.

Am liebsten aber begleitete er mich auf meiner Abendrunde. Ich hatte mir gedacht, er könnte viel aus der Begegnung mit kranken Menschen lernen, auch wenn er noch so klein war.

Und meine Patienten fanden den Knirps allerliebst! So nahm ich ihn von fünf bis sieben beispielsweise zu Madame Hugla mit, deren halbseitig gelähmter Mann auf fremde Hilfe angewiesen war. Manchmal blieb Arthur sogar bei ihnen, während ich meine anderen Patienten im Viertel versorgte. Der Anblick des kleinen Jungen, der sich in ihrem Wohnzimmer die »Sesamstraße« ansah, wurde den Huglas bald vertraut. Zwischen ihnen und Arthur entwickelte sich ein so herzliches Verhältnis, daß er in ihnen Großeltern sah.

Für seine drei Jahre war Arthur ganz schön auf Draht. Besonders geschickt stellte er sich beim Spielen mit seinen Baukästen an, aber auch beim Fußballspielen: Er hatte ein perfektes Timing im Umgang mit dem Ball und keine Mühe, das Gleichgewicht zu halten, wenn er ihn, vorzugsweise mit dem linken Fuß, kickte. Vor allem aber redete er viel, und er sprach jedes Wort richtig aus. Er stellte Fragen über Fragen und gab sich auf manche selbst eine vernünftige Antwort. Was uns jedoch am meisten beeindruckte – mehr noch als sein erstaunliches Gedächtnis –, war seine Fähigkeit zuzuhören, sich vollständig auf etwas zu konzentrieren. Manchmal grunzte er förmlich vor lauter geistiger Angespanntheit.

Jaona hatte uns die Rockmusik der Siebziger ins Haus gebracht, und Arthur begeisterte sich bald für Joe Cocker, Janis Joplin, Jim Morrison und die Doors sowie für Jimi Hendrix und Johnny Winter, den er am liebsten hörte. Den Kopf fast völlig bedeckt von den viel zu großen Kopfhörern, saß er vor der Stereoanlage und lauschte verzückt.

Fragte ihn jemand auf der Straße: »Gehst du denn nicht zur Schule, Kleiner?« lautete die Antwort stets: »Nein, ich bleibe zu Hause bei meinen Eltern!« Er sagte es fröhlich und fast ein bißchen stolz, so als wäre das mindestens genausoviel wert, wie zur Schule zu gehen.

Sein Reich war die Straße vor dem Haus. Hier fuhren höchstens zwei Autos am Tag durch, abgesehen von unseren beiden Fahrzeugen, einem 2CV und einem Peugeot 504, den wir meinem Vater abgekauft hatten. Wir hatten Arthur vor den Gefahren des Straßenverkehrs gewarnt. Sobald in der Ferne ein Auto auftauchte, sprang er rasch zur Seite, preßte sich an die Hauswand und wartete, bis es vorbei war, ehe er sein Reich von neuem in Besitz nahm. Und dann beispielsweise seinen Vater beschimpfte, wenn der ihn zu sehr geärgert hatte.

Nach anderthalb Jahren in Leucate zogen wir Bilanz. Obgleich es uns inzwischen finanziell recht gutging, waren wir nicht wirklich zufrieden: Wir hatten das Gefühl, uns von unseren ursprünglichen Zielen entfernt zu haben.

Jaona hatte begonnen, sich intensiv mit Psychoanalyse zu befassen, eine Beschäftigung, die ihm von Tag zu Tag mehr Zeit abverlangte. Und ich war es allmählich leid, sieben Tage die Woche zu arbeiten. In den Sommermonaten waren wir beide so eingespannt gewesen, daß Arthur praktisch sich selbst überlassen war – was ihm allerdings keinerlei Probleme bereitete.

Wir beschlossen, woanders einen neuen Anfang zu wagen. Und der Südwesten, den wir beide nicht kannten, reizte uns besonders.

6

JAONA

Im März 1981 war Pau unsere neue Heimat geworden. Die Lage der Stadt zwischen Ebene, Gebirge und Meer hatte den Ausschlag gegeben. Wir mieteten ein Haus auf dem Land, unweit von Bosdarros, einem kleinen Ort, wo wir in Ruhe über die Zukunft nachdenken wollten.

Das Haus gehörte Bauern, die unsere Nachbarn

waren. Arthur freundete sich schnell mit ihren Tieren an, und er genoß die Freiheit, die ihm die Wiesen, Felder und Wälder boten, die Stille dieser wundervollen Landschaft. Das Schönste waren für ihn unsere Ausflüge auf die Weide zu den Kühen, den Schafen und den Ziegen, deren Meckern er so gern nachahmte.

Außerdem konnte man auf der Wiese Fußball spielen, radfahren oder sich ans Ufer des Bachs setzen. »Bach« war für Arthur ein Zauberwort, ein Wort, das ihn unverzüglich in einen Zustand schwärmerischen Entzückens versetzte. Es rief in ihm das Bild von Mowgli, dem Helden des *Dschungelbuchs*, hervor und seiner Begegnung mit dem Mädchen, das kam, um Wasser zu holen.

Arthur hatte ein riesengroßes Zimmer ganz für sich allein, darin sein Spielzeug und seine Bücher, aus denen wir ihm unentwegt vorlesen mußten. Die Musik spielte nach wie vor eine große Rolle in seinem Leben. Nach dem Rock der siebziger Jahre entdeckte er den Chicago-Blues und die Soulmusik. Wichtiger als das alles aber war seine Mutter, die immer für ihn da war. Arthur bekam zu jener Zeit besonders viel Zuwendung.

Wenn Gäste kamen, empfing er sie mit stolzgeschwellter Brust und führte sie herum. Dadous Freundin Malin, die für ein paar Tage zu Besuch gekommen war, stellte sich als »Babysitter« zur Verfügung.

Arthur nahm auch den Schwimmunterricht wieder auf, der während unserer Zeit in Leucate mangels Gelegenheit hatte ausfallen müssen: Es gab kein Schwimmbad dort, und so war ihm nichts anderes übriggeblieben, als seiner Mutter vom Strand aus zuzusehen, wenn sie spätabends im Meer badete. Mir ging es übrigens genauso, denn ich kann auch nicht schwimmen ...

Dadou und ich spielten regelmäßig Tennis. Arthur zog jedesmal im Club eine Schau mit seiner perfekten Imitation der Aufschlagbewegung großer Tennisasse wie Borg oder McEnroe ab. Gelegentlich drückten wir ihm einen kleinen Schläger und einen Schaumstoffball in die Hand, den er ziemlich geschickt gegen die Wand spielte. Wir wollten aber verhindern, daß er vom Tennisfieber gepackt und möglicherweise das Interesse an allen andern Dingen verlieren würde; das hätte die Harmonie seiner Entwicklung nur gestört.

DADOU

Die Wahlen im Mai 1981 bescherten uns eine Menge guter Nachrichten. Dank neuer Gesetze wurde Jaonas Status als »Illegaler« endlich aufgehoben. Jetzt konnten wir heiraten. Durch die Eheschließung würde er nicht nur eine Sonderaufenthaltsgenehmigung für die Dauer von zehn Jahren bekommen, sondern auch, falls er es wünschte, die französische Staatsbürgerschaft annehmen können. Außerdem hatte er auch wieder Anspruch auf Sozialversicherungsschutz, den er im Oktober 1976 verloren hatte.

Die Trauung fand bei strahlendem Wetter in Bosdarros statt. Als wir uns vor dem Herrn Bürgermeister das Jawort gaben, waren nur zwei Personen anwesend: die beiden Standesbeamten, die sich bereiterklärt hatten, unsere Trauzeugen zu sein. Arthur hatte sich nach einem Wutanfall schmollend hinter der Tür versteckt. Er wollte nicht, daß seine Eltern heirateten! Dabei war er zunächst hellauf begeistert gewesen, weil er sich für die Zeremonie als Cowboy verkleiden durfte. Vielleicht hatte er sich eine Trauung auch ganz anders vorgestellt.

Von nun an trugen wir Jaonas Familiennamen, Ramiandrisoa, was im Madegassischen soviel bedeutet wie »der auf eine Gabe wartet«.

Unsere Ersparnisse waren dahingeschmolzen, so konnten wir also nicht weiterleben. Wir würden uns eine billigere Unterkunft und Arbeit suchen müssen. Als selbständige Krankenpflegerin hatte ich in dieser Gegend keine Chance, das war mir inzwischen klargeworden. Ich würde wieder eine Stelle in einem Krankenhaus annehmen müssen.

Im Dezember zogen wir nach Pau, in eine Drei-Zimmer-Wohnung im ersten Stock eines Mehrfamilienhauses in der Rue Bernès-Cambot. Die ehemalige Werkstatt war gerade renoviert worden und lag nach einem hübschen kleinen Garten hin, der nicht einsehbar war und in dem zwei prachtvolle Palmen, ein Feigenbaum und ein Fliederstrauch wuchsen. Die übrigen Wohnungen im Haus standen leer, und wir konnten tun und lassen, was wir wollten. Vor allem Arthur profitierte davon: Er konnte herumtoben, ohne irgend jemandem auf die Nerven zu gehen – außer uns.

Pau war eine besonders sichere Stadt, und das Haus lag in einem wunderbar ruhigen Viertel zwischen Stadtmitte und Universitätsgelände. Wir hatten eine gute Wahl getroffen.

Ungeachtet aller Bemühungen fand ich erst im Juli 1982, acht Monate nach unserem Umzug, eine Stelle.

Jaona bereitete sich auf seine Tätigkeit als Psychoanalytiker vor. Um über die Runden zu kommen, verkauften wir den Peugeot.
Als der Käufer sich mit einem seiner Kinder in den Wagen setzte und davonfuhr, stürzte sich Arthur auf mich und kratzte mich, schlug mit seinen kleinen Fäusten auf mich ein, trat nach mir, zerriß mir meine Jakkentasche. Nie zuvor hatte ich ihn so wütend, so verzweifelt, so verbittert gesehen. Man konnte wirklich sagen, daß er aus seinem Herzen eine Mördergrube machte.

Arthur war eher ein extrovertierter Typ. In Leucate hatte ich ihn einmal von der Terrasse aus beobachtet, wie er mit nacktem Po an der Gartenmauer zum Nachbargrundstück stand. Ich dachte erst, er mache Pipi, bis ich dann unsere Nachbarin sah und sie spöttisch rufen hörte:

»Ich schneid' ihn dir ab, wenn du ihn nicht auf der Stelle wieder einpackst!«

»Nein, das machst du nicht!« schrie Arthur empört zurück.

»Wart's ab, du wirst schon sehen«, entgegnete sie. Es machte ihr sichtlich Spaß, ihn zu provozieren.

Als Arthur ihr wütend entgegenschleuderte, das dürfe sie ja gar nicht, griff ich ein. Ich ging zu ihm hin und beruhigte ihn, indem ich ihm sagte, er habe ganz recht, sie mache doch nur Witze. Und unserer Nachbarin hielt ich vor, sie habe einen seltsamen Sinn für Humor.

Arthur wußte sich durchzusetzen: Als unsere Nachbarin ins Haus zurückging, hatte er seine Hose noch immer nicht hochgezogen.

Wir hatten alle Mühe, unseren Sohn nach diesem Vorfall zu beruhigen. Er hörte nicht auf, die arme Frau mit Wörtern zu belegen, die gelinde ausgedrückt grob waren. Arthur sprach nicht gerade das, was man eine gepflegte Sprache nennt. Nur in Anwesenheit seiner Großeltern hielt er sich auf unsere Bitte hin mit »wüsten Wörtern« zurück.

Als wir, etwa um die gleiche Zeit, einmal in Vecoux zu Besuch waren und gerade mit dem Essen anfangen wollten, fluchte Jaona laut und vernehmlich: »So eine verdammte Scheiße!« Das hört man im Süden häufiger. Worauf Arthur ihn streng zurechtwies:

»Man sagt nicht ›verdammte Scheiße‹, wenn Oma und Opa dabei sind, Jaona!«

Ein verdutztes Schweigen trat ein. Belustigt starrten alle den Dreikäsehoch an, der es wagte, seinem Vater eine Rüge zu erteilen.

Schließlich entspannte Großmutter die Atmosphäre mit den Worten: »Du hast völlig recht, Arthur!«, und alles brach in Gelächter aus.

»Was ich sagen will, das sage ich auch«, war Arthurs Standardsatz geworden.

Eines Tages, Jaona und Arthur waren in der Küche, wurde im Radio das bekannte Lied »Stormy Weather« gespielt.

»Das ist ›Stormi Sewer‹«, rief Arthur stolz.

»Es heißt ›Stormy Weather‹«, verbesserte Jaona ihn ruhig und fügte im gleichen Ton hinzu: »Und jetzt lauf und putz dir die Zähne.«

»Zähneputzen ist unnötig, das steht bloß in Büchern«, erwiderte Arthur in schulmeisterlichem Ton.

»Ich hab' gesagt, du sollst dir die Zähne putzen, das ist ein Befehl!«

»Ich will aber nicht! Ich mach' nur, was ich will!«

Nach einer kleinen Lektion über die Bedeutung der Mundhygiene putzte er sich dann aber doch die Zähne – wie jeden Abend.

Es gab Tage, da sprach er ohne Umschweife gleich Klartext.

»Du nervst mich«, erklärte er seinem Vater einmal.

Ein andermal, als Jaona schlechte Laune hatte, belehrte er ihn leicht moralisierend: »Wir sind schließlich auf der Welt, um zu leben, und nicht, um uns anzublaffen!«

Ganz in der Nähe war ein Park, in dem sich die Kinder oft zum Spielen trafen. Einmal, als sie Cowboy und Indianer spielten, fragte ihn ein als Zorro verkleideter Junge in Arthurs Alter – etwa viereinhalb, fünf Jahre – ob er ein Chinese sei.

»Quatsch, ich bin kein Chinese. Ich bin schwarz. Ich bin ein Madegasse«, antwortete Arthur stolz.

Der andere stellte sich schwerhörig und fragte sich dumm: »Was bist du?«

»Ein Madegasse«, wiederholte Arthur klar und deutlich.

»Was?« fragte der andere noch einmal. Inzwischen hatte sich ein Kreis von Neugierigen um sie gebildet.

»Madegasse! MA-DE-GAS-SE!« schrie Arthur ungerührt.

Er war gern mit andern Kindern zusammen, daran hatte sich nichts geändert. Es gefiel ihm, sich mit ihnen zu messen, mit ihnen zu wetteifern, er mochte aber auch die Solidarität, die unter ihnen herrschte, das Gefühl der Verbundenheit, der Zuneigung.

Eines Nachmittags schaute er ein paar Jungen, die

etwas älter waren als er, beim Fußballspielen zu. Er wollte unbedingt mitspielen.

»Frag sie doch einfach!«

Arthur gab sich einen Ruck. Die Hände in die Seiten gestemmt, marschierte er zu ihnen hin. »Hallo, Leute! He, Leute, sagt mal ...«

Im gleichen Moment betrat eine Rugbymannschaft für ein Trainingsspiel den Platz, und sie mußten das Feld räumen. Einige Tage später tafen sie sich jedoch wieder, und von da an spielten sie regelmäßig zusammen.

Anpassungsschwierigkeiten kannte Arthur nicht. Er blieb auch nie eine Antwort schuldig, und an Schlagfertigkeit mangelte es ihm ebenfalls nicht. Zwei seiner etwas älteren Freunde, mit denen er einmal in der Bücherei diskutiert hatte, erzählten mir später vom Ergebnis seiner Überlegungen:

»Krieg ist gut und schön für die, die Waffen herstellen, aber nicht für die, die ihn führen.«

Arthur hatte viel Freude an kreativer Tätigkeit.

Als wir noch in Bosdarros wohnten und Jaona und ich ständig für ihn Zeit hatten, war es seine Lieblingsbeschäftigung, uns Gedichte zu diktieren. Mit Papier und Bleistift bewaffnet, schrieben wir auf, was er mit erleuchteter Miene von sich gab – und das mindestens einmal täglich.

Folgenden Neujahrsgruß an seine Patentante Malin diktierte er mir im Alter von vier Jahren:

»Eine kleine Katze in einem Haus,
Ein kleiner Hund, der in seinem Körbchen schläft
unter einer Decke,
Eine kleine Mühle, die kaputt ist: nicht schlimm,

Eine Lampe, die umgefallen ist auf dem Tisch,
ist das nicht ein Jammer?
Ein Salzstreuer, der nicht verschlossen war und
auf den Boden fällt,
Ein Telefon, das nicht mehr schellt:
Der Strom ist abgestellt!«

Arthur scheute sich nie, offen seine Zuneigung zu zeigen.

Im Schwimmbad kam er einmal zu mir, als ich im Nichtschwimmerbecken kniete, und meinte: »Und jetzt werden wir uns lieben!«

Er beugte sich vor, legte die Arme fest um mich und küßte mich herzhaft auf den Mund, den Kopf zur Seite geneigt. Ich klärte ihn hinterher aber über das Mißverständnis auf: Bei dem, was wir getan hatten, handelte es sich um »schmusen« und nicht um »sich lieben« ...

Seine Liebe zur Erde drückte er nach einer Wanderung im Gebirge einmal so aus:

»Die Erde schenkt uns alles, was wächst. Dafür küsse ich sie.« Was er auch tat ...

Eines Abends bat er uns, die Verbindungstür zwischen unserem Schlafzimmer und dem Kinderzimmer offen zu lassen, damit wir an seinen Träumen teilhaben könnten. Er erzählte uns übrigens jeden Morgen, was er geträumt hatte. Er wachte irgendwann zwischen elf und zwölf Uhr auf und rief sich dann, im Bett sitzend oder in der Küche beim Frühstück – Obst oder Müsli –, die bizarren Bilder und Szenen der Nacht ins Gedächtnis zurück. Daß vieles wirr war, beunruhigte ihn nicht sonderlich:

»Träume sind was Seltsames. Darum sind es ja Träume.«

Jaona hatte ihn einmal gefragt, was er sich unter einem Psychoanalytiker vorstelle, und die spontane Antwort lautete: »Das ist einer, der aufschreibt, was ihm der andere nicht sagt, Träume zum Beispiel.«

Arthurs Tag war ausgefüllt bis auf die letzte Minute. Nach seinem späten Frühstück beschäftigte er sich mit seinen Legosteinen, während im Hintergrund eine Platte von Charlie Mingus oder Thelonious Monk lief. Den Chorus von »Blue Monk« oder Ella Fitzgeralds bekannteste Songs konnte er mittlerweile Note für Note nachsingen. Und die Legokonstruktionen, die er dabei im Alter von noch nicht einmal fünf Jahren zusammensetzte, waren für Neunjährige gedacht. Er hatte wirklich den Dreh raus, was das betraf!

Sein Zimmer verwandelte sich nach und nach in eine riesige Baustelle, und er saß mittendrin, ganz der stille Genießer, und fügte geduldig Teil für Teil zusammen.

Er mochte es gar nicht, wenn er zum Mittagessen antreten sollte. Wir mußten ihn ein paarmal rufen oder sogar drohen, bis er sich endlich bequemte. Aber wer groß und stark werden wollte, mußte schließlich essen.

»Nicht mehr lange, dann werde ich groß sein und eine Menge schwarze Haare haben!«

Er sagte es so fröhlich, als ob Erwachsenwerden sein ersehntes Ziel sei.

7

DADOU

Arthurs Wißbegierde kannte keine Grenzen. Er wollte alles wissen, alles können. Er konnte es kaum erwarten, endlich lesen zu lernen; dabei war er noch nicht einmal fünf Jahre alt.

Ich machte damals eine Entdeckung, die sich als bahnbrechend für seine Entwicklung erweisen sollte. Bei der Suche nach Material über »alternative« Erziehung stieß ich in der Bücherei auf ein Werk von Glenn Doman: *Wie kleine Kinder lesen lernen*. Ich habe den schmalen Band, der 1965 zum erstenmal in Frankreich erschien, förmlich verschlungen und war so begeistert, daß ich beschloß, meinen Sohn nach Domans Methode zu unterrichten.

Ich war froh, einige meiner eigenen Thesen bestätigt zu sehen. Glenn Domans Arbeit gründete sich auf zwei wesentliche Überlegungen. Erstens, das Kleinkind verfügt über ein beachtliches, aber ungenügend entwickeltes, weil unterschätztes Potential. Zweitens, die ersten Lebensjahre sind entscheidend für die Entwicklung der mentalen und kognitiven Fähigkeiten, die die Voraussetzung für jeden Lernvorgang bilden.

Doman, ein amerikanischer Neuropsychiater, sowie einige zumeist britische Vertreter der Kognitiven Psychologie wie Bloom haben dargelegt, daß der Mensch über eine ungeheure geistige Kapazität verfügt und das Gewicht des Gehirns eines Fünfjährigen bereits 80 Prozent dessen eines Erwachsenen beträgt. Die Plastizität (gemeint ist die Anpassungsfähigkeit und Formbarkeit des Gehirns) ist in dieser Phase besonders groß und damit auch die Lernfähigkeit.

Das bedeutet nichts anderes, als daß ein Kind unter sechs Jahren bereits alle notwendigen geistigen Fähigkeiten für eine ganze Reihe von Lernprozessen, zum Beispiel lesen, besitzt.

Entgegen der landläufigen Meinung, ein Kind solle erst nach Erreichen des sechsten Lebensjahres lesen lernen, vertritt Glenn Doman die Ansicht, es sei nicht nur möglich, sondern sogar empfehlenswert, vorher lesen zu lernen.

Die exponentielle Entwicklung des Gehirns zwischen der Geburt und dem achten Lebensjahr, in dem diese Entwicklung praktisch abgeschlossen ist (zwischen dem achten und dem achtzehnten Lebensjahr ist die Zunahme der Gehirnmasse geringer als zwischen dem siebten und achten Jahr), bietet die besten Voraussetzungen für die Aneignung von Wissen. Eine Tatsache, die viel zu wenig Beachtung findet.

Ich selbst habe mit fünf Jahren lesen gelernt; das war bevor ich eingeschult wurde. Meine Mutter brachte es mir bei. Jaona, der eine Klosterschule in Moramanga auf Madagaskar besuchte, konnte es sogar noch ein bißchen früher als ich.

Zum Beweis für seine Thesen erzählte Glenn Doman die Geschichte von Tommy. Der Junge war mit einer schweren Mißbildung des Gehirns auf die Welt gekommen, und die Ärzte erklärten, er werde nie sprechen oder gehen lernen. Sie empfahlen, das Kind in einem Pflegeheim unterzubringen.

Obgleich der Fall hoffnungslos schien, nahm sich Doman des Jungen an. Tommy war genau drei Jahre und fünfzehn Tage alt und konnte weder sprechen noch gehen, als er in Domans Institut in Philadelphia aufgenommen wurde.

Die Eltern des Jungen unterstützten Doman und

sein Team, so gut sie konnten, und hielten sich exakt an das Trainingsprogramm. Mit fünf Jahren konnte Tommy perfekt lesen. Er las nicht nur schneller, als er sprechen konnte, sondern verstand auch, was er las. Ein Jahr später machte Tommy die ersten Schritte, noch unsicher, aber er konnte gehen. Und er las wie ein elf- oder zwölfjähriger Schüler. Seine Eltern schickten ihn daraufhin auf eine Schule für hochbegabte Kinder (Anfang der sechziger Jahre gab es in den Vereinigten Staaten bereits Einrichtungen dieser Art).

Tommys Geschichte rührte mich zu Tränen. Ich bewunderte aber auch die Eltern des kleinen Jungen, die fest an ihn geglaubt hatten, ihn nie aufgegeben hatten.

Für Glenn Doman und seine Mitarbeiter bedeutete das Experiment mit Tommy die Bestätigung zwanzigjähriger Forschungsarbeit über den Lernprozeß beim Menschen.

Tief beeindruckt von Domans Bericht, sagte ich mir, wenn ein behindertes Kind eine solche Leistung vollbringen konnte, müßte es mein Sohn doch erst recht schaffen. Zumal Arthur, der seit seinem zweiten Lebensjahr mit dem Alphabet vertraut war, schon seit langem darauf brannte, endlich lesen zu lernen. Ich bedauerte, nicht eher von dieser Methode gehört zu haben.

Vor allem im englischen Sprachraum wuchs seit Anfang der sechziger Jahre die Zahl derer, die den Erstleseunterricht bereits für Kleinkinder befürworteten. Die Pioniere auf diesem Gebiet hatten einen Vorsprung von zwanzig Jahren, aber ich machte mich voller Begeisterung daran, das Versäumte nachzuholen.

Glenn Doman führt vier Gründe für die von ihm

propagierte Methode an: der grenzenlose Wissensdurst eines Zwei- oder Dreijährigen, seine unglaubliche Anpassungsfähigkeit, seine Freude am Lesen und nicht zuletzt der Nutzen dieser Fähigkeit für seine geistige Entwicklung.

Den Einwand, man beraube das Kind seiner kostbaren Kindheit, läßt Doman nicht gelten. Dem Kind die Möglichkeit zu nehmen, seinen Wissendurst zu stillen, widerspreche dem Naturgesetz, das da lautet: Lernen ist Vorausetzung für das Überleben.

Die junge Katze, die mit einem Wollknäuel spielt, übt sich im Mäusefang, und die Hundewelpen, die miteinander raufen und sich balgen, bereiten sich auf diese Weise unter anderem auf den Ernstfall, die Verteidigung bei einem Angriff, vor. Desgleichen, so Doman, diene das Spiel des Kindes einem bestimmten Zweck: nämlich der Vorbereitung auf das Leben. Auch lesen lernen kann ein vergnügliches Spiel sein.

Zahlreiche Wissenschaftler haben über Jahre hinweg die Bedingungen des Lernens erforscht. Es ist erwiesen, daß die Fähigkeit des Lesens eine vom Gehirn gesteuerte Funktion ist, so wie etwa das Hören, und kein Schulfach wie beispielsweise die Rechtschreibung.

Das Unterrichtsmaterial muß dem kindlichen Wahrnehmungsvermögen Rechnung tragen. Ich fertigte also kleine Karten aus stabiler weißer Pappe an, auf die ich erst mit rotem, dann mit schwarzem Filzstift in Blockschrift die Unterrichtselemente malte. Die ersten drei Wörter waren »Mama«, »Papa« und »Arthur«. Es folgten zwanzig Basiswörter, die sich auf die unmittelbare Umgebung des Kindes bezogen; dann das Vokabular zur Satzbildung; danach eine

Gruppe ganzer Sätze; anschließend ein kleines Buch, das aus einem stark beschränkten Wortschatz bestand. Den letzten Teil, das Alphabet, konnte ich weglassen, da Arthur schon seit langem mit ihm vertraut war. Paradoxerweise könne die Kenntnis des Alphabets den Vorgang des Lesenlernens erschweren, erklärte Glenn Doman, weil das Kind dazu neige, nicht die Silbe, sondern den Buchstaben auszusprechen, also beispielsweise statt »Bal-lon« »Be-allon« zu sagen. Aus diesem Grund steht das Alphabet am Ende des Programms.

Die Karten herzustellen war eine zeitraubende Angelegenheit: Ihre Maße sowie die Größe und Breite der Schriftzeichen waren genau vorgeschrieben. Die Arbeit erforderte ein hohes Maß an Konzentration; eine kleine Unaufmerksamkeit, und schon konnte man das ganze Kärtchen wegwerfen und von vorn beginnen. Aber das Ergebnis war die Mühe wert gewesen: Arthur stürzte sich mit einem wahren Heißhunger auf das Übungsprogramm! Er fieberte der Unterrichtsstunde entgegen, als ob es für ihn nichts Schöneres gäbe.

Der Ablauf der Übungen war festgelegt und mußte mit quasi wissenschaftlicher Genauigkeit eingehalten werden, sollte das erreicht werden, worauf es ankam: ein fröhliches Miteinander von Mutter und Kind, ein beglückendes Erlebnis für beide. Und für Arthur und mich war es das.

Als wir noch in Prades-le-Lez wohnten, las ich ihm jeden Tag fast zwei Stunden vor – daher der Stapel Bücher in seinem Zimmer –, und seit unserem Umzug nach Pau hörte er sich andächtig die Märchenkassetten oder -platten an, die ich zusammen mit den schmalen Begleitbüchern in der Bücherei auslieh.

Lesen war für ihn eine Kulthandlung, das Buch ein heiliger Gegenstand geworden. Lesen können grenzte in Arthurs Augen fast an Zauberei.

Arthur war ein eifriger Besucher der Stadtbücherei. Er stand ebenso staunend vor den endlosen Bücherregalen wie vor seinem Vater, der stets in irgendein streng aussehendes, schmuckloses Buch – noch dazu ohne Bilder! – vertieft war.

In der Bücherei traf er auch seine Freunde. Viele Eltern fanden es praktisch und auch vernünftig, ihre Kinder nach Schulschluß dort unterzubringen, und so glich der Lesesaal für Kinder einem Pausenhof – auf dem es allerdings ruhig zuging. Sie malten und zeichneten, spielten Gesellschaftsspiele – Karten, Monopoly, Dame oder Schach, je nach Altersstufe –, hörten Platten über Kopfhörer oder lasen, vor allem Comics.

Arthur fühlte sich wie zu Hause in diesem Ameisenhaufen, wo Stille, Flüstern und Entspannung oberstes Gebot waren. Die Stammgäste kannten sich mit der Zeit, und Arthur fand rasch neue Freunde, die meistens ein, zwei Jahre älter waren als er. Mit einem besonders netten Zwillingspärchen verstand er sich auf Anhieb. Die drei gehörten oft zu den letzten, die die Bücherei verließen, und konnten es kaum erwarten, bis sie sich wiedersahen.

An zwei Samstagen im Monat verwandelte sich die Bücherei in eine Spielothek: Tische und Fußboden waren mit Spielzeug, das den Kindern zur Verfügung gestellt wurde, übersät, und alle, auch Arthur, machten regen Gebrauch davon.

Ich ging auch nach wie vor mit ihm zum Schwimmen. Ganz allmählich gewann er das Gefühl dafür zurück und erforschte alle Empfindungen, die das nasse Element ihm bescherte. Mit Jaona spielte er regelmäßig Fußball. Seine Miene und seine Ausdauer zeugten von seiner wachsenden Begeisterung für diese Sportart und von seiner blühenden Gesundheit.

Eine weitere Lieblingsbeschäftigung von ihm war das Erfinden von Geschichten, zu denen er oft von seiner jeweiligen Lektüre inspiriert wurde und die sich schmerzhaft in die Länge ziehen konnten. Als Geschichtenerzähler werde er jedenfalls einmal sein Auskommen haben, wie sein Vater liebevoll sagte.

Arthur zog auch Shows zur Musik von »Johnny B. Goode« in der Version von Johnny Winter oder Jimi Hendrix ab: Eine Lego-Gitarre in der Hand, verrenkte er sich bühnenreif und wälzte sich zum Schluß am Boden, als hätte er einen epileptischen Anfall. Zu seinem Repertoire gehörten aber auch ruhigere Nummmern wie das berühmte »Just a gigolo« von Louis Prima, Watschelgang und kleiner Hüpfer – wie im Zeichentrickfilm – inbegriffen.

Im Sommer 1982 fuhren wir nach Vecoux, wo die ganze Familie Antoine versammelt war.

Ob Ferien oder nicht, für Arthur machte das keinen großen Unterschied, die Tage waren mit Spielen, Lachen, Streiten ausgefüllt – so wie immer. Vor allem mit seinem drei Jahre älteren Cousin Edouard kabbelte er sich ständig; der ging ihm nämlich mächtig auf die Nerven, weil er den Rang des Anführers ihrer Bande für sich allein beanspruchte. Dazwischen Augenblicke inniger Vertrautheit, wenn ich ihm vorlas, oder fröhlicher Gesellschaft, wenn wir uns draußen, unter freiem Himmel, zu Tisch setzten.

Die ständig wechselnde Zahl von Personen um ihn

herum versetzte Arthur zuweilen in einen Zustand völliger Überreiztheit, gegen die wir umgehend etwas unternehmen mußten; Opa konnte das Lärmen und Toben nicht vertragen.

Manchmal konnte Arthur am Abend nur noch flüstern, so sehr hatte er seine Stimmbänder strapaziert. Aber sie erholten sich über Nacht immer wieder, und am andern Morgen schrie er dafür um so lauter!

In jenem Sommer entdeckte er, fünfjährig, seine Liebe zu Malen. Zu den sanften Klängen von Charlie Mingus, Bessie Smith oder den Doors malte er Bilder, mit denenn wir die Wände unseres Schlafzimmers schmückten.

Seine Interessen wechselten mit dem Rhythmus der Jahreszeiten. Doch womit er sich auch beschäftigte, er tat es immer voller Hingabe und Begeisterung.

8

DADOU

Jaona und ich richteten unser Leben so ein, daß wir möglichst viel Zeit mit unserem Sohn verbringen konnten. Freilich mußten wir von irgend etwas leben. Die meiste Zeit kümmerte ich mich um Arthur; Jaona war ziemlich eingespannt in seinen Beruf als Psychoanalytiker. Außerdem fielen Arthurs Interessen zu jener Zeit – Schwimmen, Zeichnen, Malen, Lesen und alles, was damit zusammenhing – ohnehin eher in mein Ressort. Jaona nahm ihn gelegentlich mit in die Bücherei und spielte am Wochenende mit ihm Fußball.

Arthur war ein leidenschaftlicher Fußballspieler.

Jaona gab ihm einen kleinen, federleichten Ball zum Spielen, den er nach Leibeskräften treten konnte, ohne daß die in seinem Alter noch sehr zarten Gelenke Schaden nahmen. Was nicht hieß, daß er sich nicht hin und wieder den Knöchel verstauchte.

Hatte er ein Tor geschossen, freute er sich wie ein Schneekönig; hätte er in der Nationalmannschaft um den Weltmeistertitel gekickt, wäre sein Jubel nicht größer gewesen. Er war eben stets mit dem ganzen Herzen bei der Sache.

An einem Sonntag im Februar 1983 – er war damals fünfeinhalb – kletterte er wie jeden Sonntagmorgen zu uns ins Bett. Jaona las uns in theatralischem Tonfall etwas vor. Als er geendet hatte, blickte Arthur mit lachenden Augen von einem zum andern und strahlte:

»Wißt ihr, ich bin rundherum glücklich!«

Jaona und ich hatten beschlossen, Arthur auf alle Fragen, die er uns stellen würde, eine einfache, klare Antwort zu geben. Auch wenn es ich um so heikle Dinge wie beispielsweise die Sexualität handelte.

Arthur lebte seine so frei aus, wie die Gesellschaft es ihm erlaubte. Die Gesellschaft, das waren in diesem Fall wir, seine Eltern. Die folgenden vier Begebenheiten sollen unsere Einstellung zu diesem Thema verdeutlichen.

In unserm Haus in Bosdarros – Arthur war damals dreieinhalb – saß ich einmal mit meiner Mutter im Wohnzimmer und unterhielt mich mit ihr. Plötzlich rief Arthur neben mir erschrocken aus: »Was ist das denn?«

Ich drehte mich um. Er hatte seinen erigierten Penis

aus seinem Höschen gezogen und starrte ihn entsetzt an. Ich beruhigte ihn:

»Das ist nichts Schlimmes, Arthur. Das geht gleich wieder weg ...«

Er sprang auf und trottete mit heruntergelassener Hose, den Blick starr auf sein Geschlechtsteil gerichtet, in den Garten hinaus. Meine Mutter fragte, was denn passiert sei. Nichts weiter, antwortete ich. Als ich später mit Arthur allein war, erklärte ich ihm so gut ich konnte den Vorgang, der ihn so beunruhigt hatte.

Ein Jahr später, in unserer Wohnung in Paris, begegneten sich Arthur und Jaona im Flur; der eine wollte ins Bad, der andere kam gerade heraus. Beide waren nackt.

»Weißt du was? Du faßt mich an den Hoden und am Penis an und ich dich«, schlug Arthur fröhlich vor.

Das taten sie, und damit war der Fall erledigt.

Keine vier Wochen später erklärte ihm Jaona auf seine Fragen hin, wie man Kinder macht. Am andern Tag vertiefte ich das Thema anhand von schematischen Darstellungen noch ein wenig. Als ich fertig war, faßte Arthur stolz seine neu erworbenen Kenntnisse zusammen.

»Das ist ja nicht sehr schwierig«, begann er. »Also paß auf, Dadou: Erst muß der Vater den Samen in die Scheide tun ...«

Am 25. August 1983, seinem sechsten Geburtstag, lagen Arthur und ich noch spätabends auf seinem Bett, sein Kopf in Höhe meiner Füße. Ich hatte meinen Morgenmantel an, Arthur schlief nackt, wie immer im Sommer.

Plötzlich kniete er sich hin, deutete auf meinen Unterleib und sagte:

»Ich würde gern mal meinen Penis da hineinstekken, nur um zu sehen, wie das ist.«

Da er gewöhnlich masturbierte, während ich ihm vorlas, wunderte ich mich, daß er jetzt keine Erektion hatte. Als ich ihm erklärte, das Glied müsse steif sein, sonst könne es nicht in die Scheide eindringen, sah er mich verdutzt und belustigt zugleich an. Ich fuhr fort:

»Außerdem schläft eine Mutter nie mit ihrem Sohn, Arthur, sondern nur mit ihrem Mann. Ich bin froh, daß du mein Sohn bist. Eines Tages wirst du ein hübsches Mädchen kennenlernen und sehr lieb haben, und dann wirst du mit ihm schlafen.«

»Na gut, wenn du meinst ... Dann werde ich aber bald zu suchen anfangen ...« tröstete er sich.

Jaona und ich sprachen oft miteinander über das Verhalten unseres Sohnes im allgemeinen und, da er seit geraumer Zeit eine ödipale Phase durchlief, sein sexuelles Verhalten im besonderen.

Arthur zeigte sich sehr besitzergreifend mir gegenüber, und das seit unserem Aufenthalt in Leucate. Jaonas Anwesenheit paßte ihm nicht, er gab ihm mit Gesten, manchmal sogar mit Worten zu verstehen, daß er unerwünscht war. Die absichtlich passive Haltung seines Vaters, der die Kränkung, ausgeschlossen zu werden, ruhig hinnahm, auch wenn es ihm nicht immer leichtfiel, ermutigte ihn. Viele Väter, tief verletzt von der unverhohlenen Feindseligkeit ihrer Söhne, reagieren unvernünftigerweise mit oft harten Strafen. Aber Jaona war nicht umsonst Psychoanalytiker.

Diese Phase ist Teil der Entwicklung des Kindes, sie soll nicht unterdrückt werden, aber auch nicht provoziert werden, sondern kontrolliert ablaufen können. Das Kind muß die Möglichkeit haben, seine Phantasien auszuleben. Gleichzeitig wird man versuchen, es abzulenken, ihm schonend und taktvoll Wege zur Überwindung dieses Phänomens aufzuzeigen.

In unseren Gedanken zu Arthurs Erziehung nahm die Sexualität einen wichtigen Platz ein. Ihre harmonische Entwicklung schien uns Voraussetzung für sein seelisches Gleichgewicht. Wir legten Wert darauf, daß unser Sohn frei war, und zwar in jeder Beziehung: Er sollte sich wohlfühlen in seiner Haut ebenso wie in seinem Kopf.

Im April 1983 kam er zu mir und gestand mir freudig und in dem feierlichen Ton einer wichtigen Mitteilung, die das Ergebnis reifer Überlegung war:

»Weißt du, als ich klein war, hab' ich gedacht, du wärst meine Frau. Aber seit ich fünf bin, weiß ich, daß du meine Mutter bist!«

9

DADOU

Das Jahr 1983 verlief überaus erfolgreich für Arthur. Im Lesen und in der Musik, aber auch im Schwimmen machte er entscheidende Fortschritte.

Die Übungen im Schwimmbecken bewältigte er mit Leichtigkeit, sogar eine Rolle vorwärts führte er aus. Er versäumte nach dem Unterricht nicht, mich darauf hinzuweisen, wie wenigen das gelungen war.

Mit seinem Kopfsprung hingegen war er unzufrieden, und beim Rückenschwimmen, fand er, tauche er zu tief ins Wasser ein. Ich hatte ihn aber beobachtet und war ganz und gar nicht seiner Meinung.

Glenn Domans Methode konnte ich nicht buchstabengetreu übernehmen, denn erstens war Arthur schon fünf, und zweitens beherrschte er das Alphabet bereits, was möglicherweise ein Handicap war. Folglich änderte ich das Programm da und dort je nach Bedarf ein bißchen ab. Der Spaß, den der Unterricht uns beiden bereitete, wurde dadurch nicht geschmälert, und nur darauf kam es schließlich an.

Im September 1982 war er nach zweimonatiger Übungsdauer in der Lage, etwa sechzig Wörter zu lesen. Das heißt, er las ein willkürlich gewähltes Wort korrekt von dem Kärtchen ab, das ich ihm hinhielt. Unsere täglichen Sitzungen dauerten nicht länger als drei Minuten. Der geringe Zeitaufwand war das eigentlich Geniale dieser Methode.

Zwei Monate später überschritt er die Grenze von zweihundert Wörtern bei nach wie vor einem Wort pro Karte. Danach gingen wir zu einfachen kleinen Sätzen über, die mit den Basiswörtern gebildet wurden. Und dann kam der große Moment: das erste Buch! Es bestand aus zwölf einfachen Sätzen, jeder mit einer Zeichnung illustriert, und nicht mehr als vierundzwanzig verschiedenen Wörtern.

Das Büchlein mit dem Titel *Mein Hemd ist weiß* war für Arthur das Sprungbrett in die Welt der Bücher. Im Lauf der Zeit lernte er nicht nur alles über den Umgang mit Wörtern, über ihre Bedeutung und ihre Kombinationsmöglichkeiten, sondern lernte auch den Sinn einer ganzen Geschichte in einem »richtigen« Buch erfasssen.

Im Februar 1983, da war er fünfeinhalb, las er sein erstes richtiges Buch – nach einer Lehrzeit von sechs Monaten. Dank Glenn Domans Methode hatte er in etwa zweihundert Tagen lesen gelernt: zweihundert multipliziert mit drei (die dreiminütige Übungsdauer täglich) macht sechshundert, das bedeutet *insgesamt zehn Stunden für den Erwerb der Lesefähigkeit!*

Man kann sich Arthurs Stolz, seine Freude nach der Lektüre des Büchleins mit dem Titel *Der Katzentatzentanz* von Fredrik Vahle mit Illustrationen von Helme Heine kaum vorstellen. Jetzt konnte ihn nichts mehr aufhalten, die Welt mittels dieser kostbaren, einzigartigen Erfindung, des Buchs, zu entdecken.

Für mich war es ein unvergeßlicher Augenblick, vielleicht einer der schönsten in meinem Leben. Kann eine Mutter etwas Beglückenderes erleben, als ihr Kind so freudestrahlend, so zufrieden zu sehen?

Nach und nach lernte Arthur neue Wörter nach der herkömmlichen Lautier-Methode. Er erweiterte seinen Wortschatz mit jedem Buch, das er las.

JAONA

Da ich die Angewohnheit hatte, den Takt zu jeder Melodie zu schlagen, war es nur eine Frage der Zeit, bis Arthur mich nachahmen würde.

Anfangs hatte er Probleme, den Takt zu halten. Er bat mich, ihm zu zeigen, wie es gemacht wird. Ich spielte ihm einige Platten vor: Boogie-Woogie für ein Instrument (Sammy Price), für zwei (Albert Ammons und Pete Johnson), für Orchester (Count Basie in seiner Glanzzeit mit Lester Young als Solosaxophonist und *blues shouter* Jimmy Rushing) oder auch im Rock-and-Roll-Stil eines Big Joe Turner, der in den Fünfzigern bei der legendären Plattenfirma Atlantic unter Vertrag stand und Klassiker wie »Shake, rattle and roll« oder »Flip, flop and fly« aufgenommen hatte.

Nachdem Arthur den *downbeat*, die leichte Taktzeit, erfaßt hatte, versuchte ich es mit komplexeren, synkopierten Rhythmen. Als Lehrstück diente mir vor allem das Kultalbum »Night Train« von Oscar Peterson aus dem Jahr 1962.

An jenem Tag im November 1982, als er die bekannte Synkope des gleichnamigen Titelstücks nachvollzog, hatte ich den Eindruck, daß es bei ihm geklickt hatte. Es schien, als ob das Feuer seiner Begeisterung für diese schwarze Musik schlagartig haushoch loderte. Ein Jahr später entdeckten wir gemeinsam zwei außergewöhnliche Blues-Gitarristen: Stevie Ray Vaughan und Albert Collins. In Collins, der mit seinen Schmalzlocken und der dunklen Hautfarbe wie ein mexikanischer Revolverheld aussah, fand Arthur sein Idol – bis er ein glühender Fan von Vaughan wurde. Er konnte bis zum Umfallen nach den leidenschaftlichen Rhythmen dieser Funky- und Boogy-Musik tanzen.

Arthur entwickelte ein immer feineres musikalisches Gehör. Im Juli 1983, einen Monat vor seinem sechsten Geburtstag, spielte ich auf der Gitarre eine Reihe von Akkorden. Plötzlich hörte ich Arthur ruhig sagen:

»Das ist Pink Floyd!«

Er hatte recht, genau das war es. Dabei kannte er außer »Atom Heart Mother« nichts von dieser Gruppe, und selbst das wollte er sich nicht anhören, weil ihm der Anfang ein bißchen angst machte …

Ein andermal hörte er Radio, während er sich mit seinen Legosteinen beschäftigte, und erkannte schon nach wenigen Takten, welches Stück da gespielt wurde: »Witch Hunt«, eine Komposition von Wayne Shorter; in diesem Fall handelte es sich um einen Livemitschnitt eines Konzerts der Jazz Messengers von Art

Blakcy in Juan-les-Pins. Das Erstaunliche war, daß Arthur das Album mit dem Originaltitel höchstens zweimal gehört hatte. Die Musik war genau das Gegenteil dessen, was er sich normalerweise anhörte.

1983 war auch das Jahr unserer ersten »philosophischen« Gespräche. Ich verfolgte gelegentlich die Diskussionen auf »France-Culture«, und Arthur mußte das eine oder andere aufgeschnappt haben, während er an seinen Legokonstruktionen bastelte.

Eines Tages sollte ich ihm erklären, was Philosophie sei. Ich fragte ihn erst einmal, was er über die Liebe denke.

»Liebe ist was Schönes«, antwortete er.

»Und wie denkst du über den Tod?«

»Mmmm ...«

»Hast du Angst vorm Sterben?«

»Nein, eigentlich nicht ... Ich hab' ja noch soviel Zeit zum Leben«, sagte er im Brustton der Überzeugung und strahlte dabei übers ganze Gesicht.

Arthur war ein unverwüstlicher Optimist. Als ich ihn einmal fragte, was er tun würde, wenn seine Eltern ihn verließen, meinte er:

»Dann gehe ich in den Wald. Aber ein bißchen Geld mußt du mir schon dalassen, damit ich mir eine Angelrute kaufen kann, und dann werde ich Fische fangen. Und wenn ich ein verlassenes Haus entdecke, werde ich dort einziehen und drin wohnen.«

Arthur liebte das Spiel mit Wörtern und Situationen. Irgendwann im Januar 1984 machte sich Dadou über etwas, das er gesagt hatte, lustig:

»Das ist aber sehr philosophisch, was du da von dir gibst!«

»Ein richtiger kleiner Heidegger«, bekräftigte ich.

Und Arthur, der das letzte Wort haben mußte, meinte fröhlich: »Ja, ja, graben wir sie aus, die *hache de guerre**!«

Manchmal zog er merkwürdige Vergleiche oder stellte sonderbare Verknüpfungen her. Einmal, als wir Karten spielten, brach er plötzlich in Gelächter aus. Er warf die Kreuzdame auf den Tisch und rief:

»Die sieht ja wie eine Hure aus!«

Ein andermal saß ich am Tisch und aß Knäckebrot mit Quark. Das Brot zerbrach, und ein Stück fiel herunter in die Quarkschale.

»Jetzt ist dir ein Lapsus unterlaufen«, sagte Arthur lachend.

Fein beobachtet, denn das lateinische Wort *»lapsus«* heißt im wörtlichen Sinn »das Fallen, der Fall, der Sturz« und im Übertragenen »der Fehler, das Mißgeschick.«

Am 1. April 1983 bastelte Arthur einen Aufkleber als Aprilscherz, den er im Schwimmbad irgend jemand anheften wollte. Als ich ihn fragte, wem, antwortete er:

»Na, jemandem, den ich nicht kenne, damit ich ihn kennenlerne!«

10

JAONA

Das große Ereignis im Herbst 1983 war nicht die Einschulung, sondern die Begegnung mit der modernen Mathematik – mit der berühmten Mengenlehre.

* Wörtl. Kriegsbeil; hier: auf der Aussprache (»asch de gär«) beruhendes Wortspiel mit der (französischen Aussprache des Namens »Heidegger« (Anm. d. Übers.)

Dadou und ich wußten seit langem, daß es möglich war, sein Kind von der Schulpflicht befreien zu lassen. Eine entsprechende Mitteilung an die Gemeindeverwaltung und die Schulaufsichtsbehörde genügt. Ferner müssen die Erziehungsberechtigten anhand eines Lehrplans darlegen, daß das Kind einen der schulischen Ausbildung gleichwertigen Unterricht erhält. Ist der Antrag vom Oberschulamt geprüft und genehmigt worden, muß sich das Kind im Alter von acht, zehn und zwölf Jahren einer Prüfung durch die Gemeindeverwaltung unterziehen, die gegebenenfalls eine zusätzliche Untersuchung durch das Schulamt veranlassen wird, falls der körperliche und/oder geistige Zustand des Kindes zu Bedenken Anlaß gibt.

Wer sein Kind ohne Genehmigung von der Schule fernhält, verliert nicht nur den Anspruch auf Sozialleistungen, sondern macht sich auch strafbar.

Wir kannten die Gesetze und wußten auch um die Schwierigkeiten, eine Befreiung von der Schulpflicht durchzusetzen. Problematisch war es schon, den Hauptbetroffenen zu überzeugen. Arthur hatte so oft gehört, alle Kinder müßten in die Schule gehen, es sei nicht gut, wenn er nicht ginge usw., daß er sich plötzlich fragte, ob seine Eltern ihm nicht etwas Wesentliches vorenthielten.

Für uns ganz überraschend setzte eine Trotzphase bei ihm ein. Er bekam Tobsuchtsanfälle und wurde bockig und machte nichts als Dummheiten.

Nachdem wir uns das drei oder vier Tage angeschaut hatten, beschlossen wir, die Angelegenheit ein für allemal zu klären. Wir wollten wissen, warum er auf einmal unbedingt zur Schule gehen wollte; bisher war davon nie die Rede gewesen, und er wußte doch, daß Kinder bereits mit drei Jahren die Vorschule besuchten.

»Alle Kinder gehen in die Schule, und ich will eben auch, das ist alles«, beharrte er.

War es wirklich sein Wunsch? Oder hatte er Angst, als Außenseiter zu gelten?

»Aber für dich ist doch das Wichtigste, daß du soviel wie möglich lernst, stimmt's?«

»Stimmt.«

»Dann paß auf, was ich dir jetzt sage, Arthur. Wenn du morgen in die Schule gehst, wirst du nicht mehr lernen als hier daheim bei uns. Die anderen Kinder werden lesen lernen. Du kannst das schon. Sie werden rechnen lernen. Du kannst das schon. Sie werden schreiben lernen. Das kannst du auch schon. Du darfst jetzt Englisch lernen, das dürfen die andern noch nicht. Und sie stehen auch nicht erst mittags auf so wie du, sondern frühmorgens, und das würde dir gar nicht gefallen, glaub mir. Außerdem kannst du in der Schule nicht so reden wie zu Hause. Du kannst auch nicht einfach anfangen zu singen, wenn dir gerade danach ist, oder mit deinen Legosteinen spielen. Und du hast täglich von 8 Uhr 30 bis 11 Uhr 30 und von 13 Uhr 30 bis 16 Uhr 30 oder 17 Uhr Unterricht. Nur Mittwochs, Samstag nachmittags und Sonntags hast du frei. Na, was ist? Willst du immer noch zur Schule?«

»Wenn ich schon alles kann, was meine Altersgenossen erst lernen müssen, warum kann ich dann nicht zu den Größeren gehen?«

»Auf den Kopf gefallen ist er nicht, der junge Mann! Aber die Größeren sind wirklich groß, und Arthur ist noch ganz klein. Und dann passiert das gleiche wie mit Edouard in Vecoux: Arthur will der Anführer sein, und den Großen paßt das nicht. Also gibt es Streit, jeden Tag von neuem. Du wirst ihnen zeigen wollen, wer der Boß ist, und die andern werden sich das nicht gefallen lassen. Mit dem Ergebnis, daß du deine Zeit damit verbringen wirst, dich zu prügeln, und jeden Abend total erledigt heim kommst. Ist es das wirklich wert?«

»Na ja ...«

»Dadou und ich sind der festen Überzeugung, daß wir dir sehr viel mitgeben können. Und wir drei machen doch tolle Sachen zusammen oder etwa nicht? Sei ehrlich.«

»Ja, klar, das schon ...«

»Kommen wir nicht gut miteinander aus? Ist es nicht echt locker bei uns? Ja oder nein? Ich möchte eine klare Antwort.«

Arthur waren die Argumente ausgegangen. Wütend schleuderte er uns ein »Ja« ins Gesicht.

Wir litten mit ihm, aber wir waren der Meinung, ihn vor einer großen Enttäuschung bewahrt zu haben. Die Angelegenheit war geklärt: Die Frage Schulbesuch oder nicht stellte sich nie wieder.

Ende 1982 konnte Arthur, damals fünf, fehlerfrei bis 130 zählen. Das Addieren und Subtrahieren ganzer Zahlen hatte er relativ schnell gelernt, so daß er in der Lage war, Aufgaben wie die folgenden zu lösen: »Paul hat 54 Murmeln, 26 verliert er. Wieviele bleiben ihm noch?« Oder: »Julie hat 4 Bleistifte mehr als Marie, die 18 hat. Wieviele Bleistifte hat Julie?«

Dadou, die Arthur zu jener Zeit praktisch allein unterrichtete, machte sich Gedanken über den weiteren Aufbau des Mathematikunterrichts. In der Bücherei, wo sie ständig nach Anregungen suchte, stieß sie auf ein Werk von R. Dézaly über den Mathematikunterricht an der Grundschule. Sie büffelte heimlich, ohne mir etwas davon zu sagen, stellte daraus Übungen zusammen und nahm dann mit Arthur die Mengenlehre in Angriff.

Arthur war Feuer und Flamme. Ein bißchen kannte er sich auf dem neuen Gebiet schon aus. Während des Leseunterrichts hatte Dadou ihn Wörter nach bestimmten Gesichtspunkten in Klassen ordnen lassen; die Substantive zu den Substantiven, die Verben zu den Verben usw. oder die mit den gleichen Endungen zusammen etc.

Es dauerte nicht allzulange, bis er begriffen hatte, worum es ging. Sie benutzten alles als Anschauungs- und Übungsmaterial: Legosteine, Playmobil, Spielzeugautos, Dominosteine, Spielkarten, sogar den Parkettboden. Sie zeichneten Mengen und Teilmengen und studierten geduldig die verschiedenen Figuren, zum Beispiel Vereinigung, Intersektion und Inklusion.

Arthur hatte bald soviel Spaß an diesem Spiel, daß er laut in Mengen zu denken begann!

11

JAONA

Das Jahr 1984 stand ganz im Zeichen der Wiederentdeckung einer Blueslegende: B. B. King. Viele seiner zwischen 1949 und 1962 bei Modern entstandenen Aufnahmen wurden neu herausgebracht.

Arthurs Interesse für diese Musik, die ständig durch unser Haus wehte, wuchs. Er wollte alles darüber wissen. Und so erzählte ich ihm von den Meistern des Blues und den großen Stilrichtungen. Fast jede

Region der USA hat ihre eigene. Trotz der künstlerischen Freiheit, die der Blues den Interpreten läßt, werden seine Grundregeln – 12-Takt-Form und seine *blue notes* – strikt eingehalten.

In der Bluesmetropole Chicago ist jeder größere Stadtteil durch einen eigenen Stil gekennzeichnet: In den Clubs im südwestlichen von Farbigen bewohnten Bronzeville wird ein anderer Blues gespielt als im eher konservativen Zentrum.

Mein größter Wunsch war, meinem Sohn einen Einblick in das Wesen dieser Musik vermitteln zu können. Der Blues war für mich sehr viel mehr als eine Musikrichtung: Er war Ausdruck und Spiegel der amerikanischen Kultur, für die ich mich immer schon begeistert hatte. Und es machte mich sehr glücklich, daß Arthur mein Interesse teilte.

Anfang 1984 abonnierte ich die amerikanische Zeitschrift *Living Blues*, die einzige Fachzeitschrift für diese Musik. 1984 hatte sie weltweit fünftausend Abonnenten.

Arthur fragte mich, was genau das Wort Blues eigentlich bedeute, und ich erklärte es ihm. Nach wie vor herrscht die irrige Meinung, Blues sei Ausdruck einer ausschließlich traurigen, melancholischen Stimmung, eines seelischen Schmerzes. Eine Annahme, die zurückzuführen ist auf die im 16. Jahrhundert entstandene Wendung *to be blue* – niedergeschlagen, deprimiert sein. Und man denke auch an die *note bleue* Frédéric Chopins. Für den Afro-Amerikaner jedoch drücken die *blue notes*, die ihren Ursprung in der afrikanischen Musik haben, einfach eine Gemütsbewegung, eine seelische Erschütterung aus, gleichgültig, ob es sich dabei um Freude, Glück, Kummer oder Schmerz handelt.

Da ich regelmäßig das Wochenmagazin *Newsweek* las, um mich über das politische und kulturelle Geschehen in den Vereinigten Staaten zu informieren, waren wir nicht überrascht, als Arthur uns eines Tages fragte, ob er nicht Englisch lernen könne.

Ich verglich die verschiedenen Unterrichtsmethoden für Anfänger und entschied mich schließlich für eine Kombination aus Kassette und Buch.

Die Begleitmusik irritierte Arthur anfangs, aber er eignete sich in kurzer Zeit ein Gefühl für den Sprachrhythmus an und hatte keine Probleme mit den Übungen. Seine Intonation und sein Akzent waren erstaunlich gut, und ich sparte nicht mit Lob, was ihn ganz stolz machte.

Nach den Legokonstruktionsspielen, dem Schwimmen, dem Fußballspiel, dem Lesen, dem Rechnen und dem Blues hatte Arthur eine neue Leidenschaft entdeckt: die englische Sprache.

Dadou, die von neuem arbeitslos war und zuletzt die Vertretung für eine Krankenschwester in Mutterschaftsurlaub übernommen hatte, konnte sich uneingeschränkt unserem Sohn widmen. Der Feuereifer, den er bei allem, was er anfing, an den Tag legte, und seine tiefe Zufriedenheit entschädigten uns bei weitem für unsere finanziellen Sorgen.

Einmal, als er während der heißen öffentlichen Diskussionsphase um das Schulsystem 1984 Plakate sah, die für eine freie Schule warben, rief er:

»Seht ihr, das haben wir schon! Bei uns ist Schule, wenn wir Lust dazu haben, wir sind frei!«

Einen Monat vor Arthurs siebtem Geburtstag trat Dadou ihre neue Stelle an. Ich kümmerte mich in der Folgezeit wieder mehr um unseren Sohn und konnte dabei feststellen, daß Dadou nicht übertrieben hatte, wenn sie mir von Arthurs gewaltigen Fortschritten erzählte, von seiner geistigen Beweglichkeit, seiner Energie, seiner raschen Auffassungsgabe, und vor allem von seinem ungeheuren Wissensdrang schwärmte.

Arthur las wie ein sehr guter Schüler der dritten Klasse kurz vor der Versetzung in die vierte. Mit Hilfe entsprechender Übungstexte ordnete ich seine Kenntnisse in Rechtschreibung der zweiten Klasse zu.

Seit über einem Jahr schrieb er in leserlicher Blockschrift und das erstaunlich schnell. Jetzt ging er dazu über, mit Filzstift in Schreibschrift zu schreiben, und zwar nach der Methode, zu der ich ihm geraten hatte. Schreiben war für mich nicht malen; Wörter zu schreiben hielt ich für gescheiter, als Buchstaben zu malen. Die Schrift sah dann vielleicht nicht so schön aus, aber es ging bedeutend schneller.

Schreiben bedeutet doch, mit Hilfe von Wörtern und Sätzen einen Gedanken festzuhalten, eine Nachricht zu übermitteln. Daher schien es mir wichtiger, die Schreibgeschwindigkeit der Geschwindigkeit des Denkvorgangs anzupassen, anstatt Zeit mit dem Zeichnen hübscher Buchstaben zu verschwenden und dadurch den Gehalt der Aussage zu verwässern. Für mich zählte nur Leserlichkeit, und unter diesem Gesichtspunkt betrachtet, war an Arthurs Schrift nichts auszusetzen.

Im Rechnen entsprach sein Niveau, sowohl was die Fehlerquote, als auch die Schnelligkeit betraf, dem eines sehr guten Schülers der dritten Klasse kurz vor der Versetzung in die vierte. Seine Fähigkeit zu logischem Denken war dank der vielfältigen Übungen zur Mengenlehre, die er seit einem knappen Jahr mit Dadou durchging, recht weit entwickelt.

Bemerkenswert waren auch seine psychomotorischen Fähigkeiten. Über seine Ballkünste mit dem linken Fuß staunten selbst seine schwarzafrikanischen Freunde. Dadous Freundin Malin, die Ärztin und Krankengymnastin war, hatte bereits 1978 eine für einen Einjährigen ungewöhnliche Koordination in den Bewegungsabläufen festgestellt. Arthurs Entwicklung bestätigte ihre Diagnose. Nicht minder beeindruckend waren seine Hör- und seine Lautbildungsfähigkeiten, wie sein musikalisches Gehör und seine Aussprache des Englischen bewiesen.

Ich begann mich ernsthaft zu fragen, ob Arthur nicht außergewöhnlich begabt war. Und wenn ja: Sollte sein Potential dann nicht besser genutzt werden?

Ich sprach mit Dadou darüber. Sie hob zwei Punkte besonders hervor: Arthurs überbordende Begeisterung und sein brennender Wunsch, daß auch ich mit ihm lernte.

Nachdem ich mir die Sache durch den Kopf hatte gehen lassen, bot ich Arthur an, ihn zu betreuen, ihm die Zeit zu widmen, die sein Wissensdurst, sein Erkenntnisdrang erforderte. Auf den ersten Blick ein wahnwitziges Unternehmen, das meinen ganzen Einsatz verlangen würde. Ich würde alle meine Kräfte, alle meine Fähigkeiten aufbieten müssen, um den Ansprüchen dieses Kindes, das offensichtlich hoch hinauswollte, zu genügen.

Ich beschloß, meinen Beruf für eine Weile an den Nagel zu hängen, ein Entschluß, der mir nicht allzu schwerfiel angesichts der einmaligen, großartigen Chance, die sich mir bot.

TEIL II

Alle Tage schulfrei

1

ARTHUR

Als ich sieben war, fragte mich mein Vater, ob ich mit ihm arbeiten wolle, hart arbeiten. Und ob ich wollte! Ich hatte nur auf dieses Angebot gewartet. Ich bewunderte meinen Vater sehr und war hellauf begeistert von der Vorstellung, mit ihm und von ihm zu lernen. Daran änderten auch unsere kleinen Reibereien nichts …

Er warf mir oft vor, ich würde vergessen, daß er mein Vater war. Sooft das Thema aufs Tapet kam, wiederholte er mit fester Stimme: »Ich bin nicht dein Kumpel, und wir sind hier nicht auf dem Spielplatz!« Ich hatte ein so inniges Verhältnis zu meinen Eltern und genoß soviel Freiheit, daß ich hin und wieder übers Ziel hinausschoß und mit meinem Vater genauso umsprang wie er mit mir. Das ging natürlich nicht (oder höchstens in abgeschwächter Form), aber das wollte ich manchmal nicht einsehen. Ich mußte eben noch erfahren, wo meine Grenzen waren.

Ich hatte schon mit anderthalb Jahren aufgehört, Papa zu sagen, und nannte ihn einfach Jaona (und meine Mutter Dadou). Freilich liebte ich ihn, aber zugleich flößte er mir Angst ein. Einerseits hatte ich das Gefühl, ihn sehr gut zu kennen – er sprach mit mir über alles und hatte mir sein Leben bis ins Detail erzählt –, andererseits schien mir ein Teil von ihm verschlossen zu bleiben. Für mich war er eine Autorität, besonders dann, wenn er über »ernste Dinge« sprach. »Hör deinem Vater gut zu, Arthur, es ist wichtig, was er jetzt sagt!« flüsterte Dadou mir jedesmal zu. Jaona war für mich derjenige, der fürs Denken und fürs Reden zuständig war. Dadurch beeindruckte er mich am meisten. Ich hatte erst Angst, seine Erwartungen nicht zu erfüllen. Aber dann machte ich mir Mut: Es würde schon gutgehen, er kümmerte sich doch so liebevoll um mich ...

Dadou schüchterte mich überhaupt nicht ein. Unsere Beziehung war eine andere, zärtlicher, inniger. Wir schmusten miteinander und gingen sanfter miteinander um. Ich verstand sie sehr viel besser ...

Ein angenehmes Arbeitsklima – sprich: gute Laune – war in Jaonas Augen Grundvoraussetzung für erfolgreiches Lernen. Denn eine verkrampfte Atmosphäre erschwert eine effiziente Kommunikation – sein Lieblingswort – und schadet der Übermittlung der Botschaft, indem sie die für die Vermittlung von Wissen notwendige Harmonie stört. Ich durfte sogar richtig aufgedreht sein: Meinen Übermut zu bezähmen war eine ausgezeichnete Übung in Selbstdisziplin.

Was die gelockerte Atmosphäre betraf, konnte ich mich auf Jaona verlassen. Er brachte mich immerzu mit seinen Späßen zum Lachen, zum Beispiel wenn er in dieser komischen Mischung aus Gossensprache und gepflegtem Intellektuellenjargon sprach oder wenn er abends eine Schau à la Jango Edwards abzog.

Daher war es anfangs manchmal schwierig für mich, die Lage richtig einzuschätzen: Arbeiten wir nun, oder machten wir Blödsinn?

Die Antwort lautete: beides! Wir arbeiteten und hatten unseren Spaß dabei. Wie sagte Jaona immer: Kein Mensch will sich zu Lebzeiten gern zu Tode langweilen, und ein Kind noch viel weniger!

Dennoch lag mir vor allem daran, etwas zu lernen. Die Welt der Erwachsenen faszinierte mich, seit ich ein kleiner Junge war. Wir Kinder sind schwach, unbeholfen, unwissend, während die Erwachsenen nur positive Eigenschaften haben – so kam es mir jedenfalls vor. Ich wollte unbedingt so sein wie sie und alles genauso gut können: schnell laufen, hoch springen, mich korrekt kleiden, korrekt sprechen, korrekt schreiben, den Führerschein haben, eine Frau lieben und mit ihr schlafen ... Das stellte ich mir unter einem schönen Leben vor.

Wir wandten unser Prinzip, arbeiten und trotzdem Spaß haben, gleich in der ersten Sitzung an, einer Englischstunde, in der Jaona die Aussprache von Wörtern des Grundwortschatzes mit mir übte und meine Versuche auf Band aufnahm. Nachdem wir es abgehört hatten, meinte er, Ton, Satzmelodie und Akzent seien zu schwach ausgeprägt, und sprach mir vor, wie es richtig lauten müsse. Dabei machte er, nach allen Seiten spuckend, solche Grimassen, daß ich mich bog vor Lachen. Im Augenblick brachte ich kein Wort hervor, sondern japste nur noch, aber später profitierte ich von dieser Methode.

Unser zweites Prinzip hieß Improvisieren. Das bedeutete in diesem Fall eine Art Happening von 40 Minuten Länge, für das sich Jaona so gründlich vorbereitete, als würde er öffentlich auftreten, und bei dem er sich jedesmal voll einsetzte, weil auch er auf seine Kosten kommen wollte.

Einmal sprachen wir über die Frage der Bedeutung. Jaona erklärte mir die Unterscheidung nach Ton und Sinn, die der große Ethnologe Claude Lévi-Strauss vorgenommen hatte: Kein Ton, kein Sinn = die Mathematik; kein Ton, aber Sinn = der Mythos; Ton, aber kein Sinn = die Musik; Ton und Sinn = die Sprache.

Während ich die kleine Tabelle abschrieb, erläuterte Jaona mir, weshalb die Unterscheidungsmerkmale in die senkrechte, die Gebiete in die waagerechte Spalte eingetragen wurden, weshalb man das Zeichen »–« für »nicht vorhanden« und das Zeichen »+« für »vorhanden« benutzte, und daß man genausogut die Wörter »nein« oder »ja« hätte verwenden können usw.

Ich fand diese Art der Darstellung genial, ließen sich mit ihrer Hilfe doch auch Rateaufgaben lösen. Und das probierten wir auf der Stelle aus.

Dieser spontane Übergang von einem Gebiet zum nächsten gehörte zu unserem Lernprogramm. Nach Jaonas Ansicht wurde dadurch nicht nur die geistige Beweglichkeit, die Flexibilität, die Aufgeschlossenheit für Neues gefördert, sondern auch das Denkvermögen geschult sowie die Fähigkeit, seine Gedanken in Worte zu fassen. Letzteres hatte Vorrang vor dem reinen Wissen, und so lautete das dritte Unterrichtsprinzip denn auch: Eine klare, präzise, differenzierende Ausdrucksweise.

Die täglich zwei Unterrichtsstunden waren in Blöcke von jeweils 40 Minuten aufgeteilt, deren Reihenfolge immer die gleiche war: In der ersten Einheit wurde improvisiert, so wie in jener Englischstunde. In dieser Phase machten wir beispielsweise nach der Methode von Lévi-Strauss ein Rätselraten. Die Übungen der zweiten Einheit waren methodischer Art, etwa die Satzbildung unter Berücksichtigung des funktionalen Aspekts des jeweiligen Wortes (Substantiv, Adjektiv, Verb, Adverb, Redewendung) und der Zeichensetzung. Die Übungen der letzten Einheit schließlich waren mechanischer Art: Rechenübungen beispielsweise.

In der ersten Stunde bestand die Hauptschwierigkeit darin, sich nicht vom Übermut mitreißen zu lassen. Jaona unterbrach den Unterrich gelegentlich, wenn wir uns zu weit vom Thema entfernten, und faßte das Wichtigste zusammen, ehe wir weitermachten. Auswendiglernen ohne zu verstehen, duldete er nicht: Nur was verstanden worden war, konnte korrekt und langfristig im Gedächtnis gespeichert werden.

Im zweiten Teil des Unterrichts war es meine Aufgabe, einen einfachen Satz wie zum Beispiel: »Die Frau aß einen Apfel« zu einer Geschichte zu erweitern, indem ich alle Möglichkeiten nutzte, die der funktionale Aspekt eines jeden Wortes erlaubte. So wurde beispielsweise aus dem oben genannten Satz durch Hinzufügen einer näheren Bestimmung in Form von Akjetiven für die Substantive und eines Adverbs für das Verb: »Die kleine blonde Frau aß schnell einen großen grünen Apfel.« Es ging zunächst nur darum, einen grammatikalisch korrekten Satz zu bilden, und nicht, einen inhaltlich sinnvollen Text zu erstellen.

Jaona hatte die Übung aufgrund einer Beobachtung, die er des öfteren gemacht hatte, zusammengestellt. Will ein Kind eine Geschichte erzählen, verliert es nicht selten den Faden und die Geschichte damit den Zusammenhang, weil es sich nicht in einer fehlerfreien Syntax auszudrücken vermag. Durch die Beherrschung von Syntax und Vokabular jedoch verfügt es über die Mittel, seine Phantasie in eine Erzählung umzusetzen, deren thematische Entwicklung so besser von ihm kontrolliert werden kann.

Nach Jaonas Auffassung sollte man die Syntax nicht als grammatikalische Notwendigkeit, sondern als Voraussetzung für die Faszination ansehen, die ein Satz und damit letztendlich eine Fabel ausüben kann. Das, so Jaona, mache den wahren Reiz einer Erzählung aus.

Die Übung half mir, mit meiner Phantasie umzugehen, die Fähigkeit des sprachlichen Ausdrucks zu verbessern und die Grammatik zu lernen. Ich schlug also drei Fliegen mit einer Klappe.

Ich erfand Geschichten oder erzählte meine Träume, seit ich vier Jahre alt war. Meine Eltern schrieben auf, was ich ihnen diktierte, alle Schwächen, zum Beispiel die vielen »und dann« am Satzanfang, mit eingeschlossen. Jetzt mußte ich alles selbst aufschreiben.

Anfangs dachte sich Jaona die verrücktesten Geschichten aus. Er sparte dabei weder an komischen Situationen noch an ordinären Ausdrücken. Anhand des häufigen Stilwechsels wollte er mir zeigen, wie vielfältig die Ausdrucksebenen der Sprache sein konnten. Das mußte man wissen, wenn man mit Menschen unterschiedlichster Herkunft kommunizieren wollte.

In der dritten und letzten Unterrichtsstunde war Kreativität nicht gefragt und Phantasie nicht erwünscht. Rechnen war für Jaona ein rein mechanischer Vorgang; »mentale Programmierung« nannte er dieses Training, dessen Ziel es war, den Geist so zu schulen, daß er bei einem Rechenvorgang automatisch reagierte. Also nichts weiter als ein bedingter Reflex! Daher die Bezeichnung »mentale Programmierung«: Die Abläufe der Rechenoperationen mußten meinem Verstand eingegeben und dort gespeichert werden.

Rechnen zu können setzte zwei Dinge voraus: Beherrschen des Rechenvorgangs und absolute Konzentration.

Was den ersten Punkt betraf, hatte Jaona mich gelehrt, die vier Grundrechenarten – addieren, subtrahieren, multiplizieren, dividieren – so einfach und unkompliziert wie möglich darzulegen. Die Lösung der Aufgaben glich einem Ritual: Die Stimme diktierte meiner Hand Schritt für Schritt, was sie zu schreiben hatte, während Auge und Ohr den Vorgang überwachten.

Sprechen, Schreiben, Hören und Sehen laufen gleichzeitig ab und bilden ein Ganzes. Wurde der Ablauf durch irgend etwas gestört, mußte der Fehler gesucht und behoben werden. Meine Wachsamkeit durfte keinen Augenblick nachlassen.

Konzentration war eine Frage des Trainings. Dafür kamen verschiedene Entspannungsübungen wie Atemübungen, Stretching oder Palming in Betracht. Aber auch der Wille zum Erfolg gehörte dazu sowie ein gewisser Anspruch an sich selbst.

Unser Unterricht sollte eine Mischung aus kreativer Tätigkeit und harter Arbeit sein; das bedeutete spielerisches Lernen und Spaß, aber auch vollen Einsatz. Koordination lautete das Prinzip, das meine Eltern meiner Erziehung voranstellten und das nicht nur für die Schulung des Verstandes galt, sondern auch für die Entwicklung der Leistungsfähigkeit des Körpers, die in ihren Augen genauso wichtig war.

2

»Schwimmen ist gesund für Körper und Geist!« schärfte mein Vater mir immer wieder ein. Ausgerechnet er als Nichtschwimmer sagte so etwas, die Bewegung im Wasser sollte mir helfen, die Grenzen meiner körperlichen Leistungsfähigkeit auszuloten und mit jedemmal ein bißchen weiter hinauszuschieben.

Seit dem Herbst 1984 ging ich so zweimal wöchentlich für jeweils anderthalb Stunden zum Schwimmen. Es war ein moderates Training – ich durfte nie mehr als 120 Puls haben – und dennoch ein intensives. Wenn ich nur ans Delphinschwimmen denke – was für eine Schufterei! Ich mußte die Zähne ganz schön zusammenbeißen, während ich Bahn für Bahn zurücklegte. Aber ich hatte zum Glück einen Trainer, der mich unermüdlich anspornte, sobald die Kräfte nachließen. Eine wichtige Rolle spielte freilich auch die Gruppendynamik: Jeder wollte den andern übertreffen.

1985 habe ich, mit siebeneinhalb, das Joggen und das Basketballspielen angefangen. Und auch im Kikken konnte ich meine Leistungen steigern. Ich trieb praktisch jeden Tag mindestens eine Stunde Sport.

Zum Joggen gingen wir in den Stadtwald im Norden von Pau, der werktags ab 16 Uhr und am Wochenende vom frühen Morgen an von vielen Joggern bevölkert wurde. Ich hatte meine Eltern früher schon auf dem Fahrrad begleitet: Am Anfang waren sie spazierengegangen, hatten dann ihr Tempo beschleunigt und joggten nun seit zwei Jahren. Der Wald war groß, und man konnte laufen, wo man wollte, aber als Anfänger schien es ratsam, der ausgeschilderten Strecke zu folgen.

Meine Eltern folgten mir in einiger Entfernung, ich konnte also, ohne unter Druck zu geraten, joggen. Anfangs lief ich in sehr gemäßigtem Tempo einmal über den 2,4 Kilometer langen Trimm-dich-Pfad. Nach ein paar Wochen absolvierte ich die Strecke bis zu viermal hintereinander, behielt mein Tempo aber stets bei. Dieses Konditionstraining führte ich im Schnitt zweimal wöchentlich durch.

Die zweite Phase war der »behutsamen Steigerung der Ausdauer« gewidmet: Zweimal pro Woche lief ich zwei Runden über den Pfad und legte dabei allmählich an Tempo zu. Ich lernte, richtig zu atmen und meinen Laufstil so zu verbessern, daß ich mit einem Minimum an Energieaufwand ein Maximum an Spaß hatte. »Du mußt dich leicht fühlen wie eine Feder, als ob du jeden Augenblick abheben würdest«, pflegten meine Eltern zu sagen.

Am 11. November 1985 unterzog ich mich nach mehrmonatigem Training dem ersten Cooper-Test: Zur Messung des Sauerstoffverbrauchs mußte man innerhalb von zwölf Minuten eine möglichst große Strecke zurücklegen.

Nach der Einweihung des neuen Leichtathletikstadions gegenüber der Universität gingen wir oft zum

Training dorthin. Für mich hatte das Laufen auf dieser nagelneuen Bahn symbolischen Charakter, und das steigerte meine Motivation: Dies hier war die Welt der Erwachsenen, ein Ort, an welchem die Athleten, getragen von der Begeisterung der Menge, ihre Triumphe feierten. Ich fühlte mich fast wie einer von ihnen, als wir uns an jenem Nachmittag auf den Test vorbereiteten.

Es war gerade mal 8 Grad warm – für meinen Vater das untere Limit für sein Wohlbefinden –, und es nieselte. Ich trug einen Trainingsanzug und einfache Palladium-Turnschuhe.

Dadou sah uns von der Tribüne aus zu. Jaona gab mir einige letzte Ratschläge und erklärte mir noch einmal unseren Verständigungsmodus; auf ein Zeichen von ihm, das mich aber in meiner Konzentration nicht stören durfte, sollte ich meine Laufgeschwindigkeit entweder erhöhen oder verringern. Die zwölf endlos langen Minuten »konzentrierter Ausdauer« erforderten nämlich in erster Linie ein perfektes Zusammenspiel von Körper und Geist, und deshalb durfte ich mich durch nichts ablenken lassen.

Ich fühlte mich phantastisch während des gesamten Laufs. In den letzten Sekunden beschleunigte ich das Tempo wie abgesprochen. Am Schluß hatte ich etwas mehr als 2500 Meter zurückgelegt.

Nach der Leistungstabelle von Cooper gehörte ich damit in die Kategorie der Dreißig- bis Neununddreißigjährigen in »ausgezeichneter« körperlicher Verfassung. Mein Sauerstoffverbrauch betrug etwas 50 Milliliter pro Kilogramm und Minute. Dabei hatte ich mich nicht einmal sonderlich angestrengt, ich erholte mich im Handumdrehen.

Dieser Test stärkte mein Vertrauen in meine athletischen Fähigkeiten, und das wirkte sich auf meine sportlichen Leistungen allgemein aus. Ich trieb Sport wie ein Besessener.

Jaona hatte eine Möglichkeit gefunden, im Gemeindesaal ganz in der Nähe Basketball zu spielen. Seit ich ein kleiner Junge war und er mir ein paar Spielzüge vorgeführt hatte, wollte ich dieses faszinierende Spiel erlernen. Jaona meinte jedoch, Basketball sei eine Sportart, die den Körper, insbesondere den Rücken, stark belaste, deshalb sei es besser, damit zu warten, bis ich mindestens acht wäre.

Das war ich jetzt endlich. Jaona arbeitete ein Trainingsprogramm aus: zweimal wöchentlich für jeweils etwa fünfundsiebzig Minuten Aufwärmgymnastik und Übungen zu den Grundzügen des Spiels. Ziemlich öde, das Ganze, so wie das Üben der Tonleitern für einen Musikschüler.

Spannend wurde es erst, als ich mit den Korbwürfen beginnen konnte und Treffer erzielte. Ich machte so rasche Fortschritte, daß Dadou kam, um zuzuschauen.

In der fünften Trainingsstunde – zwei Wochen, nachdem ich zu spielen angefangen hatte – erzielte ich 42 Treffer hintereinander, und zwar aus einer Entfernung von ungefähr drei Metern und, das »Sprungbrett« benutzend, so wie Jaona es mir gezeigt hatte, im 45-Grad-Winkel zum Korbbrett. Der dreiundvierzigste ging fehl. Erst da brach Jaona, der die ganze Zeit über den Atem angehalten hatte, in lauten Jubel aus. Er freute sich wie verrückt, und Dadou lobte mich:

»Du bist wirklich ein Champion!«

Champion nannte sie mich immer nach einer besonders guten Leistung, und sie konnte mir kein größeres Kompliment machen.

Ich befand mich seit dem ersten Wurf in einer Art Trancezustand. Ich hörte gar nicht, worüber meine Eltern auf dem Heimweg sprachen. Es war, als hätte das Korbbrett mich hypnotisiert und eine unbekannte Macht die Bälle in den Korb gelenkt. Man konnte wirklich sagen, ich war dem Basketball verfallen!

Zu meinem achten Geburtstag wurde ich von meinen Eltern und Großeltern reichlich beschenkt. Ich bekam eine Luxusausgabe – Ledereinband und Goldschnitt – der *Ilias* und der *Odyssee* als Ansporn zu noch besseren Leistungen im Lesen und etwas, das ich mir schon seit einer Ewigkeit gewünscht hatte: einen richtigen Lederfußball und einen kompletten Fußballerdreß: Schuhe mit Stollen, Kniestrümpfe, Hose und passendes Trikot. Ich hätte einen Luftsprung machen können vor Freude!

Ich konnte es kaum erwarten, den neuen Fußball auf dem Rasen des Universitätsgeländes, wo wir gewöhnlich spielten, auszuprobieren. Aber mein Vater bestand darauf, daß wir erst unsere Aufwärmübungen machten. Dann war es endlich soweit. Ein unbeschreibliches Glücksgefühl durchströmte mich, als wir uns ein paar Pässe zuspielten, und als ich den Ball dann richtig treten durfte, wäre ich fast ausgeflippt vor Begeisterung.

Jaona hatte aber noch eine Überraschung für mich. Um das Kicken wirklich genießen zu können, mußte man den Ball beherrschen, und mein Vater zeigte mir eine Übung, mit deren Hilfe ich genau das lernen sollte. Auf einem Bein stehend, mußte ich den Ball sooft wie möglich auf der Fußspitze des anderen hüpfen lassen, ohne daß er herunterfiel. Die Übung trainierte Körper und Geist gleichermaßen: Sie förderte einerseits die Gelenkigkeit, andererseits das Konzentrationsvermögen.

Ich konnte damit jedoch gar nichts anfangen. Ich wollte nichts weiter, als den Ball auf ein Tor zu schießen, in dem mein Vater stand. Jaona bestand aber darauf, daß ich es versuchte. Ich fügte mich und probierte es, mit dem linken Fuß – ich war Rechtshänder, aber »Linksfüßer«.

Es war unglaublich schwer. Doch dann, nach einer mehr oder minder qualvollen Viertelstunde, hüpfte der Ball viermal hintereinander auf meiner Fußspitze. Jaona stieß einen Freudenschrei aus, gab mir einen Kuß und drückte mich fest an sich.

»Na also, es geht doch! Du wirst sehen, du schaffst es!«

Ich sah überhaupt nichts, ich war nur sauer, daß ich nicht hatte schießen dürfen.

Das nächste Training drei Tage später schlossen wir mit der gleichen Übung ab. Ergebnis: fünf Ballkontakte. Kein Grund zum Jubeln, wenigstens nicht für mich. Jaona dagegen tat, als hätte ich eine Meisterleistung vollbracht.

»Jeden Tag eine Viertelstunde, und du wirst sehen, du hast bald die kritische Schwelle von etwa zwanzig Ballberührungen erreicht. Hast du das geschafft, beherrschst du die Übung im Schlaf.«

Ich war zwar skeptisch, aber ich wollte es versuchen.

Jaona sah mir vom Fenster aus zu, als ich mich in unserem winzigen, höchstens fünfzehn Quadratmeter großen Garten zwischen Mauer und Schuppen nach einem Platz zum Üben umschaute, und riet mir:

Stell' dich in Längsrichtung auf. Konzentrier' dich nur auf die Übung, nicht aufs Zählen. Das überlaß mir.«

Er hatte gut reden! Ich begann mit einer Reihe von Standardübungen zur Körperbeherrschung und bemühte mich, den Ball in einer Höhe von ungefähr einem Meter über dem Boden konstant zu halten. Für einen Wicht wie mich – einssechsundzwanzig klein, vierundzwanzig Kilogramm leicht – bedeutete die Anstrengung Schwerstarbeit.

Mir graute vor diesem täglichen Viertelstündchen. Aber da ich Fortschritte machte, packte mich auch der Ehrgeiz.

Beim zwölften Versuch am 25. September 1985, auf den Tag genau einen Monat nach meinem Geburtstag, erreichte ich jene berühmte Schwelle von zwanzig Ballkontakten. Und an Weihnachten überbot ich meinen zwei Tage vorher aufgestellten Rekord von einundvierzig um zwanzig Ballkontakte. Am darauffolgenden Tag schaffte ich noch zehn mehr: einundsiebzig beim fünfundzwanzigsten Versuch und das mit acht Jahren und vier Monaten.

Das Jahr 1985 klang für mich in schönster Harmonie aus: Ich beherrschte den Ball mit absoluter Sicherheit und hatte soviel Freude am Spiel, daß ich an nichts anderes mehr dachte.

Aber auch sonst hatten wir allen Grund zum Feiern. Alles lief wie am Schnürchen. Ich war im Basketball, im Schwimmen, im Joggen vorangekommen, hatte jedoch in Englisch und in Mathematik die größten Fortschritte gemacht und in der Bücherei neue Freunde gefunden. Es war wirklich eine glückliche Zeit gewesen.

3

Vorrangiges Ziel meiner Eltern war, mich zu einem selbständigen, lebenstüchtigen Menschen zu erziehen. Dazu gehörte auch, daß ich einige einfache, aber wesentliche Grundregeln beachtete.

Ich selbst zu sein war – wie schon gesagt – das Wichtigste. Das bedeutete, seine Wünsche klar zu formulieren, aber auch seine Fehler einzugestehen. Also niemals zu lügen. Lügen, so hatten sie mir eingeschärft, war nicht nur ein Zeichen von Schwäche, sondern auch von Verachtung für seinen Mitmenschen. Freiheit bedeutete jedoch nicht zuletzt auch Achtung vor dem anderen und Verantwortungsbewußtsein im weitesten Sinne. Außerdem konnte eine bewußt falsche Aussage schlimme Folgen haben, und es bestand die Gefahr, daß man sich immer mehr in ein Netz von Lügen verstrickte. Letztendlich zahlte sich eine Lüge nicht aus. Deshalb blieb man besser gleich bei der Wahrheit.

Ich hielt mich daran, denn ihre Argumentation erschien mir logisch und gab mir zugleich ein Gefühl der Sicherheit. Was soll's, sagte ich mir, wenn ich eine Dummheit mache, muß ich eben dafür geradestehen. Die Hauptsache war doch, die Höflichkeit zu haben, den Fehler wieder auszubügeln. Wie heißt es doch so schön: »Gebeichtet ist halb gebüßt.«

Achtung vor dem Mitmenschen beinhaltet Höflichkeit, Hilfsbereitschaft, Bescheidenheit. Das heißt, den andern nicht unbedacht unterbrechen, »bitte« oder »danke« sagen, außerhalb der eigenen vier Wände keine derben Ausdrücke gebrauchen – was ganz schön schwierig ist bei Eltern, die mit Kraftausdrücken recht verschwenderisch umgehen –, dem andern Aufmerksamkeit entgegenbringen, positiv sein in seinem Handeln und demütig im Erfolg ebenso wie in der Niederlage.

Sie hatten ein Grundprinzip, und das lautete: Ein Kind muß gehorchen können. Auf diese Weise sparte man sich seinen Atem und seinen Sinn für Kritik für die wirklich ernsten Dinge auf. Über einen Befehl wurde nicht diskutiert, er wurde befolgt. Vorausgesetzt, die Gründe dafür leuchteten mir ein. Und wenn nicht, erklärten Jaona oder Dadou sie mir.

Zu den Anordnungen, über die nicht diskutiert wurde, gehörte zum Beispiel, daß ich mein Zimmer aufräumte und auch sonst Ordnung hielt; oder mir nach jeder Mahlzeit die Zähne putzte; oder die Finger von bestimmten Haushaltsgeräten oder gefährlichen Produkten ließ; oder sorgsam mit zerbrechlichen Gegenständen umging. Kleinigkeiten also, an die ich mich hielt. »Verwaltung« nannte mein Vater das: ein Minimum einfacher Regeln, die das Zusammenleben erleichtern. Einige dieser Regeln, die die Gesundheit und damit auch unsere Lebensbedingungen betrafen, berührten ein sehr viel größeres Feld: das der Energie. Gemäß der Definition des Lebens als eine »Kombination von Energie und Information« konzentrierten sich meine Eltern auf diese beiden Pole, um ideale Bedingungen für eine ausgeglichene Erziehung, sowohl in körperlicher, als auch in geistiger Hinsicht zu schaffen.

Die Energie verhält sich zur Information wie die Hardware des Computers zur Software. Meine Eltern waren der Überzeugung, jeder Mensch verfüge über ungeahnte Vorräte physischer oder mentaler Energie, die es nur zu nutzen gelte, um eine intensivere, wirkungsvollere Form der Kommunikation zu erreichen.

Kommunikation war in ihren Augen die eigentliche Funktion des Lebens. So suchten sie nach Wegen, diese Ressourcen zu erschließen. Pflege des Ich nannten sie das. Das hatte nichts mit übersteigerter Ichbezogenheit zu tun, sondern entsprang dem Wunsch, alle Möglichkeiten, die in einem angelegt sind, zu realisieren, um eine harmonische Beziehung zu seiner Umwelt und seinen Mitmenschen eingehen zu können.

Denn unsere Beziehung zu uns selbst bestimmt unsere Beziehung zu den anderen: Wer gut mit sich selbst zurechtkommt, kommt auch gut mit seinen Mitmenschen aus.

Ich weiß, ich bin ein Wunschkind. Vom Augenblick meiner Zeugung bis zum heutigen Tag hat alles, was sie taten, nur das eine Ziel gehabt: einen zufriedenen, innerlich gefestigten Menschen aus mir zu machen. Mit einem Wort, einen glücklichen Menschen.

Dadous Liebkosungen und zärtliche Worte, als ich noch im Mutterleib war, die Leboyer-Methode für eine sanfte Geburt, das Stillen, die indischen Massagen – übrigens Shantala genannt –, die gesunden Lebensbedingungen – Ruhe und frische Luft, ausreichend Schlaf, Nahrungsmittel aus biologischem Anbau, sanfte Medizin –, das Spielen und die Fröhlichkeit: Das alles sollte zur Verwirklichung jenes Ideals von Ausgeglichenheit und Wohlbefinden beitragen, das sich zusammenfassen läßt unter dem Motto: In einem gesunden Körper wohnt ein gesunder Geist.

Im Lauf der Jahre wandten meine Eltern immer neue Methoden zur Pflege der Gesundheit von Leib und Seele an: das DO-IN etwa, Atemtechniken, Dehnübungen, negative Ionen, Augengymnastik;

dazu gehört aber auch die Ernährung und die Biorhythmik.

Jaona machte Dadou und mich mit dem DO-IN vertraut, als ich fünf war. Er hatte diese Technik Anfang der siebziger Jahre entdeckt, in seiner »alternativen Phase«, in der er sich für die sogenannte sanfte Medizin interessierte: Akupunktur, Homöopathie, Osteropathie, Phytotherapie, Heilen mit Tonerde usw.

Das DO-IN ist eine Form der Selbstmassage, die auf den Prinzipien des Yin und Yang – jener zwei Urkräfte, die in der chinesischen Philosophie und Heilkunde eine große Rolle spielen – basiert. Dadurch soll die kosmische Energie – *ki* genannt – über die 360-Akupunktur-Punkte in den Körper einfließen und mittels der Meridiane zirkulieren, so daß das Energiegleichgewicht des Organismus wiederhergestellt wird.

Die tägliche Anwendung dieser Technik soll eine optimale Energiezirkulation gewährleisten und uns empfänglicher machen für alles, was in uns und außerhalb von uns geschieht. Unsere Sinne werden geschärft, unsere Fähigkeit zur Intuition und Antizipation sowie unsere Kreativität werden gefördert, unsere Aufmerksamkeit erhöht.

Ein Viertelstündchen DO-IN jeden Morgen gleich nach dem Aufwachen machte mich – und meine Eltern – fit für den ganzen Tag.

Nach einer körperlichen Anstrengung entspannten wir uns, indem wir uns gegenseitig massierten. Das Massageöl stelle Jaona aus einer Mischung von kaltgepreßtem Olivenöl, Rosmarin und Kampfer selbst her. Diese Massagen dienten nicht nur dem körperlichen, sondern auch dem seelischen Wohlbefinden, denn es waren Augenblicke der körperlichen Nähe, die unsere innere Verbundenheit bekräftigten.

Atem- und Dehnübungen (Stretching) gehörten ebenfalls zum täglichen Programm. Das entspannte Körper und Geist, sorgte für gute Durchblutung und weckte die Lebensgeister. Ich machte diese Übungen vor den Mahlzeiten und auch vor großen geistigen Anstrengungen, das heißt vor dem Nachmittagsunterricht von 15 bis 17 Uhr, vor der sich daran anschließenden sportlichen Betätigung, vor der abendlichen Lesestunde, ja sogar bevor ich mit meinem Lego spielte (die Konstruktionsspiele nahmen mich so in Anspruch, daß ich grunzte vor Anspannung).

Zur Verbesserung des Raumklimas hatten wir einen Ionisator, ein Gerät, das die Luft mit negativ geladenen Ionen anreichert und sie dadurch so klar und belebend macht wie am Meer, im Wald oder im Gebirge.

Eine wesentliche Rolle spielte auch die Ernährung. Die begann schon mit dem Wasser. Meine Eltern hatten mich schon früh auf seine Bedeutung hingewiesen und dazu angehalten, regelmäßig über den ganzen Tag verteilt »Volvic« zu trinken: gleich nach dem Aufstehen sowie vor und nach, aber nie zu den Mahlzeiten.

Wir aßen vegetarisch, eine ausgewogene, vollwertige Kost, die vorzüglich schmeckte. Dadou verstand es, meinen Gaumen mit ihren Kochkünsten zu verwöhnen.

Mit Produkten, in denen die Nährstoffe konzentriert waren, ergänzten wir unseren Speiseplan. Zur Steigerung der körperlichen Leistungsfähigkeit nahm ich jeden Morgen meinen von Dadou gemixten »Superhonig« ein: Honig, Pollen und Acerola-Saft.

Vor dem Sport aß ich ein aus der Blaualge (Spirulina platensis) gewonnenes Konzentrat, das reich an Proteinen und essentiellen Aminosäuren ist. In den Pausen stärkte ich mich mit theinfreiem, aber Vitamin-C-haltigen Tee und Müsliriegeln auf Mandel- und Weizenkeimbasis. Und zur raschen Erholung nach einer anstrengenden Tätigkeit schluckte ich Blattangkapseln, die viele Spurenelemente, Mineralstoffe sowie die Vitamine A, B, C, D3, K, PP (Nicotinsäureamid) sowie Jod enthalten.

Zur Stärkung der geistigen Leistungskraft griff ich auf Weizenkeimpräparate zurück wegen ihres hohen Gehalts an Mineralsalzen und Vitaminen der Gruppe A, B und C, und ich nahm Lecitone, ein Konzentrat der Vitamine E und B12 auf der Basis von Fischmilch, Phospholipiden und pflanzlichen Ölen, die reich an mehrfach ungesättigten Fettsäuren sind.

Augengymnastik ist eine in den USA konzipierte, natürliche Methode zur Schulung des Sehens und zur Vermeidung rascher Ermüdbarkeit der Augen. Was für eine zentrale Bedeutung den Augen für die Gesundheit und Entwicklung zukommt, zeigt sich daran, daß eine Augenschwäche zu Konzentrationsstörungen und Leistungsabfall führt und daß wir 75 Prozent aller Informationen mit Hilfe der Augen aufnehmen.

Sowie meine Augen stark beansprucht wurden, sei es durch Lesen, die Beschäftigung mit meinen Konstruktionsspielen oder auch Basketball, machte ich verschiedene Übungen, die entspannend oder kräftigend wirkten: Palming, wiederholtes Blinzeln, Kreisen der Augäpfel sowie mehrmaliges Schließen und Öffnen der Lider, Training der Augenmuskulatur.

Palming – vom englischen *palm*: Handfläche – ist

eine Übung zur Entspannung, die jederzeit und überall durchgeführt werden kann: Man legt in bequemer Haltung die Hände vors Gesicht, so daß die Augen bedeckt sind und kein Reiz mehr das Gehirn erreicht, und atmet fünf Minuten tief durch.

Abgesehen vom gesundheitlichen Nutzen hatten all diese Methoden auch zur Folge, daß ich ein gewisses ökologisches Bewußtsein entwickelte. Mir wurde insbesondere klar, was für phantastische Energien – man denke nur an den Sauerstoff – in unserer natürlichen Umwelt schlummern, Energien, deren Zerstörung wir um jeden Preis verhindern müssen. Es scheint, als wären kosmische Vibrationen im Spiel, deren Bedeutung wir nicht – oder noch nicht – erfassen. Die Biorhythmik versucht ihnen auf die Spur zu kommen.

Die Lehre von der Biorhythmik geht davon aus, daß drei Grundrhythmen das Leben eines jeden bestimmen: der körperliche Rhythmus (23 Tage), der seelische (28 Tage) und der geistige (33 Tage). Der Tag der Geburt ist der Nullpunkt, das heißt der auf einer gedachten Achse liegende Ausgangspunkt für alle drei Rhythmen, von denen jeder in einer regelmäßigen Kurve verläuft, die in eine Phase des Kräfteaufbaus (Leistungsstärke) und in eine Phase des Kräfteverbrauchs (Leistungsschwäche) eingeteilt wird. Dort, wo die Kurve die Achse schneidet – zu Beginn und in der Mitte eines Zyklus –, liegen die sogenannten kritischen Schalttage: Der Betreffende ist labil, oft ängstlich und depressiv.

Genau wie meine Eltern hatte ich für jeden Monat mein Rhythmogramm, aufgezeichnet auf Bristolkarton. Die steigenden oder abfallenden Leistungskurven bildeten die Grundlage für das Programm – Sport, Spiel, Unterricht –, das ich absolvierte.

All diese Dinge stellten sozusagen das Gerüst meiner Kindheit dar, sie gaben mir Halt und Orientierung in allen Lebensbereichen. Ich sollte alle Chancen haben, die in mir angelegten Möglichkeiten zu realisieren und ein rundum glücklicher Mensch zu werden; das ist stets das Hauptanliegen meiner Eltern gewesen. Sie investierten ihre ganze Energie, ihre ganze Zeit in diese Aufgabe, und ich erkannte meine Chance und war hochmotiviert. Mein Vater, der begabte Pädagoge, der er war, verstand es, mein Vertrauen in meine Fähigkeiten zu stärken, nicht zuletzt dadurch, daß er sich bemühte, mich das Lernen zu lehren.

4

Gemäß den gesetzlichen Bestimmungen teilten meine Eltern der Gemeindeverwaltung und dem Schulamt wie jedes Jahr mit, daß sie mich zu Hause unterrichten wollten. Wir wußten, wir würden in regelmäßigen Abständen mit einer Überprüfung rechnen müssen. Das Jugendamt würde einen Bericht an das Oberschulamt schicken, und dieses konnte, falls erforderlich, eine weitere Überprüfung veranlassen, vorsorgliche Maßnahmen ergreifen oder sogar Strafen über Eltern verhängen, die ihren Pflichten nicht nachkamen.

Im Oktober 1985 bekamen wir also Besuch von einer Mitarbeiterin des Jugendamts, die sich ein Bild von meinem körperlichen und geistigen Zustand machen wollte. Jaona und ich waren an diesem Nachmittag allein zu Hause, Dadou mußte arbeiten.

Die Dame vom Jugendamt sah sich meine Hefte an und bat mich dann, ihr einen Absatz aus einem Buch vorzulesen, das, wie Jaona betonte, für Kinder ab zehn gedacht war.

Ich las wie immer, ich war nicht einmal besonders aufgeregt. Was das Rechnen betraf, genügten ihr offensichtlich die Aufgaben in meinem Heft. Dasselbe galt für meine Schreibfähigkeiten. Vom Englisch ganz zu schweigen ...

Nach zwanzig Minuten ging sie wieder. Die Frage meines Wissensstandes schien geklärt. Mein Niveau war mindestens das eines Schülers der dritten Klasse, also eines Gleichaltrigen.

Das Oberschulamt bestätigte uns den Empfang unseres Schreibens. Man bedaure, daß ich nicht am Schulunterricht teilnehme, und bitte um genauere Angaben hinsichtlich der Lehrmethoden, die meine Eltern anzuwenden beabsichtigten.

Jaonas Antwort auf den Brief vom 11. September bestand aus einem detaillierten, elfseitigen Bericht über meinen derzeitigen Bildungsstand. Wir hofften, das würde genügen, um sie zu überzeugen. Er wies eingangs darauf hin, daß ich nach fünf Grundschuljahren, das heißt im Alter von zehn Jahren, in der Lage sein müsse, zu lesen, zu schreiben und zu rechnen.

Lesen gehöre zu meinen Lieblingsbeschäftigungen, schrieb er, und bilde die Grundlage meines Wissens. Ich konnte einen Text von 50 Seiten und 240 Wörtern pro Seite ohne Vorbereitung lesen – und schnell lesen: zwei Minuten pro Seite, wenn ich laut las, sonst weniger als eine Minute – und Fragen zum Textverständnis korrekt beantworten. Je kleiner die Schrift war, desto schneller las ich, was Fachleuten zufolge für das einwandfreie Zusammenspiel von Augen und Gehirn während des Lesevorgangs sprach. Ich las pro Monat ungefähr zwölf Bücher, deren Niveau der Lektüre eines Sextaners entsprach.

In Rechtschreibung löste ich unter Dadous Aufsicht, die auch für den Leseunterricht zuständig war, alle vierhundert Übungsaufgaben für die Sexta korrekt.

Was das Schreiben anbetraf, hatte ich einen mit Füller geschriebenen Brief beigefügt, in dem ich auf englisch von meiner Leidenschaft für die englische Sprache und von meinem Hobby, dem Fußballspielen, erzählte und betonte, wie gern ich zu Hause mit meinen Eltern lernte.

Mit Jaona arbeitete ich gerade den Lehrstoff für Englisch für die Quinta durch; im Januar 1986 wollten wir damit fertig sein.

Meinen Wissensstand im Rechnen und meine Fähigkeit zu logischem Denken legte Jaona anhand einiger Beispiele dar:

- Für eine Multiplikation vom Typ 7 382 946 x 596 372 = 4 402 982 271 912 braucht er – Neunerprobe mit eingeschlossen – neun Minuten;
- für eine Division vom Typ 73 281 : 312 – auf 0,001 genau – eine Minute fünfzehn Sekunden;
- um die Quadratwurzel aus beispielsweise 172 zu ziehen – auf 0,001 genau – benötigt er dreieinhalb Minuten;
- er kann Gleichungen mit einer Unbekannten aus der Menge Q der rationalen Zahlen lösen (Niveau Quinta, Quarta);

- er kann Verhältnisgleichungen lösen und Aufgaben der Prozentrechnung (gleiches Niveau);
- er kann Aufgaben aus dem Gebiet der Kombinatorik (Permutationen, Kombinationen, Variationen) lösen, das erst in der Untersekunda behandelt wird. Beispiel: Wieviel Möglichkeiten gibt es, dreizehn Gäste an einen Tisch zu setzen? Oder: Wieviel Möglichkeiten gibt es, vierzehn Kinder in Gruppen von je drei oder je zwei Kindern aufzuteilen?

Ich beherrschte sogar einige Rechenoperationen, bevor wir uns mit den theoretischen Grundlagen befaßt hatten. Beispiel: das Produkt mehrerer Faktoren vom Typ $(x-2)(4x^2+3)(1-2x) = ?$

Die Dezimalrechnung übte Jaona folgendermaßen mit mir: Er diktierte mir – in Worten, nicht in Ziffern! – Aufgaben wie zum Beispiel 2001, 3004 x 1000 und 514 809 604 x 0,00001 und 9 072 840, 13 032 x 0,000001, und zwar zwanzig Aufgaben vom Typ 1, zwanzig vom Typ 2 und fünfzehn vom Typ 3. Nach einer fünfminütigen Pause mußte ich alle fünfundfünfzig Aufgaben innerhalb von drei Minuten lösen. Was für ein Fest!

Jaona hatte mich einige mathematische Tricks und Raffinessen gelehrt. So war ich beispielsweise imstande, ohne lange nachzudenken die Quadratzahlen aller ganzen Zahlen bis mindestens 50 zu nennen. Besonders gern nahm ich auch Umwandlungen vom Dezimal- ins Dualsystem und umgekehrt vor.

Geometrie haten wir noch nicht durchgenommen, aber ich verfügte bereits über ein gewisses räumliches Vorstellungsvermögen. Die Legokonstruktionsspiele, mit denen ich mich beschäftigte, waren für Vierzehnjährige gedacht; ich setzte mühelos ein aus 1500 Teilen bestehendes Puzzle zusammen, und ich verstand mit Zirkel, Winkeldreieck, Winkelmesser usw. umzugehen. Außerdem malte ich gern.

Für ein umfassendes, interessantes Bildungsangebot sei also gesorgt, schloß Jaona seinen Bericht. Ziel sei es, meinen Verstand dahingehend zu trainieren, daß er logisches Denken, wie es durch die Mathematik und verwandte Bereiche gefördert würde, mit der assoziativen Fähigkeit der Sprache und den durch umfangreiche Lektüre geweckten kognitiven Fähigkeiten verbinde. Jaona vergaß auch nicht, mein Interesse am Sport und an kreativen Tätigkeiten, etwa dem Verfassen von Gedichten, zu erwähnen.

Die Antwort auf unser Schreiben war eine Aufforderung, mich einer anderthalbstündigen Prüfung in drei Fächern – Aufsatz, Lektüre eines Textes mit Fragen zum Textverständnis, Mathematik – auf dem Leistungsniveau der dritten Klasse zu unterziehen.

Wir waren überrascht und glaubten an ein Mißverständnis, eine Verwechslung, wie sie bei Behörden öfter vorkommt. Als Prüfungstermin war der 14. Oktober festgesetzt worden, und das paßte uns überhaupt nicht: Zu dem Zeitpunkt hatten wir unsere Ferien eingeplant – in den Landes, wo wir schon ein Ferienhäuschen gemietet hatten.

Jaona beschloß, zur Klärung der Angelegenheit einen zweiten Brief zu schreiben. Die Ferien würden wir uns jedenfalls nicht verderben lassen.

Als wir aus dem Urlaub zurückkamen, wartete bereits ein Antwortschreiben des Schulamts auf uns, in dem uns ein neuer Prüfungstermin vorgeschlagen wurde. Wir haben uns furchtbar darüber geärgert, wir hatten den Eindruck, unsere Ausführungen waren überhaupt nicht in Betracht gezogen worden. Da wir uns im Recht fühlten, kamen wir zu guter Letzt überein, gar nicht zu reagieren und abzuwarten, was passieren würde. »*Wait and see*«, wie die Engländer sagen. Und wir haben tatsächlich nichts mehr vom Schulrat gehört ... Uff!

Die Ferien waren traumhaft gewesen: lange Spaziergänge im Wald und am Meer, Fußball spielen auf einem herrlichen Rugbyrasen in Léon, einem Nachbarort von Moliets, und auf dem Dorfplatz von Moliets gab es sogar eine richtige, wenn auch nicht mehr ganz neue Basketballanlage. Jaona spielte jeden Abend vor dem Essen. Manchmal hatte er Zuschauer, die er vor allem mit seinen *killing shots* verblüffte: Der Spieler schnappt sich den Ball, der vom eigenen Korb abprallt – in der Fachsprache *rebound* genannt –, und erzielt innerhalb einer Rekordzeit von maximal zwei Sekunden einen Treffer von der eigenen Spielhälfte aus.

Das allein war bereits beeindruckend, und wenn er dann auch noch mit dem ersten Wurf traf ... Einmal schoß er sogar mit dem Rücken zum Spielbrett einen Korb. Und das bei einer Größe von gerade mal einszweiundsechzig! Das sah schon komisch aus.

Mir gelang einmal von der Freiwurflinie aus ein Treffer mit dem Rücken zum Korb, und das machte mich schon ganz stolz. Aber Jaona war mir ja auch zwanzig Jahre voraus ...

Abends spielten wir Domino, »in der madegassischen Originalversion mit Untertiteln«. Der Gegner mußte durch derbste Schimpfwörter und kernige Flüche verunsichert und zu Fehlern verleitet werden.

Wie in jedem Spiel war auch hier das schlimmste,

das einem passieren konnte, keine Punkte zu machen; *lovy* nannte man das auf madegassisch.

Man konnte sich wunderbar abreagieren bei diesem Spiel, das gefiel mir. Mehr noch aber faszinierte mich die Strategie, die einem Anfänger wie mir überhaupt nicht einleuchtete. Obwohl ich mich nicht ungeschickt anstellte, schlug mich Jaona meistens. Er war einfach zu gut. Er erriet oft nicht nur, welche Steine wir noch hatten, sondern ahnte auch, wenn wir vor einer schwierigen Entscheidung standen. Manchmal gerieten wir uns fürchterlich in die Haare, weil er eine Art hatte, Dadou und mich aufzuziehen, die uns zur Weißglut brachte. Wir fanden, er übertrieb ein bißchen. Er aber behauptete, auf diese Weise würden wir raschere Fortschritte machen.

Ob man gewann oder verlor, hing freilich auch von den Steinen ab, die man bekommen hatte. Trotzdem gewann Jaona fast die ganze Zeit gegen Dadou und mich, das heißt, er machte 120 oder mehr Punkte und wir beide keinen einzigen – schwarz werden nennt man das beim Kartenspiel. Das war eine ungeheure Schande, um so mehr, als sich die unterlegenen Spieler gegen den führenden zu verbünden pflegen. Und dennoch haushoch verlieren! Und während sie sich anmotzen und gegenseitig die Schuld an dem Desaster in die Schuhe schieben, versucht der Gewinner, dieser Heuchler, sie zu beruhigen, indem er in falscher Bescheidenheit von seinem unverschämten Glück redet!

Nichtsdestoweniger spielte ich dieses Spiel für mein Leben gern. Jaona wußte das natürlich: Hatte ich etwas angestellt, fiel zur Strafe die abendliche Partie Domino aus. Ich las dann meistens. Lesen war ein stilles, einsames Vergnügen, genau das Gegenteil von der fieberhaften Atmosphäre beim Spiel, und obgleich es mir ebensoviel Freude bereitete, war ich ganz schön geknickt.

Ich hätte ihm zu gern eins ausgewischt. Dadou auch. Aber wir waren uns nie einig, wenn es darauf ankam, und Jaona veräppelte uns auch weiterhin. Es war zum Verzweifeln ...

Der Unterricht wurde auch in den Ferien fortgesetzt. Wir arbeiteten ein bis einheinhalb Stunden täglich. Das machte mir nichts aus, ganz im Gegenteil. Außerdem hatte ich feierlich gelobt, jeden Tag Mathe zu üben. Ein bißchen Rechnen, ein paar Denkaufgaben, am liebsten morgens so zwischen 10 und 11, und ich war fit für den ganzen Tag.

Französisch nahmen wir abends durch, gegen halb neun, nach dem Essen und vor der Partie Domino. Ich arbeitete ein Übungsbuch der Rechtschreibung für die Sexta durch und betrachtete es als Ehrensache, die Aufgaben fehlerfrei zu lösen. Dadou, die für Französisch zuständig war, während Jaona mich in Mathematik betreute, war sehr zufrieden mit mir.

Abends fiel es mir nicht leicht, mich auf den Unterricht zu konzentrieren, weil ich dem Dominospiel entgegenfieberte. Ich solle mich nicht in Versuchung führen lassen, hatte Jaona mich gewarnt. In seinen Augen war das eine gute Konzentrationsübung: Disziplin im Großen fing mit Disziplin im Kleinen an.

In der Französischstunde verfaßte ich unter Dadous Anleitung und mit Hilfe eines Übungsbuchs lange Geschichten, deren Gerüst – Hauptfiguren, Rahmen, Thema – vorgegeben war. Ich erfand eine Handlung dazu. Mir haarsträubende Situationen auszudenken und sie logisch miteinander zu verknüpfen, komische Dialoge auszutüfteln und Sprache oder Ton ein wenig zu verzerren, fand ich schrecklich aufregend. Manchmal kam ich mir schon wie einer jener bedeutenden Erzähler vor, deren Werke ich voller Ehrfurcht verschlang.

Meine Geschichte trug den Titel *Lihi und das Volk gegen Tiran*. Ich hatte beim Schreiben nicht nur eine Menge Spaß gehabt, sondern nebenbei auch noch gelernt, wie man einen Aufsatz schreibt.

Wissen wurde mir nicht nur in den Unterrichtsstunden vermittelt. Ich lernte sozusagen rund um die Uhr.

Mein Vater hatte seit jeher mit mir gesprochen, als könnte ich jedes Wort verstehen. Aus seinem ernsten Gesichtsausdruck schloß ich, daß das wichtig war, was er mir zu sagen hatte, und bemühte mich, möglichst viel mitzubekommen. Das gelang mir sicher nicht immer, doch darauf kam es auch gar nicht an, wie er mir später erklärte. Ich sollte mich lediglich an die Melodie der Wörter und Sätze gewöhnen, damit ich den Akt des Sprechens als das empfand, was er war: etwas Natürliches.

Sein Sprachmischmasch spielte mir jedoch manchen üblen Streich. Er hatte nämlich nicht bedacht, wie schwierig es für mich war, mit dieser »linguistischen Schizophrenie« umzugehen: Meine teils recht ordinäre Ausdrucksweise muß einige Eltern so schokkiert haben, daß sie ihre Kinder von mir fernhielten und ich dadurch gute Spielkameraden verlor.

Aber ich hatte trotzdem einen Heidenspaß mit dieser Art von Sprache, die meinem Temperament sehr entgegenkam.

Nach dem Abendessen hatten Dadou und ich

unsere Lesestunde. Glückliche Minuten, die nur uns gehörten.

Ich las ein gutes Dutzend Bücher im Monat: angefangen von reiner Fiktion – zum Beispiel die leicht verrückten Geschichten von Roald Dahl, einem meiner damaligen Lieblingsautoren – über dokumentarische Erzählungen wie die von James Houston über das Leben der Eskimos bis hin zu den Sachbüchern der Jugendreihe *Decouverte Cadet.*

Detektiv- und Abenteuerromane mochte ich besonders gern, zum Beispiel die von Ursel Scheffler mit Molly Colt, der Großmutter mit dem Sheriffstern, oder die des Autorengespanns Boileau-Narcejac oder auch die von Alan Coren, dessen Held ebenfalls Arthur hieß.

Ich suchte die Bücher gemeinsam mit Dadou aus, und zwar nach Autoren. Gefiel mir eins besonders gut, lieh ich mir auch alle andern Werke des Autors aus. Nachdem ich den ersten Krimi von Hitchcock gelesen hatte, gab es für mich nur noch Alfred. Die Serie *Alfred Hitchcock präsentiert* habe ich erst sehr viel später im französischen Fernsehen gesehen.

Was ich bei Hitchcock vor allem liebte – abgesehen vom Spekulieren um des Rätsels Lösung –, war der wohlige Schauder, der mir beim Lesen über den Rükken lief. Kein Wunder, daß diese Art von Literatur so erfolgreich war: Eine bizarre Faszination ging von ihr aus. Kriminalromane waren wie eine Droge. Ich jedenfalls war süchtig danach!

Lesen war für mich um so wichtiger, als Bücher praktisch meinen einzigen Zugang zur Fiktion darstellten. Einen Fernseher besaßen wir nicht, im Theater war ich nur ein einziges Mal gewesen, um mir Jango Edwards anzusehen, und ins Kino gingen wir sehr selten. Mit acht Jahren hatte ich erst drei Filme gesehen: *Das Dschungelbuch* – damals war ich drei gewesen –, eine Zusammenstellung von acht Walt-Disney-Zeichentrickfilmen vier Jahre später und 1985 einen Asterix-und-Obelix-Film.

Als ich acht war, wußte ich noch nicht so recht, was ich später einmal werden wollte. Mir war es ein bißchen unangenehm, wenn mir jemand die Frage stellte und ich nur dümmlich die Achseln zuckte, während Gleichaltrige oder sogar Jüngere laut und vernehmlich antworteten: »Feuerwehrmann« oder »Flugkapitän« oder »Lokführer« oder »Tennisspieler«.

Eins – nein, drei Dinge wußte ich allerdings genau.

Erstens, und das war die Hauptsache: Ich war sehr, sehr glücklich.

Zweitens: Ich war zuversichtlich, denn ich wußte mich in den besten Händen. Jeden Abend, bevor ich gegen zehn ins Bett ging, setzten wir uns zusammen, hielten kritisch Rückschau auf den vergangenen Tag und besprachen das Programm für den nächsten.

Drittens: Wenn ich erst einmal erwachsen wäre, würde ich das tun, was mir gefällt, etwas ganz Tolles, etwas schrecklich Aufregendes. Das nahm ich mir damals ganz fest vor.

5

Das Jahr 1985 klang heiter aus. Zu Weihnachten schenkten meine Eltern mir eine achtbändige Enzyklopädie für Kinder und Jugendliche, *L'univers en couleurs*, die meinen Wissensdurst und meinen Lesehunger obendrein stillen würde. Mir war klar, daß meine

Eltern einige kleine Opfer für diesen Schatz hatten bringen müssen.

Die ersten Monate des neuen Jahres bestätigten die bisherige Richtung meiner geistigen und sportlichen Interessen, die wir mit unserem mittlerweile zur Routine gewordenen Unterrichtsprogramm weiterzuentwickeln suchten. Mein Vater scheute keine Mühe, um Material ausfindig zu machen, dem er Anregungen für meine Ausbildung entnehmen könnte.

Seit Ende August 1985 arbeiteten wir mit dem Mathematiklehrbuch von Nicole Gauthier, die Mathematik an Gymnasien unterrichtete. Es schien sich gut für eine ernsthafte Beschäftigung mit den Grundlagen der modernen Mathematik zu eignen. Und so war es auch: Das Buch begeisterte uns. Einmal – ich weiß noch, es war der 3. September – saßen wir von 15 bis 22 Uhr ohne Unterbrechung mit rauchenden Köpfen über dem Kapitel »Mengenlehre« und paukten Vereinigung, Intersektion und Inklusion. Sogar das Essen vergaßen wir, so fesselnd war der Stoff. Kein Zweifel: Die Mathematik hatte uns ganz in ihren Bann gezogen.

Nach vier Wochen wandten wir uns den Relationen zu und kurze Zeit später den Zahlen.

Ich legte ein Heft an und schrieb sorgfältig und auf einen gepflegten Gesamteindruck bedacht in eigenen Worten eine Zusammenfassung von Nicole Gauhiers Lehrbuch.

Zur Vertiefung und Überprüfung meiner Kenntnisse arbeitete ich danach ein für die Quinta gedachtes Übungsbuch aus der Reihe von Pierre Louquet durch. Innerhalb von vier Monaten löste ich ungefähr 80 Prozent der Aufgaben aus den Bereichen Mengenlehre, Relationen, Zahlen, Planimetrie und Stereometrie sowie Aufgaben zur Berechnung von Masse, Leistung und Geschwindigkeit, Begriffe, mit denen ich mich damals nebenbei beschäftigte.

Ich war achteinhalb, als ich mit dem Lehrbuch für die Quarta aus der gleichen Reihe begann. Jaona schätzte die nüchterne Darstellung und die Qualität der Übungen, und ich fieberte jeder Unterrichtsstunde entgegen, so aufregend fand ich das alles. Ein Tag ohne Mathe war für mich undenkbar. Mein Vater schlug mir im Spaß vor, mit einem Spruchband – *HOCH LEBE DIE MATHEMATIK* – durch die Straßen zu ziehen. Ich war sofort Feuer und Flamme, aber wir haben uns dann doch nicht getraut...

Irgendwann fragte ich ihn, welches Diplom man haben müsse, um allen zu zeigen, daß man gut war in Mathe. »Die Agrégation*«, antwortete er. »Das heißt, du kannst an höheren Schulen und Universitäten unterrichten.«

Jetzt wußte ich, was ich später einmal machen wollte!

Ich machte auch in Englisch rasche Fortschritte. Anfang 1986 hatte ich mit dem Übungsbruch für die Quarta begonnen, Ende März hatte ich es durchgearbeitet. Mit achteinhalb Jahren paukte ich den Lehrstoff für die Tertia.

Seit Oktober 1985 führte ich ein Tagebuch in Englisch: *Comments of the day.* Dadurch wollte ich zum einen meine schriftliche Ausdrucksweise verbessern und mich zum andern darin üben, meine Gedanken automatisch auf Englisch zu formulieren. Eine Fremdsprache beherrscht man erst dann, wenn man in ihr denkt.

* Staatsprüfung zwecks Ernennung zum *professeur agrége* an höheren Schulen.

Jaona erteilte mir zusätzlichen Unterricht, in dem wir uns mit Schlüsselwörtern wie *to come, to get, to set* usw. befaßten. Oder ich mußte ihm die Anzeige einer Fluggesellschaft im Wochenmagazin *Newsweek* vorlesen und auf französisch erläutern. Diese Übung fand ich besonders reizvoll, weil sie das Studium der englischen Sprache mit der Analyse der Werbesprache, dem Entschlüsseln einer werblichen Botschaft, verband.

Meine Eltern nahmen sogar einen kleinen Kredit auf für den Kauf eines tragbaren Radios, mit dem wir auf Kurzwelle englische Sender, darunter auch BBC, empfangen konnten. Dank des kleinen technischen Wunderwerks gewann die englische Sprache eine ganz neue Bedeutung für uns. Die Radioprogramme, die Zeitschriften – *Newsweek, Living Blues* – und die Musik trugen dazu bei, daß wir uns fast dem angloamerikanischen Rhythmus anpaßten.

Jaona hielt seine Träume und seine Gedanken auf englisch fest und sprach englisch beim Basketballtraining. Er und ich diskutierten gelegentlich auch in dieser Sprache. Dadou nahm es uns nicht übel; sie hatte überdies versprochen, Englisch zu lernen, sobald es ihre Zeit zuließe.

Im Schreiben machte ich damals geradezu unglaubliche Fortschritte. Im Juli 1984 hatte ich meine ersten Sätze in Schreibschrift zu Papier gebracht, und mit sieben Jahren schrieb ich, wie die meisten Kinder dieses Alters, aber vielleicht ein bißchen schneller. Die Buchstaben waren nicht unbedingt schön, aber leserlich.

Ich hielt mich an den Rat meines Vaters und konzentrierte mich beim Schreiben auf den Inhalt und nicht auf die Form. Ein Jahr später – ich benutzte nach wie vor einen Filzstift – hatte sich meine Schrift bereits merklich verbessert. Sie entsprach dem Niveau des Übungsprogramms, das ich damals durchnahm. Und ich schrieb mir fast die Finger wund: Ich mußte sämtliche Übungsbeispiele abschreiben, die Jaona aus dem Rechtschreibungslehrbuch für die Sexta ausgesucht hatte.

Im September 1985 wurden meine Fortschritte mit einem einfachen Füller belohnt, der meinen altgedienten Filzstift ablöste und mich eine ganze Weile begleitete. Innerhalb weniger Tage wurde meine Schrift sehr viel reifer: Ich machte kleinere, etwa anderthalb Millimeter hohe Buchstaben, die perfekte Konturen und Bindungen hatten.

Da die Schrift jetzt aber zu klein, weil zu rund war, empfahl Jaona mir, die Buchstaben systematisch in die Länge zu ziehen. Nach zwei oder drei Tagen hatte ich es geschafft. Ich wußte nicht recht, wie, aber meine Buchstaben hatten sich von klein und rund in groß und gestreckt verwandelt und reichten jetzt über den Standardzeilenzwischenraum von zwei Millimetern hinaus.

Ein paar Wochen später – ich sollte den Inhalt eines 238 Seiten starken Buches von Louise Fitzhugh, das mir gut gefallen hatte, in ungefähr 250 Wörtern wiedergeben – karikierte ich sogar meine eigene Schrift.

Die größte Freude aber bereiteten mir meine *comments of the day.* Ich bemühte mich bei jedem Eintrag um Vollkommenheit der Vollkommenheit willen: Schnelligkeit, Gleichmäßigkeit und präzise Federführung für sauber gemalte Buchstaben. Eine harmonisch gestaltete, schön beschriftete Seite zum Vergnügen des Betrachters.

Mein intensives Schwimmtraining wurde mit einer Medaille im 4-mal-50-Meter-Lagenschwimmen belohnt, die mir am 19. April 1986 im Verlauf einer feierlichen Zeremonie überreicht wurde. Das war die erste Anerkennung für meine Leistungen, die ich außerhalb des Familienkreises erhielt.

Die Grundlagen des Basketballspiels – Zuspiel, Ballannahme, Dribbling und Werfen – beherrschte ich inzwischen so weit, daß ich zu meiner großen Freude allmählich das Gefühl für das richtige Timing bekam.

Nach einer gut dreieinhalbmonatigen Winterpause begannen wir im April 1986 auch wieder mit dem Fußballtraining. Zur Verbesserung unserer Kondition machten wir zunächst einige Waldläufe. Ich war erstaunt, wie schnell sich mein Ballgefühl wieder einstellte. Als ich den Ball am 15. April zum erstenmal auf der Fußspitze hüpfen ließ, erreichte ich nur 41 Berührungen, aber beim zweiten Versuch zwei Tage später bereits 75 – damit hatte ich meinen Rekord vom Dezember 1985 um vier Ballkontakte überboten. Mir fiel ein Stein vom Herzen. Ein Fußballspieler muß nämlich sehr viel trainieren, wenn er sich sein Gefühl für das runde Leder bewahren und nicht hölzern wirken will. Und nach der langen Winterpause hatte mir Übles geschwant ...

In den folgenden drei Monaten arbeitete ich ausschließlich daran, mein Niveau zu halten. Meine Schußkraft konnte ich allerdings erheblich steigern: Mit dem linken Fuß verwandelte ich etliche Freistösse von der Strafraumgrenze aus und überwand Torhüter, die vier, fünf Jahre älter und somit auch größer und schwerer waren als ich mit meinen einssechsundzwanzig und meinen fünfundzwanzig Kilo. Ich war vielleicht stolz!

Wir trainierten auf dem Platz neben dem Trainingsgelände des FC Pau, des führenden Clubs der Region. Jaona suchte des öfteren das Gespräch mit den Betreuern der Mannschaft, um Erfahrungen auszutauschen. Einem von ihnen erklärte er einmal, wie seiner Meinung nach die Ausbildung junger Fußballer auszusehen hatte: erst die Technik, und wenn die perfekt ist, kommt das Spielen ganz von allein. Kindern bis zwölf, dreizehn Jahren mangelt es in erster Linie deshalb an spielerischem Können, weil sie den Ball nicht beherrschen. Er wird aus Ungeschicktheit und in Unkenntnis taktisch kluger Spielzüge planlos hierhin und dorthin gekickt, was zu einem hohen Kräfteverschleiß führt und letztendlich zu Frustriertheit anstelle von Spielfreude. Sicher, da ist noch der Zauber des Spielfelds und des Matches mit seinen Ritualen, so wie man es aus dem Fernsehen kennt. Und die meisten Erwachsenen sind ganz vernarrt in die Vorstellung, die die Mini-Fußballer mit ernster Miene und über die eigenen Füße stolpernd geben.

Die Kinder jedoch, so Jaona, haben das Recht, etwas zu lernen; das setzt aber voraus, daß sich die Erwachsenen ihrer ungenutzten Fähigkeiten bewußt werden. Es steht nirgends geschrieben, diese Kinder verfügten nicht über das Potential, ihre Träume zu verwirklichen – oder?

Uns war von Anfang an ein brillanter Spieler portugiesischer Abstammung aufgefallen, der mir verblüffend ähnelte: sehr schlank, matter Teint, pechschwarzes Haar und Linksfüßer. Er war ein Jahr älter als ich. Im Juni 1986 hatten wir etwa die gleiche Spielstärke.

Jaona versuchte Kontakt zum Vater des Jungen,

dem Besten seiner Mannschaft, aufzunehmen. Er wollte ihm ein gemeinsames Training einmal pro Woche vorschlagen; davon könnten wir beide profitieren. Er bat einen Betreuer des Clubs, die Nachricht weiterzuleiten. Aber der Vorschlag kam offensichtlich nicht gut an ...

Ich war enttäuscht, ja sogar ärgerlich. Ich weiß nicht, ob da ein direkter Zusammenhang bestand, aber ein paar Tage später, am 27. Juni 1986, schaffte ich 75 Ballkontakte, und am 2. Juli stellte ich einen neuen Rekord auf: 136 Ballberührungen mit dem linken Fuß. Fast das Doppelte! Zur Belohnung erwartete mich eine tolle Überraschung: Meine Eltern schenkten mir eine Medaille, auf deren Rückseite mein Name und mein Vorname, mein Geburtsdatum, das Datum und mein Rekord eingraviert waren: »136 x PG« (PG steht für *pied gauche*: linker Fuß).

6

Der Sommer 1986 brachte eine Reihe wichtiger Veränderungen mit sich.

Die erste war ein Fernsehapparat. Ursprünglich hatten meine Eltern ihn gemietet, weil wir uns die Fußballweltmeisterschaft ansehen wollten. Aber da der Mietvertrag ohnehin ein Jahr lief, kauften sie einen Videorecorder dazu. Jetzt konnten sie interessante Sendungen für mich aufzeichnen. Wir schauten sie uns immer gemeinsam an, etwa eine Stunde pro Tag. Sie vertraten die Ansicht, das Fernsehen könne eine Menge für meine Allgemeinbildung tun. Wir sahen uns aber auch lustige Filme an, beispielsweise die mit Louis de Funés oder Alex Métayer, weil ich so gern lachte. Mein Leben wurde durch das Fernsehen noch ein ganzes Stück heiterer!

Dadou würde im Juli ins Beamtenverhältnis übernommen werden. Im Juni hatte sie ihren Urlaub genommen, denn sie war genauso fußballbegeistert wie wir und ein großer Fan ihres lothringischen Landsmanns Michel Platini, für den es die dritte und letzte Weltmeisterschaft war. Sie verfolgte meine Fortschritte aufmerksam, ermutigte mich und stellte sich sogar ins Tor, bis meine Schüsse zu kräftig und damit ein bißchen schmerzhaft wurden. Bei uns war eben alles Teamarbeit!

Im Juni fuhren wir drei Wochen nach La-Tranche-sur-Mer in der Vendée, einem bezaubernden Badeort am Atlantik; direkt gegenüber liegt die île de Ré. Ich glaube, das waren die schönsten Ferien meines Lebens – abgesehen von denen in Vecoux natürlich.

Ich verbrachte viel Zeit am Strand, relativ wenig über meinen Büchern und traumhafte Minuten auf dem Fußballplatz, wo ich den Scherenschlag ebenso lernte wie die direkte Ballannahme. Außerdem fing ich an, den Ball auf dem rechten Fuß zu balancieren.

Um den 20. herum kamen unsere Nachbarn an, Monsieur Million und Familie. Monsieur Million war – kein Witz! – Bankier. Arnaud, der zwölfjährige Sohn, hatte einen Schulfreund mitgebracht. Ich schaute den beiden oft beim Tischtennisspielen zu, und eines Morgens fragten sie mich, ob ich nicht Lust hätte mitzuspielen. Ich antwortete, ich hätte noch nie gespielt, doch das störte sie nicht: Ich solle ruhig mitmachen, meinten sie, was ich unheimlich nett fand.

Ich schlug den Ball irgendwie über die Platte oder auch daneben und fuchtelte herum, als wollte ich eine lästige Fliege verscheuchen. Wir lachten uns halb tot.

Mein Vater fand das nicht so lustig: Erstens bemängelte er meinen Stil, und zweitens fühlte sich »Missjöh« bei der Lektüre seiner *Newsweek* oder beim Radiohören gestört.

Wir luden Arnaud und seinen Freund ein, das Endspiel der Weltmeisterschaft bei uns anzuschauen, im Kreis von Gleichgesinnten; es war einfach eine Frage der Atmosphäre.

Ein paar Tage später fuhr Arnaud nach St.-Cyprien-Plage in der Nähe von Perpignan, wo er an einem Lehrgang unter Leitung von Michel Platini teilnahm. Von dort bekam ich Post von ihm: eine Ansichtskarte und ein Autogramm von Joël Bats, dem Torhüter der französischen Nationalmannschaft und Helden der legendären Begegnung Frankreich – Brasilien, in der er sich durch herausragende Leistungen auszeichnete. Eine größere Freude hätte Arnaud mir nicht machen können; ich war gerührt.

Ihm war aufgefallen, daß ich mit Büchern arbeitete, für die ich eigentlich noch zu jung war. Er selbst war ein hervorragender Schüler, und mein Fall schien ihn ein wenig zu irritieren, aber er zeigte keinerlei Eifersucht. Er bewahrte stets Haltung und Gelassenheit, so wie es sich für ein künftiges Mitglied des Establishments schickt. Obgleich wir aus unterschiedlichen Schichten kamen und auch vom Wesen her verschieden waren, hatten wir uns sehr gut verstanden.

Nach den Ferien, im Juli, wartete Jaona mit einer sensationellen Überraschung auf.

Eines Abends, als wir beisammensaßen und über mein Unterrichtsprogramm sprachen, zog er eine kurze Zwischenbilanz: In Englisch war ich am weitesten, da begann ich mit dem Stoff für die Tertia; in

Mathe arbeitete ich die zweite Hälfte des Lehrbuchs für die Quarta durch, wobei ich auch hier wieder mindestens 80 Prozent aller Übungen und Aufgaben löste; nur in Französisch kam ich nicht so zügig voran. Jaona legte aber großen Wert auf eine solide Grundlage, insbesondere Rechtschreibung und Konjugation mußten sitzen. In beidem, ebenso wie im mündlichen und schriftlichen Ausdruck, entsprach mein Wissensstand dem eines guten Schülers zu Beginn der Quinta. Meine Allgemeinbildung dagegen blieb hinter dem schulischen Niveau zurück. Für Geschichte, Geographie oder die Naturwissenschaften hatten wir kein festes Programm; ich las, was mich am meisten interessierte.

Das Fazit seiner Ausführungen war:

»Wenn wir von den augenblicklichen Arbeitsbedingungen und dem Tempo seiner bisherigen Fortschritte ausgehen, müßte Arthur – bei großzügiger Planung – im Dezember 1987 soweit sein, daß er die Mittlere Reife machen kann. Leider findet die Prüfung nicht an diesem für uns idealen Termin statt, sondern bereits im Juni. Die Entscheidung, ob du sie im Juni 1987 oder lieber im Juni 1988 ablegen willst, liegt bei dir, Arthur. Dein allgemeines Niveau würde für 1987 ausreichen, aber wir müßten verstärkt Geschichte, Geographie, Biologie und Physik pauken. Die Prüfung bildet den Abschluß der Tertia. Das bedeutet, die andern sind im Schnitt fünfzehn, und du bist dann noch nicht einmal zehn. Das bedeutet ferner, daß du mindestens drei bis viereinhalb Stunden täglich arbeiten mußt, damit du vier Wochen vor der Prüfung fertig bist und wenigstens zum Durchschnitt gehörst. Aber da du in Mathe und Englisch ein As bist, dürfte dir das keine Probleme bereiten.«

»Und was hab' ich davon, wenn ich diese Prüfung mache?«

»Paß auf, Arthur. Wenn du dein Wissen in einer staatlich anerkannten Prüfung wie der Mittleren Reife unter Beweis stellst, brauchst du dich nicht mehr wie bisher ständig vor dem Oberschulamt zu rechtfertigen. Dann werden die merken, wie ernst es uns ist. Ernstens werden wir dann von amtlicher Seite nichts mehr zu befürchten haben, und zweitens wird dir eine glänzende Zukunft bevorstehen, weil deine Leistungen endlich anerkannt werden.«

Ich brauchte nicht lange zu überlegen: Ich entschied mich zur Freude meiner Eltern für den Termin im Juni 1987. Wir feierten meinen Entschluß bis spät in die Nacht mit flottem Boogie und heißem Rock 'n' Roll, und als ich ins Bett ging, hatte ich den Kopf voller wunderbarer Träume.

Am andern Morgen war ich voll da, ich schäumte förmlich über vor Tatendurst. Die Herausforderung hatte alle meine Kräfte mobilisiert und wirkte wie ein kraftvoller Schub in Richtung Prüfung. Ich war wirklich in Topform.

Der August verlief ruhig. Ich spielte sehr viel Fußball. Meine Leidenschaft für dieses Spiel war ebenso groß wie fürs Lernen. Jaona trainierte mich, irgendwo, wo wir allein waren. Die Ballkontrolle war das Wichtigste, egal, ob mit den Füßen, dem Oberschenkel, der Brust oder dem Kopf. An jede Übung schloß sich unmittelbar ein Paß, ein Dribbling oder ein Schuß an. Ich übte mich auch weiter darin, den Ball auf dem rechten Fuß hüpfen zu lassen, und schaffte Mitte August 35 Berührungen.

Als wir Anfang Oktober wieder in die Landes in Ferien fuhren und ich auf Jaonas Anregung hin besonders das Balancieren des Balls mit dem rechten Fuß trainierte, stellte ich nach nur drei Tagen einen absoluten Rekord auf: Ich schaffte 103 Ballberührungen.

Einen Augenblick waren wir alle drei sprachlos. Dann sprangen wir jubelnd vom sonst menschenleeren Rasen auf, als hätten wir gerade eine Bezirksmeisterschaft gewonnen. Jaona hatte recht: Ich konnte es tun, also mußte ich es auch tun.

Mein Vater und ich waren inzwischen ein eingespieltes Team. Er erklärte mir, welche Möglichkeiten ich hatte, und schlug mir ein Ziel und den Weg dorthin vor. Zog ich es vor, mir ein anderes Ziel zu setzen, sagte ich es ihm; ich wußte, ich konnte darauf vertrauen, daß er mir helfen würde, meine Möglichkeiten zu realisieren, mein Ziel zu erreichen. Zwischen uns herrschte völlige Übereinstimmung. Wir machten uns auch nichts vor; so ersparten wir es uns einerseits, uns gegenseitig zu unbedeutenden Leistungen zu beglückwünschen und uns andererseits die Zähne an zu hochgesteckten Zielen auszubeißen.

Im Grunde war alles nur eine Frage der Kommunikation: Offenheit statt Heuchelei, Entschlossenheit und das nötige Durchsetzungsvermögen, Ehrgeiz und vor allem Spaß an dem, was man tat, darauf lief es hinaus.

Am andern Tag bat ich ihn, mir zu erklären, wie ich Freistösse mit dem rechten Fuß treten mußte, damit ich da genauso erfolgreich wurde wie mit dem linken. Es klappte auf Anhieb.

Alles, was ich mit Jaona unternahm, glückte, so als könnte er zaubern. Ich hatte das Gefühl, ich bräuchte ihm lediglich zuzuhören und zuzuschauen, und schon konnte ich wahre Wunder vollbringen. Er zeigte mir jeden Tag aufs neue, was für Fähigkeiten in mir steckten, und half mir, sie zu entwickeln, um das Beste aus meinem Leben zu machen.

Zur Belohnung für meine Leistung erhielt ich eine zweite Medaille mit der Gravur »103 x PD (PD steht für *pied droit*, rechter Fuß), 5. Oktober 1986«.

In meinen Unterrichtsfächern machte ich ebenso große Fortschritte wie im Sport. Ich war in absoluter Hochform. Harmonie auf der ganzen Linie.

Zu meinem neunten Geburtstag wurde ich von meinen Eltern und Großeltern reich beschenkt. Ich bekam einen neuen Fußball, zwei Paar Fußballschuhe mit Stollen für jeden Boden und ein Schachspiel mit einem Lehrbuch für Anfänger. Da wir alle drei nicht spielen konnten, waren die ersten Partien ziemlich schrill. Nach vier Wochen fand ich das Spiel so aufregend, daß ich mich ernsthaft damit befassen wollte. Aber ich ließ es dann doch bleiben: Ein guter Schachspieler zu werden, hätte zuviel Zeit in Anspruch genommen, und ich hatte Wichtigeres zu tun: Ich bereitete mich auf die Mittlere Reife vor.

7

Im September erkundigte sich Dadou beim Schulamt in Pau nach den Zulassungsvoraussetzungen zur Prüfung für einen Kandidaten wie mich.

Ohne Angabe von Gründen fragte sie zunächst, ob es eine bestimmte Altersgrenze gebe. Als man ihr mit einem etwas zögerlichen »nein« antwortete, beschloß sie, die Prüfungsordnung selbst einzusehen. Dort war jedoch nirgends von einem Mindestalter die Rede. Das beruhigte uns, denn aufgrund unserer bisherigen Erfahrungen befürchteten wir, die Beantragung einer

Ausnahmeregelung wäre sicherlich keine reine Formsache gewesen …

Mitte Oktober, bei Semesterbeginn, begann Jaona die Kleinanzeigen zu studieren: Er suchte jemand, der mich in Physik unterrichten könnte.

Schließlich luden wir eine Studentin, die gerade ihr Examen in Chemie machte, zu uns ein. Ich fand sie ganz nett, wenn auch ein bißchen schüchtern. Wir beschlossen, es mit ihr zu probieren. Zwei Tage später sollte es losgehen.

Zum erstenmal in meinem Leben wurde ich von einem Fremden unterrichtet, und zwar zweimal die Woche. Aber meine Lehrerin mußte sich strikt an das Lehrbuch halten, das Jaona und ich vor allem wegen seiner hervorragenden Gestaltung ausgesucht hatten. Außerdem nahmen wir die Stunde komplett auf Band auf. So hatte Jaona eine Möglichkeit zur Kontrolle und ich zur Wiederholung, wenn ich es wünschte.

Wir arbeiteten ernsthaft, aber in entspannter, heiterer Atmosphäre. Ich glaube, sie sah in mir so etwas wie einen jüngeren Bruder oder einen kleinen Cousin. Ich arbeitete fleißig mit, stellte auch hin und wieder eine Frage, nicht zu viele allerdings, denn mein Vater wollte nicht, daß die Unterrichtsstunde in eine Diskussionsrunde ausartete. In der Physik gibt es Gesetze, und die hat man zu akzeptieren, auch wenn man sie im Augenblick verstandesmäßig nicht erfassen kann.

Meine anfängliche Neugier auf die neue Materie wich bald einer gewissen Enttäuschung: Ich konnte nicht viel anfangen mit Körpern und ihrer Mechanik und den ganzen technischen Dingen, die dazugehörten. Den Umgang mit abstrakten Begriffen – wie in der Mathematik – fand ich viel aufregender.

Zwei Monate schien alles in bester Ordnung. Bis Jaona eine Zwischenbilanz aus unserer Arbeit zog.

Routine habe sich eingestellt, meinte er. Die junge Frau sei sich offensichtlich nicht bewußt, was für uns auf dem Spiel stünde. Es fehle ihr einfach an der nötigen Begeisterung. Ungefähr mit diesen Worten machte er ihr klar, daß unsere Zusammenarbeit beendet wäre. Niedergeschlagen, aber nicht gekränkt verabschiedete sie sich und wünschte mir viel Glück.

Ich war ein bißchen traurig, daß sie ging, wir hatten uns gut verstanden. Doch Jaona hatte recht: Wenn ich es schaffen wollte, brauchte ich einen Lehrer mit mehr Tatkraft, der mir mehr Motivation vermitteln konnte.

Die größten Fortschritte machte ich zu jener Zeit im Fußballspielen.

Auf den Tag genau ein Jahr nach dem Cooper-Test übertraf ich meinen Rekord im Balancieren des Balls auf der Fußspitze: 202 Ballberührungen mit dem linken Fuß und ein paar Tage später 106 mit dem rechten.

Die meiste Zeit jedoch verwendete ich auf eine besonders schwierige Übung: so schnell wie möglich die Distanz zwischen 16-Meter-Linie und Torlinie zurückzulegen, ohne daß der Ball den Boden berührt. Meine damalige Rekordzeit: sechseinhalb Sekunden mit dem linken Fuß, neun mit dem rechten. Ich war neun Jahre und drei Monate.

Bei dieser Übung, die Laufgeschwindigkeit und geschicktes Jonglieren erforderte, mußte das Zusammenspiel von Muskelkraft und Ballgefühl, von körperlichem Einsatz und mentaler Kontrolle stimmen. Unabhängig vom Fußballspielen betrachtete Jaona sie als interessanten Test hinsichtlich der Beherrschung von Körper, Geist und Technik.

Mein Ausdauertraining setzte ich mit Waldläufen fort, wobei ich das Tempo eines Mittelstreckenläufers anschlug. Wegen meines Watschelgangs war Jaona auf die Idee gekommen, den berühmtesten französischen Mittelstreckler, Michel Jazy, um Rat zu fragen. Er habe am Anfang genau das gleiche Problem gehabt, antwortete der große Sportler freundlich. Sein Trainer habe ihm daraufhin einen famosen Trick verraten: einfach auf einer gedachten Linie laufen.

Das probierten wir gleich am andern Tag aus. Leicht war es nicht, aber die Mühe hat sich gelohnt. Und ich bin Michel Jazy heute noch dankbar, daß er einem Anfänger ein bißchen Zeit geopfert und Mut zugesprochen hat.

Zu Weihnachten schenkten meine Eltern mir einen wunderschönen Füllfederhalter von hoher Qualität. Ich hatte ihn mir selbst aussuchen dürfen. Er war sündhaft teuer gewesen, zu teuer für unsere Haushaltskasse und für einen kleinen Jungen wie mich, fand ich. Aber Dadou und Jaona freuten sich, daß ich nun das beste Schreibgerät besaß, das es gibt. Für mich war es auch ein Symbol des Vertrauens, das meine Eltern in mich setzten.

Alles lief wie am Schnürchen. Vielleicht sogar ein bißchen zu gut ... Meine Eltern mußten meinen Schwung gelegentlich bremsen, so hyperaktiv war ich manchmal, weil mir alles zuflog. Sie erinnerten mich daran, daß ich noch ein Kind war und mich dementsprechend benehmen sollte.

Im Umgang mit ihnen schlug ich zuweilen einen etwas zu vertraulichen Ton an. Mein Vater versuchte mir klarzumachen, daß es eine hierarchische Ordnung innerhalb der Familie gab und sowohl Eltern, als auch

Kinder eine bestimmte Rolle einnahmen, die erfüllt werden mußte. Das war vielleicht nicht immer lustig, aber für das Zusammenleben unerläßlich.

Die Gründe für unsere Zusammenstöße lagen klar auf der Hand: Ich beneidete meine Eltern um ihre Autorität, ihre Macht. Ich konnte motzen, soviel ich wollte, das letzte Wort hatten sie. Sowie ich glaubte, mich auf eine Stufe mit ihnen stellen zu können, wiesen sie mich in meine Schranken.

Meine Mutter war sich ihrer beider Verantwortung in dieser Situation wohl bewußt. Es gehörte zu den Grundsätzen ihrer Erziehung, mich in praktisch alles mit einzubeziehen, wichtige Fragen mit mir zu besprechen. Kein Wunder, daß ich manchmal dachte, ich könnte mir alles erlauben, meinte sie.

Mein Vater hielt mir einmal einen langen Vortrag über Macht. Es sei weder möglich noch wünschenswert, mir Macht zu übertragen, da ich nicht in der Lage sei, mit ihr umzugehen. Kommandieren allein genüge nicht, um Familienoberhaupt zu werden, es komme vielmehr darauf an, Verantwortung zu übernehmen. Und meine Schultern seien noch nicht stark genug für eine solch schwere Bürde.

Ich hatte hoch hinausgewollt und war auf die Nase gefallen. Es schien, als hätte ich die ganze Bedeutung des Begriffs Freiheit noch nicht so recht erfaßt. Es war höchste Zeit für mich, mehr Verantwortungsgefühl zu entwickeln.

8

Die sechs Monate vor dem Prüfungstermin standen ganz im Zeichen der Vorbereitung auf das Examen. Jaona achtete jetzt zwar noch mehr bei der Auswahl auf die Qualifikation der Lehrkräfte, die mich unterrichten sollten, ließ es sich aber nicht nehmen, das Ganze zu überwachen.

Der erste Tutor war Emmanuel B. Anfang Januar hatte er in einem kostenlosen Blatt inseriert. Meinem Vater war es nach einem zweistündigen Gespräch gelungen, ihn zu überreden, uns aufzusuchen.

Er war der neunte, mit dem er sich wegen des Physikunterrichts in Verbindung gesetzt hatte. Viele hatten an einen Scherz geglaubt, als er ihnen unser Vorhaben erläuterte, und geantwortet: »Sie wollen mich wohl auf den Arm nehmen! Tut mir leid, nicht mit mir ...« Und schon hatten sie aufgelegt. Andere wußten nicht so recht, was sie von der Sache halten sollten, und machten unter irgendeinem fadenscheinigen Vorwand einen Rückzieher. Und dann gab es welche, die keinen Hehl aus ihrer Empörung machten: »So etwas ist unverantwortlich. Sie machen das arme Kind ja kaputt!« oder: »Monsieur, ich lehne es ab, mich an dieser geistigen Mästerei zu beteiligen!« oder: »Die Mittlere Reife in diesem Alter, das ist doch Wahnsinn! Sie werden schon sehen, was Sie davon haben. Der arme Kleine wird mit Pauken und Trompeten durchrasseln, und dann?«

Keiner von denen, die da so vorschnell urteilten, ahnte, was er mir damit antat. Der Schock saß tief. Es kränkte mich, als eine Art Roboter hingestellt zu werden, den man mit Wissen vollstopft. Diese Ungerechtigkeit versetzte meinem kindlichen Selbstbewußtsein einen schweren Schlag. Ich hatte bereits genug Demütigungen einstecken müssen, weil ich *anders* war, weil ich nicht zur Schule ging und man deshalb mit dem Finger auf mich zeigte. Aber das? Was hatten wir getan, daß wir so heftig angegriffen wurden?

Um so mehr freute ich mich über die Nachricht, Emmanuel B. habe sich zu einem Treffen bereit erklärt. Er sah dem Designer Philippe Starck, den Dadou und ich sehr schätzten, zum Verwechseln ähnlich. Emmanuel B. war uns auf Anhieb sympathisch. Er vereinigte alle Eigenschaften in sich, auf die es Jaona ankam: Sachkenntnis, Strenge, Bescheidenheit.

Emmanuel B. studierte im letzten Jahr am renommierten »Institut géophysique du globe« – dem Institut für Geophysik – in Straßburg. Zur Zeit absolvierte er ein Praktikum im Forschungszentrum von ELF-Aquitaine in Pau, wo er noch bis November 1987 bleiben würde.

Er war ein ruhiger, ernster Typ. Vor allem aber brachte er die Liebe zum Unterrichten mit. Er war so beseelt von der Leidenschaft zu lehren, daß er fast bedauerte, Ingenieur geworden zu sein und die aus dem Umgang mit anderen gewonnene Befriedigung der Forschung und ihren Verlockungen geopfert zu haben. Als Sohn eines Verfahrenstechnikers war er sozusagen mit den Naturwissenschaften aufgewachsen. Sie waren Teil seines Lebens, seit er mit vierzehn seine Liebe zu Kieselsteinen entdeckt hatte.

Seinem Lebenslauf nach zu urteilen, zählte er nicht unbedingt zu den Strebern. Nach bestandenem Abitur wiederholte er die Abschlußklasse noch einmal und legte die Reifeprüfung ein zweites Mal und mit besserem Notendurchschnitt ab. Der Grund: In der Quarta hatte einer seiner Lehrer ihn einmal vor der ganzen Klasse verhöhnt: »Sie kommen doch nie durchs Abitur, B.!« Seine Antwort darauf waren gleich zwei bestandene Prüfungen gewesen. Die Demütigung hatte ihn aus seiner Trägheit gerissen und seinen Ehrgeiz angestachelt. Da ihm die Teilnahme an der Vorbereitungsklasse für die großen Hochschulen verwehrt geblieben war, mußte er seine Diplomprüfung nach zwei Studienjahren an der Universität von Poitiers unbedingt als Jahrgangsbester ablegen, wollte er noch eine Chance haben, am »Institut géophysique du globe« aufgenommen zu werden. Er bestand sie mit Auszeichnung.

Sein Werdegang gefiel uns, zeugte er doch von Charakter. Und mit seinem Geständnis, an seinen pädagogischen Fähigkeiten noch arbeiten zu müssen, nahm er uns endgültig für sich ein. Bescheidenheit und kritische Selbsteinschätzung waren seinen Worten zu entnehmen. Die pädagogischen Erfahrungen des Dreiundzwanzigjährigen beschränkten sich in der Tat auf ein paar Nachhilfestunden für Schüler. Aber er machte einen verständigen, selbstlosen, zuverlässigen Eindruck, schien sich außerdem völlig bewußt zu sein, was für uns auf dem Spiel stand, und besaß obendrein noch eine gehörige Portion Humor. Kurz und gut, wir vereinbarten, die erste Stunde sollte gegen Ende der Woche stattfinden.

»Ich mag Leute, die sich nicht unterkriegen lassen«, sagte Jaona, während Emmanuel in seiner gelben Öljacke im strömenden Regen nach Hause radelte.

Emmanuel und ich verstanden uns prächtig. Manchmal alberten wir so ausgelassen herum, daß Jaona, ganz Profi, wütend dazwischenfuhr und uns zurechtwies. Ich hatte wirklich Glück gehabt, jemanden wie Emmanuel kennengelernt zu haben.

Einige Tage später fanden wir auch eine Lehrkraft für Mathematik, eine junge Frau namens Maria Helena B., die aus Venezuela stammte. Ihre spontane Zusage verblüffte uns. Wir waren es nicht gewohnt, daß meiner Geschichte so ohne weiteres Glauben geschenkt wurde.

Sie lud uns – Jaona und mich – zu sich nach Hause ein. Sie wohnte nur ein paar Schritte von uns entfernt und teilte sich die Wohnung mit zwei englischen Studentinnen.

Maria Helena B. schrieb an ihrer Dissertation in angewandter Statistik. Sie war außerdem diplomierte Informatikerin und hatte nach einem hervorragenden Abitur in Venezuela alle französischen Hochschuldiplome des zweiten Studienzyklus erworben. Sie begriff unsere Situation sofort und erklärte sich bereit, mich in jeder freien Minute zu unterrichten und das kostenlos.

Das lehnte Jaona jedoch ab. Sein Grundsatz war, jeden für seine Arbeit zu entlohnen, das bedeutete doch, ihm Verantwortung zu übertragen. Oder anders ausgedrückt: Wer bezahlt wird, muß eine einwandfreie Leistung dafür erbringen. Sie müsse für ihren Zeitaufwand und die Kraft, die der Unterricht koste, entschädigt werden, meinte Jaona.

Zu guter Letzt willigte Maria Helena ein. Mehr als 50 Francs pro Sitzung wollte sie jedoch nicht nehmen. Eine fast symbolische Summe in Anbetracht des glühenden Eifers, den sie an den Tag legte, und der Tatsache, daß wir oft sehr viel länger als zwei Stunden zusammensaßen.

Wir hatten uns zwei Ziele gesetzt: eine ausgezeichnete Prüfungsnote und Fortschritte in unsrem persönlichen Unterrichtsprogramm. Bereits im Februar 1987 waren wir uns einig gewesen, mit dem Lehrstoff für die Sekunda zu beginnen und uns erst im Juni wieder den Prüfungsvorbereitungen zu widmen.

Meine Faszination für Mathematik wuchs mit jeder Minute, die ich mit Maria Helena verbrachte. Es war wie eine Sucht. Zuweilen ließ sie zwar die nötige Autorität vermissen, und ein Organisationstalent war sie auch nicht gerade, aber unsere gemeinsame Leidenschaft für Mathe machte das wieder wett. Außerdem hatte sie Herz, war begeisterungsfähig und überaus großzügig.

Jaona schimpfte manchmal mit ihr und mit Emmanuel: Sie seien zu nachgiebig, zu liebevoll im Umgang mit mir, was ja an und für sich positiv sei, mir letztendlich aber schaden könnte, weil die Arbeit darunter litte. Ich mußte ihm leider recht geben: Ich neigte dazu, die Dinge auf die leichte Schulter zu nehmen. Gutmütig, wie sie waren, eigneten sich Maria Helena und Emmanuel denkbar schlecht als scharfe Wächter.

»Sie sind die Lehrer, und er ist der Schüler«, hämmerte mein Vater ihnen ein. »Vergessen Sie das nicht. Sie haben es mit einem einfallsreichen, ziemlich gewieften Jungen zu tun. Lassen Sie sich nicht einwikkeln! Ein Rollentausch hätte katastrophale Folgen. Das Wichtigste ist, daß Arthur etwas lernt, eine solide Grundlage bekommt.«

Vor und nach dem Unterricht war gegen ein vertrautes Verhältnis freilich nichts einzuwenden!

Nach diesem kleinen Vortrag herrschte wieder Disziplin. Alle machten sich mit noch mehr Tatkraft, noch größerer Ernsthaftigkeit und noch größerem

Eifer an die Arbeit. Der Boß hatte gesprochen, und sein Wort war Gesetz.

Daß Druck notwendig ist, ist auch ein Wahlspruch meines Vaters. Ohne Druck gehe nichts, sagt er. Doch Achtung, es gibt zwei Arten von Druck: Der eine reißt dich mit, zieht dich empor und sorgt dafür, daß du leicht und beschwingt in luftiger Höhe schwebst; der andere drückt dich nieder, zermalmt dich und stürzt dich in den Abgrund.

Streß wird nicht durch alltägliche Handlungen wie Staubsaugen, Duschen und durch das Braten eines Spiegeleis hervorgerufen, sondern durch unbewältigte Probleme, ungelöste Aufgaben, große Herausforderungen. Jeder Mensch reagiert anders auf Streß. Den Optimisten mit der positiven Lebenseinstellung, den Kämpfer, den Gewinner wird er stärken, den Pessimisten, den Verlierer in sich zusammenfallen lassen. Während ein ekstatisches Glücksgefühl den einen aufblühen läßt, wird der andere von seiner Angst aufgefressen.

Jener Euphorie erzeugende Druck hat mich mein ganzes Leben begleitet. Dank einer fortlaufenden Reihe klug dosierter Herausforderungen befand ich mich fast ununterbrochen in einem Stand der Gnade. Meine Eltern drängten mich nie, eine Hürde zu nehmen, für die ich noch zu klein war. Sie waren nichts weiter als die Hüter meiner Entwicklung und wachten darüber, daß sie nach dem bestmöglichen Rhythmus ablief.

Wer wie Christian A. mit meiner Situation im Frühjahr 1987 vertraut war, hielt die Idee, mit neun Jahren und zehn Monaten die Prüfung zur Mittleren Reife ablegen zu wollen, nicht unbedingt für verrückt.

Monsieur A. war einer der Autoren eines 575 Seiten starken Mathematiklehrbuchs für die Sekunda, dessen Inhalt und Gestaltung meinen Vater enorm beeindruckt hatte. Anliegen der Verfasser war es, den Reichtum und die Vielfalt der Welt der Mathematik so fesselnd darzustellen, daß man sich ihrer Faszination nicht entziehen konnte. Ein ehrgeiziges Projekt, doch das Ergebnis wurde dem hohen Anspruch gerecht.

Als der Buchhändler Jaonas Interesse an dem Werk bemerkte, wies er ihn darauf hin, daß Monsieur A. am größten Gymnasium der Stadt, dem altehrwürdigen Louis-Barthou-Gymnasium, unterrichtete. Mein Vater, dankbar für den Tip, verlor keine Zeit und suchte den Lehrer noch am selben Tag auf.

Es kostete ihn zweieinhalb Stunden, Christian A. das Versprechen abzuringen, uns zu besuchen. Aus reiner Neugier, wie er betonte. Er war ein vielbeschäftigter Mann. Er hatte nicht nur ein Lehramt am Louis-Barthou-Gymnasium inne, er war auch Dozent am Insitut für Forschung über das Unterrichten der Mathematik, wo er Mathematiklehrer der höheren Schulen ausbildete; außerdem hielt er Vorträge im Landesausbildungszentrum sowie an der Hochschule für Handel und Unternehmensführung, und er zeichnete als Co-Autor zahlreicher Schulbücher verantwortlich. Für sein Hobby – er war begeisterter Tennisspieler – blieb da wenig Zeit; selbst seine Frau und seine beiden Kinder bekamen ihn kaum zu Gesicht. Seine Frau wer übrigens auch Lehrerin, sie unterrichtete Biologie am Gymnasium.

Zweimal war er Anwärter auf ein Lehramt an der Universität gewesen, doch die Agrégation reizte ihn nicht; in seinem Fach hatte er praktisch die oberste Stufe der Leiter erklommen.

Da seine Zeit so knapp bemessen war, hatte sich Jaona mit der Zusicherung, er werden bei uns vorbeikommen, begnügt.

Marineblauer Pullover, blaue Samthose, schwarze Schuhe: Christian A. wirkte recht ungezwungen. Er war groß und kräftig, und das braune, leicht gewellte Haar sowie der dunkle Oberlippenbart betonten das Blau seiner Augen. Er ließ sich überreden, mir eine Stunde zu erteilen. Ich hörte ihm zu – sein Béarner Akzent war unverkennbar – und wußte, ich hatte den idealen Pauker gefunden.

Jaona hatte ihm geraten, energisch aufzutreten. Und das tat er! Er nahm mich so hart ran, daß meine Eltern, die sich nebenan aufhielten, mir später gestanden, sie hätten sich richtig Sorgen um mich gemacht.

Monsieur A. war in der Tat ein strenger, pedantischer Lehrer, der mich bei der geringsten Ungenauigkeit ziemlich barsch zurechtwies. Von ihm lernte ich die »mathematische« Argumentation, wobei sich mathematisch selbstverständlich auf den Inhalt, aber auch auf die Form bezog: Nur wer den Jargon des Mathematikers wirklich beherrschte, war zur fehlerfreien Darstellung einer Rechenoperation fähig.

»Du mußt imstande sein, jedes Problem, das man dir zur Analyse vorlegt, in dieser Fachsprache darzulegen«, schärfte er mir mit seiner dröhnenden Stimme ein. In Anlehnung an Boileau fügte er hinzu: »Weißt du, Arthur, auch für die Mathematik gilt: Nur was der Verstand erfaßt hat, kann klar formuliert werden.«

Ich war trotz des Lärms, den er veranstaltete, aufs äußerste konzentriert und registrierte die kleinste Veränderung in seiner Stimme, die leiseste Zuckung seines Kugelschreibers. Der Mann faszinierte mich, er war ein echter Mathe-Profi.

Zu guter Letzt willigte er ein, mir eine Stunde Unterricht pro Woche zu geben. Als er gegangen war, machte ich einen Luftsprung vor Freude, sehr zur Überraschung meiner Eltern, die nach dem rauhen Unterrichtsklima nicht mit so einem Ausbruch der Begeisterung gerechnet hatten.

»Der Typ ist das Stärkste!« jubelte ich. »Ein absolutes As! Wahnsinn, was der auf dem Kasten hat!«

Ich fühlte mich wie im siebten Himmel. Aber das beste kam erst noch ...

Der dritte Tutor hieß Denys W., war Untertan Ihrer Majestät der britischen Königin, Cambridge-Absolvent und seines Zeichens *language consultant.* Er war Englischlehrer, was allerdings viel zu gewöhnlich klingt für einen Mann mit seinen Fähigkeiten. Als sich mein Vater auf sein Inserat hin meldete, zeigte sich Denys W. erstaunt, ja sogar skeptisch. Inwieweit könne er von Nutzen sein für ein Kind, das so begabt war, daß es mit neuneinhalb Jahren die Mittlere Reife ablegte? Jaonas Englisch sei doch hervorragend, lobte er meinen Vater. Jaona entgegnete aber, er habe das Gefühl, er könne auf diesem Gebiet nichts mehr für meine Weiterbildung tun, es sei denn, mich in der Illusion zu wiegen, den Gipfel fast erreicht zu haben, während ich in Wirklichkeit erst den halben Weg dorthin geschafft hatte. Ich sei an dem entscheidenden Punkt angelangt, an dem man sich eine Fremdsprache vollständig aneigne, um sie so zu beherrschen wie die Muttersprache.

Denys W. und seine Frau, eine gebürtige Französin, luden meinen Vater und mich zu einem persönlichen Gespräch zu sich ein. Mister W., rein äußerlich *typically british*, bekundete in perfektem Französisch sein

Erstaunen über mein hohes Bildungsniveau. Nachdem wir ihm unsere Situation erläutert hatten, stimmte er zu, es zu versuchen. Er fragte Jaona, ob er – in Anbetracht meines Alters – bestimmte Themen wie beispielsweise Gewalt oder Religion ausgeklammert wissen wollte. Mein Vater verneinte; daß Pornographie tabu war, mußte er nicht ausdrücklich erwähnen, ansonsten ließ er Denys W. freie Hand.

Er willigte ein, mich zweimal die Woche für eine halbe Stunde bei ihm zu Hause zu unterrichten. Da wir so eine Art Intensivtraining durchführen würden, genügten dreißig Minuten vollauf.

Genau wie mein Vater oder Christian A. hatte Denys W. die Begabung, das Beste aus mir herauszuholen. Alle drei verfügten über das nötige *feeling* und das perfekte Timing für die richtige Dosierung der Übungen. Es war einfach toll!

Eines Tages schlug mir Denys W. eine Übung vor, die er normalerweise mit seinen erwachsenen Studenten, den Führungskräften großer Konzerne wie Schlumberger oder ELF-Aquitaine, abhielt. Es handelte sich um die Rundfunkübertragung eines Pferderennens. Zuerst wurden die Pferde mit ihrer jeweiligen Gewinnchance genannt, die sich ändern konnte, bis die Pferde in den Startboxen standen und keine Wetten mehr angenommen wurden. An dieser Stelle hielt Denys W. das Tonband an. Er forderte mich auf, eine beliebige Summe auf einen der Galopper zu setzen. Ich fand das lustig und setzte fünf Pfund auf Sieg auf »Irish Prince«, dessen Gewinnchancen 3 zu 1 standen.

Mister W. schaltete das Tonband wieder ein, und wir hörten uns die Übertragung zu Ende an. Er spielte die Aufnahme nur ein einziges Mal ab, und ich durfte mir keine Notizen machen. Danach legte er mir eine Liste mit Fragen vor, die ich sofort beantworten mußte, zum Beispiel: »Wer ging als vierter durchs Ziel?« »Wie standen die Gewinnchancen von Nr. 2 am Anfang? Und die von Nr. 7 am Start?« »Wer führte auf der Geraden?« »Wer fiel in der letzten Kurve vom zweiten auf den fünften Platz zurück?« »Welchen Platz belegte das Pferd, das an zweiter Stelle durchs Ziel ging, hundert Meter vor dem Zielposten?«

Ich beantwortete alle Fragen richtig! Denys W. war beeindruckt: Das habe noch keiner seiner Schüler geschafft.

»Fantastic!« Über seiner Begeisterung vergaß er für einen Augenblick völlig, seine typisch britische Gelassenheit zu wahren.

Und um die Sache perfekt zu machen, ging mein »Irish Prince«, auf den ich bescheidene fünf Pfund gesetzt hatte, als Sieger durchs Ziel!

Jetzt suchte Jaona noch einen Französischlehrer für mich. Nicht nur zur Prüfungsvorbereitung, sondern langfristig. Mein Stil war verbesserungsbedürftig, ich mußte mich in Textanalyse, in Zusammenfassung und im Aufsatz üben und meinen literarischen Horizont erweitern. Leider fanden wir niemanden, der unseren Erwartungen gerecht wurde, und so übernahm Jaona auch weiterhin den Unterricht.

9

Der Unterricht kostete Geld, zuviel für unsere bescheidenen Verhältnisse: 1500 Francs im Monat, Bücher, sonstiges Unterrichts- und Schreibmaterial nicht mitgerechnet. Von Dadous Gehalt war das kaum zu bezahlen.

Dennoch waren meine Eltern überzeugt, die richtige Entscheidung getroffen zu haben. Eine andere Lösung wäre nicht in Frage gekommen. Entweder Privatunterricht oder Schule, und Schule hätte bedeutet, mich in eine Klasse mit Kindern zu stecken, die sechs Jahre älter waren. Körperlich wäre ich ihnen hoffnungslos unterlegen, was meinem seelischen Gleichgewicht nicht unbedingt dienlich gewesen wäre …

Jaona und Dadou suchten daher nach Wegen zur Finanzierung meiner Ausbildung bis zur Mittleren Reife und vielleicht sogar noch weiter. Mein – oder unser – Ziel war es, 1988 das Abitur zu machen und 1990, mit dreizehn, den zweiten Studienzyklus an der Universität mit der Magisterprüfung abzuschließen. Ein ehrgeiziges Vorhaben, sicher, aber nach Ansicht meiner Tutoren ein realisierbares, vorausgesetzt, das Umfeld stimmte, das heißt Privatstunden, erstklassiges Unterrichtsmaterial, hervorragende Lern- und Lebensbedingungen usw.

Mit diesem Ziel vor Augen hatten sich meine Eltern an Dadous Onkel, den vermögenden Besitzer des heute sehr bekannten Stanz- und Prägewerks, gewandt und ihm ihr Anliegen geschildert. Ich hatte einen kleinen Brief beigefügt, in dem ich ihm schrieb, was für ein fleißiger Schüler ich sei, und daß ich große Pläne hätte.

Mein Großonkel antwortete, er sei durchaus bereit, uns in bescheidenem Umfang zu unterstützen. In Anbetracht der Relation zwischen seinen finanziellen Mitteln und den Kosten für meine Ausbildung werteten wir seine Reaktion als ermutigend. Meine Eltern beschlossen jedoch, mit der Klärung von Einzelheiten zu warten, bis ich definitiv zur Prüfung angemeldet war, damit wir etwas in der Hand hatten, das unseren Plänen Glaubwürdigkeit verlieh.

Wir hatten einige Aufregungen zu überstehen, ehe ich tatsächlich zur Prüfung zugelassen war.

Es begann Anfang Februar. Mein Vater erkundigte sich telefonisch nach der Anmeldefrist.

»Sie brauchen die genauen Daten?« fragte eine Frauenstimme.

»Ja, ich möchte meinen Sohn anmelden, Madame. Als freier Prüfling sozusagen.«

»Wie alt ist Ihr Sohn?«

»Neuneinhalb.«

»Wie alt, sagten Sie?«

»Neuneinhalb.«

»Und er möchte die Prüfung zur Mittleren Reife ablegen?«

»Ja.«

»Aber Monsieur, wo denken Sie hin! Dafür ist er doch noch viel zu jung!« Sie lachte etwas überheblich.

»Hören Sie, Madame, ich möchte von Ihnen lediglich die Anmeldefrist wissen. Unser Sohn ist zwar noch sehr jung, aber er hat gute Chancen, die Prüfung zu bestehen. Oder glauben Sie, wir würden das Risiko eingehen, ihn und damit uns selbst der Lächerlichkeit preiszugeben?«

Mein Vater hatte wenig Lust, sich auf weitere Diskussionen über die Frage meines Alters einzulassen.

»Wie Sie meinen, Monsieur. Einen Augenblick, bitte ...« Nach einer Minute: »Hallo, hören Sie? Es ist Ihr Kind, Monsieur, und wenn Sie den armen Kleinen unbedingt anmelden wollen« – Seufzer – »hier sind die Daten: vom 12. Februar bis 13. März '87.«

»Gut, vielen Dank, Madame. Das heißt, wir könnten die Anmeldung gleich am 12. Februar vornehmen?«

»Einen Augenblick ...« Dreißig Sekunden später:

»Das geht leider nicht, die zuständige Sachbearbeiterin ist zu dem Zeitpunkt in Urlaub.«

»In Urlaub?« wiederholte Jaona verdutzt.

»Ja, für vierzehn Tage.«

»Aber es wird doch wohl jemand dasein, der sie vertritt!«

»Äh, nein, leider nicht, Sie müssen schon bis Ende des Monats warten.«

»Das heißt, erst in zwei Wochen. Verstehe, Behördenmühle. Na ja, trotzdem vielen Dank. Auf Wiederhören, Madame.«

Meine Eltern hatten die leise Befürchtung, daß die Sache noch nicht ausgestanden war.

Als Dadou vierzehn Tage später, am 27. Februar, die Anmeldeformalitäten erledigen wollte, erwartete sie eine große Überraschung: Wir müßten erst eine Bescheinigung des Schulamts über meine Befreiung von der Schulpflicht einreichen, sonst könne die Anmeldung nicht entgegengenommen werden, hieß es.

Dabei hatten meine Eltern im September 1986, wie jedes Jahr seit 1983, die geforderte Erklärung über meine private Unterrichtung per Einschreiben ans Oberschulamt geschickt. Konnte die Bescheinigung nicht von einer Dienststelle an die andere weitergeleitet werden? Warum mußte der Prüfling erst wieder einen Antrag stellen?

Jaona und ich hatten im Auto gewartet. Wir sahen Dadous grimmige Miene und wußten, etwas war schiefgelaufen.

»Jetzt verlangen sie auch noch eine Bescheinigung!« stieß sie wütend hervor.

»Okay, alles klar. Hat keinen Sinn, sich darüber aufzuregen. Fahren wir lieber nach Hause und beantragen sie, diese verdammte Bescheinigung ..«

Noch am selben Abend gaben wir einen eingeschriebenen Brief auf. Am 9. März, vier Tage vor Ablauf der Anmeldefrist, traft die Bescheinigung ein. Das war knapp gewesen!

Jetzt schrieben meine Eltern einen zweiten Brief an meinen Großonkel. Bisher hatten uns lediglich meine Großeltern finanziell unterstützt. Am 29. März kam seine Antwort: Bevor er uns seine Hilfe zusage, wünsche er ausführlich informiert zu werden.

Wir brachen in Jubel aus. Wir konnten also mit seiner weiteren Unterstützung rechnen.

Jaona bat jeden meiner Lehrer um einen Lebenslauf sowie eine Beurteilung meiner Leistungen und meiner Zukunftschancen. Dem fügte er eine Aufstellung der geschätzten Kosten für meine Ausbildung hinzu: alles in allem 280000 Francs für die nächsten drei Jahre. Genauer gesagt: 7000 Francs monatlich für die Dauer von vierzig Monaten, Unterrichtsmaterial – Computer, Versuchsmaterial für naturwissenschaftliche Experimente, Videos, Bücher, Bürobedarf – mit eingeschlossen.

Selbstverständlich werde er ihn über den Stand der Dinge hinsichtlich unserer Bittgesuche an große Firmen, Stiftungen und Privatpersonen auf dem laufenden halten, schloß Jaona den Brief an meinen Großonkel.

Am 17. April erreichte uns eine gute Nachricht: Der Direktor unserer Bank gewährte uns ein Darlehen in Höhe von 100000 Francs; das Schreiben meines Großonkels vom 29. März, in dem er uns finanzielle Unterstützung in Aussicht stellte, genügte ihm als Sicherheit. Er empfing uns in seinem Büro, behandelte uns mit ausgesuchter Höflichkeit und schien beeindruckt von unseren Plänen. Sein Sohn bereite sich auf die Aufnahmeprüfung an der Hochschule für Wirtschaftswissenschaften in Paris vor, erzählte er. Er selbst sei früher Lehrer gewesen, und seine Frau unterrichte heute noch. Daher sei er in der Lage, mein Bildungsniveau und die Realisierbarkeit meiner Ziele zu beurteilen.

Er stand unserem Vorhaben ganz offensichtlich wohlwollend gegenüber, räumte jedoch offen ein, Dadous Gehalt allein rechtfertige das Darlehen nicht. »Als Direktor dieser Bank verfüge ich über einen gewissen Ermessensspielraum. Ihre Sicherheiten sind zwar nicht üppig, aber ich denke, für den Anfang genügt die Bürgschaft Ihres Onkels. Wie aus den Unterlagen ersichtlich ist, ist die Summe für ein gesundes Unternehmen wie das seine eher unbedeutend.«

Zum Schluß lud er mich noch zum Angeln an den Gave de Pau ein, denn Angeln sei seine große Leidenschaft, verriet er.

Unsere Freude läßt sich kaum beschreiben. Was hatten wir für ein Glück gehabt, auf einen so reizenden, verständnisvollen Mann getroffen zu sein. Der indes auch ein besonnener Bankier war, wie die Konditionen zeigten. Aber für meine Eltern gab es kein Zurück mehr. Erstens war da ja mein Großonkel, und zweitens konnten wir sicherlich auch mit Unterstützung durch die Unternehmen, Stiftungen und Privatpersonen rechnen, die wir angeschrieben hatten. Das Risiko mußten wir eben eingehen.

Die ersten, die uns finanziell unter die Arme griffen, waren meine Großeltern: Am 20. April schickten sie uns 20000 Francs, das war viel Geld für sie.

Dieses Startkapital gab meinen Eltern Auftrieb. Endlich, so hofften sie, würden sie mir mehr Annehmlichkeiten bieten können, zum Beispiel viel Platz und Wohnkomfort. Auf der Suche nach einer großzügigen Wohnung in ruhiger Lage stießen sie auf ein schönes, geräumiges Haus mit 250 Quadratmeter Wohnfläche am Ortseingang von Théze, einem Dorf 20 Kilometer nördlich von Pau mit einem herrlichen Blick auf die Pyrenäen. Das Haus war freilich ein bißchen groß für uns und ein bißchen teuer – 4000 Francs im Monat –, aber das einzige, das unseren Vorstellungen entsprach.

Der zweite Punkt betraf die Sicherheit. Der klapprige alte Citroën, den wir seit Oktober 1984 fuhren – ein Geschenk meiner verstorbenen Tante Solange –, war meinen Eltern nicht mehr geheuer. Sie beschlossen, einen Neuwagen auf Raten zu kaufen. Leichter gesagt als getan. Der BMW-Händler war als einziger bereit, ihnen für den Kauf eines Neuwagens Kredit einzuräumen. Meine Eltern ließen sich darauf ein, obgleich ihnen nicht ganz wohl bei der Sache war: Ihr Budget hatten sie nun bereits überschritten.

Wir blickten zuversichtlich in die Zukunft. Dadou und Jaona – vor allem Jaona – wünschten sich schon seit geraumer Zeit ein zweites Kind. Dadou wollte im Mai aufhören zu arbeiten, denn sie hatte andere Pläne: ein pädagogisches Projekt, das sie gemeinsam mit Jaona hauptberuflich betreiben wollte. Die ersten Antworten auf unsere Bittgesuche trafen ein. Zu unserer großen Enttäuschung waren sie alle negativ. Wir bezweifelten, daß irgend jemand uns überhaupt ernst genommen hatte. Eine der reichsten Frauen Frankreichs hatte uns höchstpersönlich mit einem Zitat von Jean Cocteau geantwortet – »Ein Wunderkind ist in den meisten Fällen ein Kind, dessen Eltern sehr viel Phantasie haben« – und abschließend bemerkt: »Wenn Ihr Sohn mit zehn Jahren tatsächlich schon so intelligent ist, wird er sich sicher allein zu helfen wissen.«

Dieser Brief ging mir sehr nahe. Er machte mich richtiggehend krank. Gleichgültigkeit oder Ungläubigkeit konnte ich noch akzeptieren, diesen Sarkasmus nicht.

Der Schock saß tief. Panik erfaßte uns. Wenn meine Prüfungsarbeiten nun unterbewertet würden, was dann? Uns gefiel der Eindruck nicht, den wir auf andere, insbesondere die Schulaufsichtsbehörde, offensichtlich machten. Es schien, als hätten wir dort nicht sehr viele Freunde. Und wer weiß, vielleicht würden wir am Ende für den ganzen Ärger, den wir mit dem Schulamt gehabt hatten, büßen müssen. Also mußten wir handeln. Umgehend.

Wir beschlossen, uns an die Lokalpresse zu wenden, damit meine Chancen, die Mittlere Reife zu bestehen, objektiv beurteilt würden. Gleich am andern Tag rief Jaona einen Journalisten beim *Sud-Ouest* an, schilderte ihm meinen Fall und versprach, ihm unverzüglich alle Unterlagen – eine Fotokopie meiner Prüfungszulassung, die Lebensläufe meiner Lehrer mit Anschrift und Telefonnummer – zukommen zu lassen.

Wir hatten gehofft, Monsieur B. vom *Sud-Ouest* werde keine Zeit verlieren. Aber nichts geschah. Nach einer Woche rief Jaona ihn ein zweites Mal an. Doch, doch, er habe die Unterlagen erhalten, erwiderte der Journalist gelassen, gedenke jedoch im Augenblick nichts in der Angelegenheit zu unternehmen. Er hatte sich auch nicht mit meinen Lehrern in Verbindung gesetzt. Ob meine Geschichte der Wahrheit entsprach oder nicht, interessierte ihn anscheinend nicht. Als wir ihn in der Redaktion zu einem persönlichen Gespräch aufsuchten, um seine Beweggründe besser zu verstehen, lehnte Monsieur B. es schlichtweg ab, sich mit dem Fall zu befassen.

Da wir uns nicht allzuviel von dieser Unterhaltung erhofft hatten, hatte Jaona bereits einige Tage vorher einen zwölfseitigen Bericht an den *Nouvel Observateur* geschickt, in dem er unsere Ziele darlegte, die Beurteilung meiner Leistungen durch meine Tutoren sowie deren Anschriften hinzufügte und auch die Ergebnisse der Intelligenztests aufführte, die wir dem Buch von Alain Sartron, *L'intelligence*, entnommen hatten.

Jaona hatte mir nämlich vor einiger Zeit eine Intelligenztest-Reihe für Erwachsene vorgeschlagen, die angeblich mit großer Zuverlässigkeit eine Reihe von Intelligenzdimensionen (sprachliches und zahlengebundenes Denken sowie räumliches Vorstellen) erfaßte. Er meinte, die Tests könnten mir zur Anerkennung verhelfen.

Anfangs war ich nicht besonders scharf darauf. Zum einen aus Angst, es nicht zu schaffen, zum andern aus Faulheit, denn die Tests dauerten dreimal dreißig Minuten, also anderthalb Stunden ohne Pause. Jaona ließ sich jedoch nicht davon abbringen. Er habe sie schon gemacht, sagte er, und sie seien wirklich nicht so schwer. Für mich jedenfalls kein Problem.

Widerstrebend willigte ich ein. Aber schon die erste Aufgabe weckte meine Neugier. Die »Melodie« der logischen Verbindungen, die man zwischen Wörtern (sprachliches Denken), zwischen Zahlen (zahlengebundenes Denken) und zum Schluß zwischen Körpern (räumliches Vorstellen) herstellen mußte, begeisterte mich.

Als ich fertig war, hätte ich am liebsten gleich die nächsten Tests gemacht, so aufregend fand ich das. Für mich war das Ganze ein Spiel, das äußerste Aufmerksamkeit und einen gewissen Scharfsinn erforderte, damit man nicht in eine der zahllosen Fußangeln tappte. Ich hatte genau die gleiche Punktzahl wie mein Vater erreicht, nämlich 117 von 150 möglichen, das bedeutete einen Intelligenzquotienten von 163.

Die Analyse der Resultate ergab erstens, daß ich in der Dimension räumliches Vorstellen besonders gut war; das erklärte auch meine Vorliebe für die Legokonstruktionsspiele. Wir würden gut beraten sein, diese Fähigkeit bei der Entwicklung des weiteren Lernprogramms zu berücksichtigen.

Zweitens hatte ich, wie das Ergebnis im Bereich sprachliches Denken zeigte, in den letzten Monaten erhebliche Fortschritte auf diesem Gebiet gemacht; ich durfte also, vor allem in Rechtschreibung, auf eine gute Prüfungsnote hoffen.

Drittens war ich im Bereich zahlengebundenes Denken, das dem, was die Psychologie Allgemeinbegabung nennt, am nächsten kommt, besser als der Durchschnitt; ich muß zugeben, darauf war ich besonders stolz.

Die Tests hatten in erster Linie mein Vertrauen in meine Fähigkeiten gestärkt. Jetzt kam es darauf an, diese Fähigkeiten in produktive Tätigkeiten umzusetzen.

Mein Vater erläuterte ferner die Prinzipien meiner Erziehung, erwähnte, daß wir in bescheidenen Verhältnissen lebten, sprach auch die Schwierigkeiten an, die uns zum Beispiel von der Schulaufsichtsbehörde in den Weg gelegt wurden, und vergaß auch nicht hinzuzufügen, wie sehr ich unter der mangelnden Anerkennung beziehungsweise der Verständnislosigkeit meiner Umwelt litt. Ganz am Schluß führte er die Werke an, die uns, als Informations- oder der Inspirationsquelle, eine unschätzbare Hilfe gewesen waren. Die Arbeiten von Françoise Dolto, die er sehr bewunderte, hob er besonders hervor.

Ihr Werk und ihr erbitterter Kampf sind seit langem bekannt gewesen, aber daß sie ein hochbegabtes Kind war, erfuhr die Öffentlichkeit praktisch erst nach ihrem Tod. Mit außergewöhnlicher Begabung und enormer innerer Kraft ausgestattet, setzte sie sich über alle Tabus hinweg und steckte die zahllosen Demütigungen – der Tribut, den die Ignoranz, die Intoleranz und die Dummheit ihrer Mitmenschen forderten – relativ unbeschadet weg. Ihr Buch *Zwiesprache von Mutter und Kind* sprach mir aus der Seele, niemand konnte sich besser in ihre Lage versetzen als ich. Ihre Worte waren mir ein großer Trost, in ihnen fand ich moralischen Rückhalt.

Jaona schloß seinen langen Brief mit einer Bemerkung zu seiner Person: Er habe nie bedauert, diesen Weg eingeschlagen zu haben, im Gegenteil, er werde seine Arbeit künftig ganz der Bedeutung der Kommunikation im Lernprozeß widmen. Das Erlernen des Lernens sei ein Bereich, in dem es noch viel zu tun gäbe.

Die Antwort des *Nouvel Observateur* war negativ. Sie würden keinen Reporter zu uns schicken. Die größte Enttäuschung aber war die Skepsis gegenüber unserer Geschichten, die wir zwischen den Zeilen herauslasen.

Unsere Pechsträhne riß nicht ab.

Von Dadous Onkel bekamen wir einen Brief mit einem Scheck über 2000 Francs und den besten Wünschen für meine Zukunft. Mehr könne er leider nicht für mich tun ... Die Nachricht war ein schwerer Schlag für uns. Ein Scheck über lausige 2000 Francs, nachdem er uns doch signalisiert hatte, uns einen Zuschuß für unsere veranschlagten Gesamtausgaben in Höhe von 280000 Francs zu gewähren. ... Das war nicht einmal 1 Prozent der Summe und damit kein Betrag, den man als Zuschuß bezeichnen könnte.

Wir verstanden überhaupt nichts mehr. Meine Eltern hatten sich fest auf seine Zusicherung, uns zu unterstützen, verlassen und sich hoch verschuldet: Da war das Darlehen von meinen Großeltern und von der Bank, der Ratenkauf des neuen Autos und der unterschriebene Mietvertrag für das Haus.

Dadou hatte unbezahlten Urlaub genommen, und ihr und Jaonas Projekt kam nicht voran. Wir befanden uns plötzlich in einer äußerst heiklen Situation.

Dadou packte der Zorn, während mein Vater, den das alles noch viel mehr mitzunehmen schien, sich ganz in sich zurückzog. Er machte auf mich den Eindruck, als wäre er völlig k.o. Ich konnte zwar nicht das ganze Ausmaß der Katastrophe erfassen, aber ich litt mit meinen Eltern. Ich wußte doch, wieviel sie sich von der Zusage dieses Onkel versprochen hatten. All unsere Pläne und Hoffnungen hatten wir darauf aufgebaut, und jetzt fiel alles in sich zusammen wie ein Kartenhaus. Ich konnte Dadous grenzenlose Enttäuschung gut verstehen; immerhin handelte es sich um ein Familienmitglied, einen Mann, den sie als Kind sehr bewundert hatte.

Sie beschloß, ihren Cousin, den Sohn eben jenes

Onkels und Direktor des Unternehmens, anzurufen. Er sagte nur einen einzigen Satz:

»Ihr habt euch in die Scheiße geritten, jetzt seht zu, wie ihr da wieder herauskommt.«

Trotz allem hielt Jaona an unserem Ziel fest: eine bestandene Prüfung. Einen Monat vor dem Examen teilte er jedem von uns seine Aufgabe zu:

»Du, Arthur, bereitest dich weiter vor! Dadou, du kümmerst dich um den Haushalt, den Rest besorge ich. Okay?«

Okay! Der Boß hatte gesprochen, unsere Moral war gestärkt. Und ich war motiviert wie nie zuvor in meinem Leben.

10

Nur noch vier Wochen bis zur Prüfung, und wir waren keinen Schritt weiter! Nach Jaonas Ansicht bestand meine einzige Chance, ernst genommen zu werden, darin, mich einem der Standardintelligenztests bei einem zugelassenen Psychologen zu unterziehen.

Da sich in Pau niemand zur Durchführung eines solchen Tests bereit erklärte, wandte sich mein Vater an einen klinischen Psychologen in Nizza. Jean-Charles Terrassier ist ein weltweit anerkannter Spezialist für hochintelligente Kinder. Ich selbst ziehe übrigens den Begriff »begabt« oder »frühreif« vor.

Meine Eltern hatten nie viel von Tests zur Ermittlung des Intelligenzgrades gehalten. Sie kritisierten die Kriterien, die man ihnen zugrunde legt, und vertraten die Ansicht, Intelligenz sei, weil viel zu komplex, nicht zuverlässig meßbar. Ein Testresultat könne bestenfalls ein Anhaltspunkt sein.

Jetzt hatten die Tests plötzlich einen ganz anderen Stellenwert für uns: Sie könnten uns helfen, das Mißtrauen und die Zweifel unserer Umgebung abzubauen.

Mein Vater hatte Terrassiers Adresse von der Leiterin eines Instituts für hochbegabte Kinder bekommen. Nachdem er im Radio eine Sendung mit ihr gehört hatte, rief er sie an, um sich nach den Möglichkeiten zu erkundigen, die sich mir in Frankreich oder sogar in Europa böten.

In einem Brief an den Psychologen umriß Jaona die wichtigsten Stationen meines Lebens: Schwimmunterricht im Säuglingsalter, Erwerb der Lesefähigkeit im Vorschulalter. Er berichtete von der wertvollen Hilfe von Methoden, die auf kognitiven Theorien beruhen oder auf der Eutonie, der »körperlichen Selbsterfahrung«, wie Gerda Alexander es nennt, die die Entwicklung der psychomotorischen Fähigkeiten unterstützt. Er schilderte ihm auch die skeptische Haltung uns und unserem Vorhaben gegenüber und schloß mit der Frage, ob er bereit sei, meinen IQ zu ermitteln, und das so schnell wie möglich.

Ein paar Tage später kam ein Anruf: Terrassier lud uns nach Nizza ein. Am Sonntag, dem 25. Mai, sollten wir uns um 15 Uhr in seiner Praxis einfinden.

Wir nahmen den Nachtzug und kamen um 8 Uhr in Nizza an. Das Wetter war trübe, und wir überlegten, wie wir die Zeit bis zu unserem Termin am Nachmittag totschlagen sollten. Aufgedreht, wie ich war, machte es mir nichts aus, drei Stunden schweigend aufs Meer hinauszuschauen und Steine übers Wasser hüpfen zu lassen. Ich war wie hypnotisiert von der grenzenlosen blauen Weite, vom Plätschern der Wellen, die auf dem steinigen Strand ausrollten, vom »plopp« der Kieselsteine, die ich unermüdlich im Wasser versenkte, als müßte ich irgendein Ritual vollziehen.

Pünktlich um 15 Uhr standen wir vor der Praxis des Psychologen. Jean-Charles Terrassier, hochgewachsen, Brillenträger, sanfte Stimme, öffnete uns lächelnd. Zu diesem Zeitpunkt ahnte ich noch nicht, daß wir knapp sechs Stunden bei ihm verbringen würden, ehe wir den Nachtzug zurück nach Pau bestiegen.

Zum erstenmal hatten wir das Gefühl, ernst genommen zu werden, ja mehr noch, auf dem richtigen Weg zu sein. Nach einem kurzen, einleitenden Gespräch in seinem großen Büro händigte der Psychologe mir die ersten Tests aus. Ich zog mich damit in ein Nebenzimmer zurück, während sich Terrassier weiter mit meinen Eltern unterhielt. Als ich ihm den ausgefüllten Bogen brachte, gab er mir gleich den nächsten mit. Und so ging es fast zwei Stunden lang.

Nach einer halbstündigen Pause, in der Jean-Charles Terrassier uns furchtbar zum Lachen brachte – er war ein Mensch, der gern und viel lachte –, setzte ich mich noch einmal hin für einen letzten, besonders schwierigen Test, genannt »Advanced Progressive Matrices PMA I und II«, bei dem man logische Relationen zwischen äußerst komplexen geometrischen Figuren herstellen mußte. Normalerweise war er für Diplomingenieure technischer Hochschulen gedacht.

Die Tests hatten insgesamt drei Stunden gedauert. Weitere drei Stunden – sechs für meine Eltern – hatten wir uns unterhalten. Jean-Charles Terrassier war ein aufregender, liebenswerter, humorvoller Mensch. Bevor er uns in seinem tollen Porsche 928 S zum Bahnhof fuhr, schenkte er mir ein Exemplar seines Buches, versehen mit der Widmung: »Für Arthur oder die

Freuden der geistigen Frühreife. Viel Spaß beim Lesen.«

Ich hätte sicher nicht drei Stunden durchgehalten, wenn mir die Tests nicht soviel Spaß gemacht hätten. Abgesehen von einer leichten Erschöpfung gegen Ende, als die Aufgaben schwieriger wurden, hatte ich mich die ganze Zeit über in einem Zustand beschwingter Leichtigkeit befunden, die nur von gelegentlichen Phasen freudiger Erregung unterbrochen wurde.

Wir zogen also nach Théze, einem reizenden Dorf inmitten einer herrlichen Landschaft. Jetzt hatte ich Platz, soviel ich wollte, um mich richtig auszutoben.

Als erstes rannte ich den Hang hinunter bis zu den Feldern. Ich schaute zurück zum Haus, zu meinen Eltern, die mir zuwinkten – Jaona spielte den Hampelmann –, und hatte das sonderbare Gefühl, in einer anderen Dimension zu leben. Langsam stieg ich den Hang wieder hinauf. Bienen summten, Libellen flogen pfeilschnell durch die Luft, Schmetterlinge in allen Farben umflatterten mich. Ich scheuchte Eidechsen beim Sonnenbaden auf und beobachtete die fleißigen Ameisen. Ich hätte stundenlang auf der Wiese sitzen und dem Treiben rings um mich her zuschauen können, aber der Prüfungstermin rückte unerbittlich näher. Wir traten jetzt in die letzte Phase des Vorbereitungsprogramms ein.

Ich nahm weiterhin Unterricht bei Emmanuel B., der bis zum Ende des Mietvertrags in unserer alten Wohnung in der Rue Bernés-Cambot wohnen würde, aber auch bei Maria-Helena und bei Christian A. Den Lehrstoff hatten wir im großen ganzen durchgenommen, jetzt ging es nur noch um Wiederholung und Vertiefung. Ich mußte soviel Selbstvertrauen entwickeln, daß ich in der Lage war, dem Druck standzuhalten, dem ein Prüfling ausgesetzt ist – vor allem wenn er so wie ich zum erstenmal in seinem Leben ein Klassenzimmer betritt!

Wer den Stoff beherrsche, habe auch seine Nerven besser unter Kontrolle, hatte Jaona mir immer wieder eingeschärft. Was für die Prüfung galt, galt umgekehrt für das Lernen.

Ich war soweit, daß wir eine Prüfung zur Probe unter Examensbedingungen abhalten konnten. Zur optimalen Vorbereitung hatten wir uns die Prüfungsaufgaben der letzten drei Jahre besorgt. An meinem Stundenplan änderte das nicht viel: Ich stand wie gewohnt gegen 10 Uhr auf, arbeitete von 11 bis 13 Uhr und von 15 bis 17 Uhr und lernte abends dann noch einmal ein Stündchen Geschichte, Geographie oder Biologie, Stoff, den man auswendig lernen mußte und den ich kurz wiederholte, bevor ich gegen 23 Uhr schlafen ging.

Nach dem Nachmittagsunterricht radelte ich ein wenig durch die Gegend, manchmal mit Dadou, manchmal allein, und holte Milch beim Bauern nebenan. Oder wir gingen alle zusammen Fußball oder Basketball spielen.

Mitte Juni bekamen wir das Ergebnis der Tests, denen ich mich bei Jean-Charles Terrassier in Nizza unterzogen hatte. Es entsprach unserer Einschätzung meines Niveaus – ich hatte laut Bericht einen IQ von 170 – und veranlaßte meine Eltern, ihre Meinung über Intelligenztests zu ändern. Die Bewertung war aufschlußreich, wenn auch vielleicht ein wenig knapp, und bestätigte meinen allgemeinen Wissensstand. Jetzt brauchte ich zur Bestätigung nur noch die Prüfung zu bestehen.

Besonders stolz war ich auf folgende Aussage: »Im Anschluß daran haben wir dem Jungen einen Test vorgelegt (PMA I und II), der bei Unternehmen als Einstellungstest für Diplomingenieure Verwendung findet. Innerhalb dieser Gruppe, die bereits nach einem Auswahlverfahren ermittelt wurde, belegt das Kind den 23. Rang auf einer Skala von 176.«

Zu Kopf gestiegen ist mir diese Beurteilung aber nicht, glaube ich. Sie diente mir als Anhaltspunkt für eine möglichst objektive Bewertung meiner Fähigkeiten und als Ansporn, dieses offensichtlich außergewöhnliche geistige Potential weiterzuentwickeln.

Mein Vater sagte immer, es gebe nichts Schlimmeres, als Bescheidenheit zu heucheln, und zitierte einen Satz aus der Thora: »Mach dich nicht so klein, denn so groß bist du nicht.«

Ich hatte eine gewisse Verpflichtung mir selbst gegenüber, das war mir jetzt klar. Ich durfte mich nicht gehenlassen und das Erreichte leichtfertig aufs Spiel setzen; meine ungewöhnlichen Fähigkeiten brachten auch Verantwortung mit sich. Ich wußte jetzt, ich war in mancher Hinsicht anders als die anderen.

Die letzten Tage vor der Prüfung verwendeten wir auf die Klärung »logistischer« Fragen: Beschaffung von Material, Unterkunft usw.

Als erstes suchten wir den Ort der Handlung auf, das Marguerite-de-Navarre-Gymnasium, das größte der Stadt. Ich begegnete den Schülern immer, wenn ich in die Stadtbücherei gleich nebenan ging. Auf unsere Bitte hin hatte sich der Direktor bereit erklärt, uns den Prüfungssaal zu zeigen, in dem ich am 22. und 23. Juni in die Mangel genommen würde.

Ich kannte das Gebäude also von außen. Dennoch war es ein Schock für mich, als wir es an einem Dienstag morgen um 9 Uhr betraten: Die eisige, graue Trostlosigkeit des alten Gemäuers erfüllte mich mit Unbehagen und schnürte mir vor Entsetzen die Kehle zu.

Der Direktor gab sich sachlich und enthielt sich jeden Kommentars. Er führte uns unverzüglich in den Prüfungssaal, wo mich eine weitere Überraschung erwartete: Nie im Leben hätte ich mir ein Klassenzimmer so trist, so düster vorgestellt. Und die Tische und Stühle so unbequem. Dadou, praktisch veranlagt, wie sie ist, meinte, ich solle mich einmal probehalber hinsetzen. Für das Standardmobiliar war ich entschieden zu klein mit meinen einssiebenunddreißig: Meine Füße baumelten in der Luft. Und das störte mich ein bißchen.

»Ich glaube, wir müssen eine Schuhschachtel mitbringen, damit du die Füße draufstellen kannst«, bemerkte Dadou leicht belustigt.

»Ist das erlaubt, Herr Direktor?« fragte Jaona augenzwinkernd.

»Aber natürlich!« entgegnete der Direktor, dessen Miene sich endlich aufhellte.

Unser Besuch war ebenso kurz wie zweckmäßig gewesen. Ein Auskundschaften, damit ich wußte, was mich erwartete. Allerdings hatte etwas Wichtiges gefehlt: die Schüler. Achthundert würden am Tag X erwartet, hatte der Direktor uns mitgeteilt. Ich hoffte, der riesige Bau würde dann weniger kalt und beängstigend wirken.

Um mir die lange Anfahrt zu ersparen, würde ich

ein Zimmer in einem Hotel nur fünf Minuten entfernt bekommen und zum Essen in unsere alte Wohnung in der Rue Bernés-Cambot gehen. Das einzige Problem, das jetzt noch anstand, war das Aufstehen am frühen Morgen. Ich stellte mich allmählich schon darauf ein, damit ich zwei Tage hintereinander von 8 Uhr morgens an einsatzbereit war. Meine Eltern hatten mir eigens aus diesem Anlaß einen großen Wecker gekauft, dessen gemeines Schrillen nicht zu überhören war.

Mein Rhythmogramm warnte mich vor allzugroßem Optimismus: Bei steigender Kurve des seelischen Rhythmus und abfallender des intellektuellen war erhöhte Vorsicht angesagt.

Das Wochenende vor dem Prüfungstermin nahte. Es gab nichts mehr für uns zu tun, wir hatten alles erledigt. Trotzdem blieb ein ungutes Gefühl. Wir fürchteten nach wie vor, ich könnte benachteiligt werden. Da kam ein Anruf von Jean-Charles Terrassier aus Nizza: Ein Journalist und ein Fotograf vom *Journal du Dimanche* hätten sich bereit erklärt, schon in der nächsten Ausgabe vom kommenden Sonntag eine Reportage über mich zu bringen. Er kenne beide seit langem und verbürge sich für sie. Falls wir Interesse hätten, sollten wir uns mit ihnen in Verbindung setzen. Und ob wir Interesse hatten!

Pierre P. und René T. kamen gegen 17 Uhr an und blieben bis etwa 22 Uhr. Fünf Stunden interviewten und fotografierten sie uns in absolut lockerer Atmosphäre. Pierre P. interessierte sich bereits seit geraumer Zeit für das Thema hochbegabte Kinder.

Tags darauf kamen sie am späten Vormittag wieder und setzten die Befragung mit der gleichen Begeisterung fort. Um 15 Uhr verabschiedeten sie sich: Die Maschine nach Paris wartete nicht auf sie.

Am Sonntag fuhr Dadou nach Paris, um das *Journal* zu kaufen. Der Bericht stand auf Seite 7. Die Überschrift, in Fettdruck und zweizeilig, lautete: »Arthur, 9 Jahre; IQ: 170.« Als guter Journalist hatte sich Pierre P. um objektive Berichterstattung bemüht, aber auch nicht mit unkonventionellen, spritzigen Formulierungen gespart. Erstens mußte der Artikel »an den Mann gebracht« werden, und zweitens war es ja auch ein unkonventionelles, packendes Thema. Und kein leichtes, wie der Journalist uns anvertraut hatte. Das Problem bestehe darin, den Text so abzufassen, daß er möglichen Fehlinterpretationen, die mir schaden könnten, keine Chance bot. Doch dann zitierte er mich mit den Worten: »Ich glaube, ich habe die Psychoanalyse in ihren theoretischen Ansätzen verstanden. So schwer ist das gar nicht«, ohne auch nur mit einem Wort zu erwähnen, daß mein Vater Psychoanalytiker war und diese Tatsache meine Aussage natürlich in einem ganz anderen Licht erscheinen ließ.

Diese erste Erfahrung mit den Medien lehrte mich, in Zukunft vorsichtiger zu sein. Die Presse war imstande, das Bild, das meine Umgebung von mir hatte, noch mehr zu verzerren, und davor hatte ich Angst.

Am Montag, dem langersehnten Tag der Prüfung, machten wir uns gut gelaunt auf den Weg zur Schule. Meine Eltern gaben mir einige letzte Ratschläge mit:

»Iß und trink regelmäßig! Nimm dir Zeit, laß dich nicht ablenken, und konzentrier dich auf deine Aufgaben!«

11

Achthundert Schüler auf einem Schulhof, das ist ein beeindruckendes Bild. Die meisten waren still und wirkten verschüchtert. Sie alle legten zum erstenmal in ihrem Leben eine Prüfung ab. Wir saßen also alle im selben Boot, und das nahm den Druck ein wenig von mir.

Ich erregte Staunen, zuweilen Belustigung, wurde aber im großen ganzen freundlich behandelt; vor allem die Mädchen waren sehr nett zu mir. Die Anspannung fiel von mir ab. Meinetwegen konnte es losgehen!

Die Prüfung fand im Zeitraum zwischen Montag 7 Uhr 45 bis Dienstag 16 Uhr 25 statt. Die freien Prüflinge waren in einer eigenen Klasse zusammengefaßt worden; die meisten wiederholten. Valéry S., dreizehneinhalb, war ebenfalls von der Schulpflicht befreit. Zwischen uns herrschte vom ersten Augenblick an die Solidarität der Außenseiter. Valéry litt unter einer Wachstumsstörung: Er war nicht größer als ich und sehr schmächtig.

Das erste Fach, das von 8 Uhr bis 11 Uhr 15 geprüft wurde, war Französisch. Ich war überrascht, wie leicht alles war, ich hatte etwas Anspruchsvolleres erwartet. Als ich das Schulhaus verließ, paßte mich ein Korrespondent von Radio-France Pau-Béarn ab. Er hatte meine Eltern, die auf einer Bank im Schulhof saßen, um Erlaubnis gebeten, mich für die 13-Uhr-Nachrichten auf France-Inter interviewen zu dürfen.

Andere Reporter, für die ich ein Wesen von einem anderen Stern zu sein schien, hielten sich nicht so korrekt an die Spielregeln; ich werde später noch davon berichten.

Am Nachmittag wurden wir in Geschichte und Geographie geprüft. Obwohl es ruhiger im Raum war, unterlief mir ein grober Fehler: Ich blätterte die letzte Seite des Fragebogens in Geographie nicht um und übersah daher, daß die Aufgabe noch weiterging. Valéry machte mich wenig später darauf aufmerksam. Unachtsamkeit kann einen eben genauso teuer zu stehen kommen wie ungenügende Vorbereitung. Mein Vater wusch mir gehörig den Kopf, woraufhin ich in Tränen ausbrach, was von einigen Reportern mit Entzücken registriert wurde. Das Wunderkind konnte also auch weinen! Jaona begann sich wegen der Belästigungen durch die Medien, denen wir ausgesetzt waren, ernsthaft zu sorgen.

Unmittelbar nach der Prüfung in Geographie und Geschichte tauchte eine Journalistin von einem ziemlich weit rechts angesiedelten Lokalblatt unangemeldet bei uns in Thèze auf. Sie war nicht abzuweisen und wollte sich sogar gewaltsam Zutritt verschaffen. Dadou hätte sich bei dem Versuch, sie abzuwehren, beinahe verletzt. Ihr Interview bekam die junge Frau nicht, aber ihren Artikel veröffentlichte sie dennoch …

Am Abend wurden wir im Hotel von zwei Journalisten, der eine von AFP, der andere Korrespondent mehrerer regionaler Rundfunksender, sowie einem Pressefotografen erwartet, mit denen wir einen Termin vereinbart hatten. Vertrauenswürdige Leute, wie meine Eltern meinten.

Ein Irrtum, wie sich herausstellen sollte: Der Artikel und mehr noch die Tonbandaufzeichnungen für den Rundfunk waren so zusammengeschnitten worden, daß sie ein völlig entstelltes Bild von mir wiedergaben. Das eines eingebildeten Superschlauen.

Haben die nur eine Sekunde daran gedacht, was sie mir damit antun?

Am andern Morgen um 8 Uhr begann die Mathe-Prüfung. Nach anderthalb Stunden war ich fertig. Ich las die Arbeit einmal und dann noch ein zweites Mal durch. Meine Eltern hatten mir verboten, den Saal vor 9 Uhr 30 zu verlassen, und mir eingeschärft, mich strikt an die Standardlösungen zu halten und mir jede Abschweifung ins Kreative zu verkneifen. Es sei nichts Aufregendes, sondern reine Schularbeit, wie meine Mutter sagte.

Mein Kumpel Valéry gab seine Arbeit mit mir zusammen ab und sagte wie ich: ein Kinderspiel. Er konnte sich so eine Bemerkung erlauben. Die Prüfung schien für ihn wirklich nur eine Formsache, so viel Selbstsicherheit strahlte er aus. Und am Schluß hatte er einen Durchschnitt von 18 Punkten erreicht – bei 20 insgesamt –, während ich 14 hatte.

Die nächste Prüfung, in Englisch, begann erst um 10 Uhr 45; wir hatten also genügend Zeit für eine Stärkung, einen kleinen Schwatz und eine kurze Wiederholung des Stoffs unter Jaonas Aufsicht.

Valéry erzählte uns ein bißchen von sich. Sein Vater war Erzieher. Die ganze Familie hatte unter ihm zu leiden, und Valéry nannte ihn einen »gefährlichen Irren«. Seine Mutter hatte ihn praktisch allein erzogen, und weil sie mit dem herkömmlichen Schulsystem nicht einverstanden war, hatte sie ihn von der Sexta an zu Hause unterrichtet. Mit Erfolg, wie sich zeigte. Valéry hatte eine süße achtjährige Schwester, die ebenfalls von der Schulpflicht befreit war. Als sie zusammen mit ihrer Mutter den Bruder nach der Englischprüfung abholen kam, nahm sie mich auf dem Weg nach draußen liebevoll bei der Hand.

Ich war tief beeindruckt von dieser Frau, die ihre beiden Kinder allein erzog und dafür große Opfer, auch finanzielle, auf sich nahm. Nonkonformismus hat seinen Preis, und es erfordert eine ungeheure Willensstärke, unbeirrt seinen Weg zu gehen.

Valéry hatte eine Art, über seine Probleme zu sprechen, die ich nur bewundern konnte: Er bewies Scharfsinn und innere Reife und zeigte keine Spur von Selbstmitleid. Im Gegenteil, sein Lächeln und seine Augen hinter den Brillengläsern strahlten vor Lebensfreude. Ich wollte mir seinen Mut, seine Begeisterungsfähigkeit, seinen Eifer zum Vorbild nehmen. Ich empfand für ihn, was ich für einen Bruder empfunden hätte.

Die Begegnung mit Valéry S. behielt ich als die positive, die Zwischenfälle mit den Medien als die negative Seite dieser zwei Prüfungstage in Erinnerung. Die Prüfung selbst hinterließ keinen nachhaltigen Eindruck. Die Hauptsache war, daß ich bestanden hatte und meinen Weg fortsetzen konnte.

12

Wie ich später erfuhr, zierte mein Foto an jenem 23. Juni die Titelseite sämtlicher Regionalzeitungen, die ihre Meldungen von der Nachrichtenagentur AFP bezogen. Beim Aufarbeiten der kurzen Mitteilung ließen manche Journalisten ihrer Phantasie die Zügel schießen. Einige Artikel strotzten vor Bösartigkeit. So rächte sich zum Beispiel die Journalistin, der wir den Zutritt zu unserem Haus verwehrt hatten, mit rassistischen Angriffen und Verleumdungen: »Der Vater des Wunderkindes, Monsieur Joana Ramandzissoa, zeigt der Lokalpresse die kalte Schulter. Doch wen wundert's: Die Ramandzissoas stammen nicht aus dem Béarn und haben vermutlich auch nicht die Absicht, sich länger hier aufzuhalten ...« Und weiter: »Für Joana Ramadzissoa ist die Intelligenz seines Sprößlings bares Geld wert ... Interviews werden nur an den Meistbietenden vergeben ...«

Wir hatten zwar einen Anspruch auf Gegendarstellung, doch was nützte das schon? Der Schaden war nicht wiedergutzumachen. Wir fürchteten, daß wir in Thèze und Umgebung erledigt waren.

Ein Journalist hatte sich alles von A bis Z aus den Fingern gesogen und schrieb beispielsweise, ich sei »nach japanischem Vorbild hochgezüchtet und auf Leistung getrimmt« worden. Und dann war da noch der Bericht des Reporters, den wir ganz am Anfang vergeblich für unsere Geschichte zu interessieren versucht hatten und der sich jetzt brüstete, ein ausführliches Interview mit mir geführt zu haben ...

Als Oma und Opa an jenem Dienstag abend anriefen, um sich zu erkundigen, wie es gelaufen war, sagte ich ihnen, ich sei eigentlich nicht mal müde. Ich fühlte nur eine große Erleichterung: Mein Zeugnis hatte ich, die Ferien konnten kommen! Endlich würde ich mich wieder den Dingen widmen können, die mich wirklich interessierten, also in erster Linie Mathe, Fußball, Englisch. Außerdem hatten meine Eltern die geniale Idee gehabt, mir Tintins gesammelte Abenteuer zu schenken, im englischen Original, und ich konnte es kaum erwarten, mich darauf zu stürzen. *»Billions of billions blue blistering barnacles in a thundering typhoon!«* wie Captain Haddock sagen würde.

Doch die Medien ließen uns keine Ruhe. Bereits am nächsten Vormittag kam das Fernsehen in Gestalt zweier Reporter von FR3-Aquitaine, Jean Pourre und Jean-Paul Itey, zu uns ins Haus.

Besonders freundlich waren sie zunächst nicht. Sie stellten ihre Ausrüstung auf und gaben uns knapp und kühl Anweisungen. (Später gestanden sie uns, sie hätten sich von der Berichterstattung in der Lokalpresse beeinflussen lassen.)

Mit der Zeit lockerte sich die Atmosphäre jedoch auf. Unsere Besucher fanden heraus, wie wir wirklich waren, und zeigten sich »angenehm überrascht« von der Ungezwungenheit, die bei uns herrschte – nicht nur, weil Emmanuel gekommen war und wir herumblödelten. Unser Vorhaben beeindruckte sie und kam ihnen keineswegs so verrückt vor, wie manche dachten. Ich glaube, sie konnten sich sehr gut in unsere finanziell schwierige Lage versetzen und hatten Verständnis für unsere entschlossene Haltung.

Sie meinten auch, daß unsere Offenheit von den Medien schamlos ausgenützt worden wäre. Obgleich die Solidarität unter Journalisten grundsätzlich groß ist, verurteilten sie die Entgleisungen einiger ihrer Kollegen.

Nach ein paar letzten Aufnahmen auf dem Fußballplatz – ich mußte den Ball auf dem Fuß balancieren – verabschiedeten sie sich mit einem aufrichtigen »viel Glück und alles Gute!«, das von Herzen kam und uns tief bewegte.

Die Reportage wurde am nächsten Tag in der Abendschau von FR3-Aquitaine gesendet. Ein merkwürdiges Gefühl, sich selbst auf dem Bildschirm zu sehen! Der etwa vierminütige Bericht gefiel mir ganz gut. Er schilderte meine Situation wahrheitsgetreu, traf den richtigen Ton und scheute auch keine Kritik, zum Beispiel an der »Trägheit« der Behörden und dem mangelnden Engagemant von Seiten der Firmen und Privatleute, an die wir uns gewandt hatten.

Die Berichterstattung über hochbegabte Kinder ist in vielen Fällen nichts als Sensationsmache und läßt es daher am nötigen Fingerspitzengefühl fehlen. Die Fernsehreportage jedoch bildete eine Ausnahme: Zu meiner Erleichterung wurde ich nicht wie so oft als »gelehriger kleiner Affe« dargestellt.

Nach der Ausstrahlung dieses Berichts hatten wir es nur noch mit korrekten Journalisten zu tun. In keinem der Artikel, die in *La Vie*, *Actuel* oder dem *Figaro* erschienen, wurde unsere Geschichte verfälscht, die Wahrheit verdreht. Das söhnte mich wieder mit den Medien aus.

Am Freitag, dem 26., riefen wir meine Großeltern in Vecoux an, um ihnen zu sagen, daß die Reportage von FR3 in Antenne 2 gesendet wurde. Sie informierten daraufhin den Rest der Familie. Ich war froh, daß jetzt alle sehen konnten, wie ernst es meinen Eltern und mir mit unserem Vorhaben war.

Der 26. Juni war auch Jaonas Geburtstag: Er wurde 34 Jahre alt. Ein Grund mehr zum Feiern! Und als Krönung dieser verrückten Woche teilte Dadou uns mit, sie sei schwanger. Wir freuten uns riesig. Ich sah meine Mutter an und dachte voller Zärtlichkeit an das Kind, das in ihr heranwuchs und dem ich gleich eine wundervolle Kindheit wünschte.

Am Freitag, dem 10. Juli, bestieg ich zum erstenmal in meinem Leben ein Flugzeug. Patrice Drevet hatte mich in seine Live-Sendung »Mini JT«, einem Nachrichtenmagazin für junge Leute, das um 18 Uhr in TFI gesendet wurde, eingeladen. Tags drauf würden wir mit dem TGV-Schnellzug zu Jean-Charles Terrassier nach Nizza fahren. Ein volles Programm also.

Aus Anlaß meiner Flugpremiere wurde ich sehr verwöhnt. Ich durfte das Cockpit des Airbus A 320 besichtigen, wo ich wie ein hoher Staatsgast empfangen wurde. Feierlich stellte mir der Kapitän die Mitglieder seiner Crew vor und erklärte mir geduldig die Funktion der einzelnen Kontrollinstrumente. Ich war ganz gerührt, weil alle so freundlich zu mir waren, und erkannte den wahren Wert von Höflichkeit und Taktgefühl.

Auch die Leute vom Fernsehen waren unheimlich nett zu uns. Ich durfte bei den Vorbereitungen zur Sendung zuschauen und einen Blick hinter die Kulissen werfen. Die Atmosphäre war locker, das Ambiente schrill – wie immer bei »Mini JT«. Es wurde viel gelacht, und sogar ein echter Profi wie Patrice Drevet konnte da nicht ernst bleiben. Aber der Zeitplan mußte eingehalten werden, und so trieb der Sendeleiter immer wieder zur Eile an.

Seit meiner Ankunft in den Studios in der Rue Cognacq-Jay wurde ich von einem Kamerateam begleitet, das für die Sendung an diesem Abend filmte. Meine Mutter hielt sich ein wenig abseits, und Jaona beobachtete den Zirkus aus weiter Ferne. Ich war also auf mich allein gestellt. Obwohl alle sehr freundlich zu mir waren, war es doch ein ganz schöner Streß. All die Scheinwerfer, Kameras, Journalisten! Und das gute dreieinhalb Stunden lang.

Als wir auf Sendung waren, lief alles wie am Schnürchen. Von Patrice Drevet bekam ich zum Abschied noch ein tolles Geschenk: ein Album von Elvis Presley mit einem Begleitbuch, in das er mir eine Widmung schrieb. Nach insgesamt fünf Stunden im Funkhaus fühlte ich mich doch ein wenig ausgelaugt. Für einen Besuch des Eiffelturms reichte meine Kraft aber noch. Ich wurde mit einem märchenhaften Blick auf das nächtliche Paris belohnt.

Am andern Morgen stiegen wir in den TGV nach Nizza, wo wir von Jean-Charles Terrassier erwartet wurden. Er hatte bereits ein Programm für den Sonntag zusammengestellt: Mittagessen, Tests für mich, Konzert für alle beim großen Jazzfestival.

Die Tests waren für 15 Uhr angesetzt. Es handelte sich auch dieses Mal um Testreihen für Studenten insbesondere des zweiten Studienzyklus. Die Aufgaben setzten kein spezielles akademisches Wissen voraus, sondern erforderten lediglich mathematisches Verständnis. Im wesentlichen ging es um die Herstellung logischer Beziehungen zwischen Körpern und Formen, also um das räumliche Vorstellen.

Ich brauchte eine knappe Dreiviertelstunde. Das Ergebnis bestätigte die nach den Tests vom 25. Mai vorgenommene Beurteilung. Und sie hatten mir genausoviel Spaß gemacht. Das nächste Vergnügen wartete bereits auf mich: ein Jazzkonzert. Der Zufall wollte es, daß auch Jean-Charles Terrassier ein glühender Fan des *downbeat* und der Synkope war.

Dieses Wochenende hatte mir eine Menge Premieren beschert: der erste Flug, der erste Besuch des Eiffelturms, die erste Fahrt mit dem TGV und jetzt das erste Konzert (sieht man von dem ab, das ich im Bauch meiner Mutter miterleben durfte). In ländlicher Idylle spielten unter anderem die James Cotton Blues Band und Dexter Gordon, der Jazzmusiker, der nicht zuletzt durch seine Darstellung in Bertrand Taverniers *Round Midnight* berühmt geworden war.

Unter einem prächtigen Sternenhimmel lauschte das Publikum wie gebannt dem schwarzen Tenorsaxophonisten aus den USA.

Ich war an diesem Abend wie in Trance: Die Musik, zu der ich unermüdlich den Takt schlug, die glücklichen Gesichter um mich herum, die unvergleichliche Atmosphäre, all das verzauberte mich …

Als wir im Nachtzug nach Pau zurückfuhren, kam es mir so vor, als hätte ich die drei Tage nur geträumt.

13

Wir mußten uns jetzt überlegen, wie es weitergehen sollte. Ein Wechsel aufs Gymnasium kam nicht in Frage. Die Kluft zwischen mir und meinen Mitschülern wäre eine zu große Belastung für alle Beteiligten, Lehrkräfte mit eingeschlossen, geworden. Es gab also keine andere Möglichkeit, als unseren Weg fortzusetzen. Und uns weiterhin um finanzielle Unterstützung von irgendeiner Seite zu bemühen. Das schwache Echo auf unsere erneuten Bittgesuche enttäuschte und beunruhigte uns. Diese Gleichgültigkeit war mir unbegreiflich. Ich hatte ernsthaft geglaubt, nach der bestandenen Prüfung würde alles anders werden; schließlich hatte ich mein Können doch unter Beweis gestellt.

Ich nahm weiterhin Unterricht bei meinen Tutoren. Nun, da die Zwänge der Prüfungsvorbereitung weggefallen waren, wurde ich von neuer Tatkraft, neuem Eifer beflügelt. Vor allem in Mathematik. Die herrliche Umgebung, der strahlende Sonnenschein gaben mir Auftrieb.

Anfang August wollten wir für ungefähr zehn Tage

in die USA, nach Salt Lake City, fliegen, wo der siebte Weltkongreß für Hochbegabten-Förderung stattfand. Jean-Charles Terrassier nahm in seiner Eigenschaft als Mitglied des 1975 in London gegründeten Weltbundes zur Förderung Hochbegabter als Vertreter Frankreichs und als Vortragsredner daran teil. Uns schien das eine gute Gelegenheit, uns über die Chancen für Kinder wie mich in anderen Ländern zu informieren und gleichzeitig Land und Leute ein bißchen kennenzulernen. Amerika, das war doch was! Leider konnten wir uns die Reise nicht leisten. Wir mußten also unbedingt einen »Sponsor« auftreiben.

Die Ungewißheit, ob wir fahren würden oder nicht, dauerte bis zum 28. Juli. An jenem Dienstag erhielten wir um 14 Uhr einen Anruf aus der Vorstandsetage der Unternehmensgruppe Bernard Tapie, an die wir uns gewandt hatten. Die Direktionsassistentin gab das Okay für unseren – das heißt Jaonas und meinen – Aufenthalt in den Staaten. Dadou blieb wegen der Schwangerschaft lieber zu Hause. Das verstand ich zwar, bedauerte es aber trotzdem. Ich hätte mich so gefreut, wenn sie mitgekommen wäre.

Die Formalitäten waren rasch erledigt. Am Donnerstag abend trafen wir in Paris ein. Die Direktionsassistentin ließ es sich nicht nehmen, uns die Rückflugtickets Paris – Salt Lake City via Chicago höchstpersönlich ins Hotel zu bringen.

Vor dem Abflug am Freitag um 14 Uhr von Roissy aus mußten wir erst noch unsere Visa bei der amerikanischen Botschaft in der Rue St.-Florentin abholen. Dort hatte sich trotz der frühen Stunde, es war halb neun, schon eine riesige Schlange gebildet. Wir zogen lange Gesichter. Bei der obligatorischen Durchsuchung machten die Sicherheitsbeamten uns keine

Hoffnung, daß wir rechtzeitig zum Flughafen kämen. Im Gegenteil, sie amüsierten sich über Jaonas Entschlossenheit, es doch noch zu schaffen.

Nach zweistündiger Wartezeit betraten wir die Visaabteilung. Jaona erklärte dem Beamten unsere Situation, als er ihm unsere Pässe und die Antragsformulare hinschob; auf meinem war übrigens in der Rubrik »besondere Kennzeichen« mein IQ von 170 vermerkt. Es war jetzt 11 Uhr. Wir konnten nichts anderes tun als warten. Die Chancen, unsere Maschine noch zu erwischen, waren eher gering: Manche Antragsteller harrten bereits seit mehr als zweieinhalb Stunden aus ...

Wir machten uns also auf eine längere Wartezeit gefaßt. Doch plötzlich, nach vielleicht zehn Minuten, dröhnte unser Name aus dem Lautsprecher. Jaona sprang auf:

»Verdammt, das sind wir ja!«

Der Beamte reichte uns unsere Pässe und zwei nagelneue Einreisevisa für die USA. »Guten Flug!« wünschte er uns lächelnd.

Jaona und mir fiel ein Stein vom Herzen. Was hatten wir für eine Angst ausgestanden!

Als die Boeing abgehoben und wir die Sicherheitsgurte abgelegt hatten, fingen wir vor Freude zu singen an, den alten Blues-Klassiker »Sweet Home Chicago«:

»Come on, Baby, don't you wanna go.
That's the same way, sweet home Chicago.«

Der Flug über den Atlantik war ein unvergeßliches Erlebnis. Wie verzaubert blickte ich hinab auf die endlose Weite des Meeres, auf die Landschaft aus Schnee und Eis, die sich in atemberaubendem Licht darbot, auf die nicht enden wollenden kanadischen Wälder mit ihren metallisch blau schimmernden Einsprengseln. Besonders dieses Bild vermittelte mir einen Eindruck von der unermeßlichen Weite des nordamerikanischen Kontinents, der sich viel von seiner Ursprünglichkeit, seiner Wildheit bewahrt hatte. Und jeder Wechsel der Landschaft unter uns wurde von bewundernden »Ahs!« und »Ohs!« und vom Klicken der Fotoapparate begleitet.

Weil wir mit Verspätung in Chicago ankamen, mußten wir uns abhetzen, damit wir unseren Anschlußflug noch erreichten. Trotz der Eile blieb uns genug Zeit festzustellen, wie gastfreundlich und nett die Amerikaner waren. Wir schauten auf Chicago hinunter und nahmen uns fest vor, die bedeutende Stadt – Zentrum moderner Baukunst, Industrieplatz insbesondere der Agrarproduktion und nicht zuletzt Metropole des Blues – irgendwann einmal in aller Ausführlichkeit zu besichtigen.

An Bord der Delta Airlines-Maschine befanden sich ausschließlich waschechte Amis, die das Flugzeug mit der gleichen Selbstverständlichkeit benutzten wie andere Leute das Auto. Die Stille wurde nicht von Ausrufen des Entzückens unterbrochen wie auf dem Flug über den Atlantik; da zeigte höchstens mal ein Finger aus dem Fenster auf eine Landschaft, die für sie nichts Besonderes, für uns jedoch ein Wunder der Natur war oder ein einzigartiges Schauspiel, so wie der Sonnenuntergang über rotglühenden Bergen …

Endlich sahen wir unter uns die Lichter von Salt Lake City funkeln. Als wir vor dem Abfertigungsgebäude vergeblich nach einem Taxi Ausschau hielten, bot uns ein Angestellter der Delta an, uns im firmeneigenen Kleinbus mitzunehmen. Es war zwar ein bißchen eng da drin – ich saß auf dem Schoß einer schwarzen Stewardeß –, aber es herrschte eine tolle Stimmung. Mein erster Eindruck von den Amerikanern bestätigte sich: Sie waren wirklich nett.

Das Westin Hotel Utah war mehr als nur ein Hotel: ein Baudenkmal aus der Zeit um die Jahrhundertwende. Unser Zimmer lag zu dem kleinen Innenhof hin, von dem aus man zum Mormonentempel gelangte. Salt Lake City, das 1847 von den Mormonen gegründet wurde, ist nämlich der Mittelpunkt ihrer Kirche, der Kirche Jesu Christi der Heiligen der Letzten Tage.

Bevor wir ins Bett gingen, riefen wir Dadou an, wie verabredet. Sie fühlte sich zwar einsam so ganz allein in dem großen Haus, aber sonst ging es ihr gut. Sie war erleichtert zu hören, daß wir guter Dinge waren. Wir versprachen, jeden Abend anzurufen, und ich sagte ihr zum Abschied, wie sehr ich mir wünschte, daß sie bei uns wäre.

Am andern Morgen trafen wir uns mit Jean-Charles Terrassier. Nach einem gemeinsamen Mittagessen im Hotelrestaurant brachen wir in einem Mietwagen – einem wunderschönen Cadillac – bei brütender Hitze zu einem Ausflug an den Großen Salzsee auf, der mich nicht sonderlich beeindruckte. Obwohl wir ausgezeichnet geschlafen hatten, waren wir schon wieder müde. Der *jet lag* ließ grüßen ...

Ich fühlte mich pudelwohl in Gesellschaft von Jaona und Jean-Charles, wie ich ihn jetzt nannte. Wir hatten viel Spaß zusammen. Für den Sonntag hatte Jean-Charles eine Spritztour ins Gebirge geplant, nach Park City, dem bekannten Wintersportort, etwa anderthalb Autostunden von Salt Lake City entfernt.

Es war ein wunderschöner Tag. Wir saßen bequem

in unserem klimatisierten Cadillac, hatten einen Lokalsender eingestellt und hörten *middle jazz*, während wir gemütlich dahinglitten. Die Straße wand sich in langgezogenen Kurven den Berg hinauf; es war, als würde der Wagen von einer unbekannten Macht angesaugt. Die Landschaft wirkte eigenartig brav und gepflegt, wie eine Kulisse für eine Fernsehserie. Nichts Urwüchsiges, Wildes haftete ihr mehr an. Schade …

Gegen 14 Uhr hielten wir endlich an, um etwas zu essen. Jean-Charles hatte uns einen *sunday brunch* vorgeschlagen, eine typisch amerikanische Erfindung: Bei dieser Kombination aus *breakfast* und *lunch* (Frühstück und Mittagessen) bezahlte der Gast einen Pauschalpreis und konnte dafür essen, soviel er wollte, Vorspeisen, Hauptgerichte, Desserts, nach Belieben. So eine Völlerei hatte ich noch nie erlebt; man könnte meinen, die Amerikaner hätten den Brunch zum Abbau ihres Überschusses in der Nahrungsmittelproduktion erfunden …

Auf dem Rückweg brauchte man nichts weiter zu tun, als den Wagen im Fahrzeugstrom rollen zu lassen. Der Verkehr floß ungehindert. Wenn ich da an den Rückreiseverkehr auf französischen Straßen an den Sonntagabenden denke … Die Fahrer hier waren ganz cool; die Musik, die aus den geöffneten Fenstern dröhnte, schien das einzige zu sein, wofür sie sich interessierten.

Salt Lake City ist nicht unbedingt eine typisch amerikanische Stadt: keine Gewalt, keine krasse Armut, keine Kriminalität, die das übliche Maß überschritte. Alles ist *clean*. Lediglich die streng hierarchische gesellschaftliche Struktur entspricht der amerikanischen Norm. Ganz unten befinden sich die *colored people*, deren Zahl abnimmt, je mehr man sich der Spitze nähert. Der einzige Schwarze im ›Roof‹, dem exklusiven Restaurant im obersten Stockwerk unseres Hotels, war ein Abbild von Uncle Ben – Sie wissen schon, der aus der Werbung für den Reis, der niemals klebt. Er hatte die Aufgabe, die Gäste zu empfangen und gelegentlich zu singen, Bewährtes wie ›Old Man River‹. Jaona war der einzige farbige Gast; man hielt ihn sicherlich für eine hochrangige Persönlichkeit.

Der Kongreß wurde am nächsten Tag vom Oberhaupt der Mormonen in einer feierlichen Zeremonie mit der traditionellen Begrüßungsrede, verbunden mit den besten Wünschen für die Zukunft, eröffnet. Gelegentlich eingeflochtene Bonmots sollten wohl verhindern, daß die Zuhörer vollends einschliefen.

Jaona und mir wurde die Ehre zuteil, am Tisch der Chefdelegierten aus den etwa dreißig Teilnehmerstaaten Platz nehmen zu dürfen. Die meisten waren Psychoanalytiker. Ernste Diskussionen wechselten mit Hitzeleien oder gar unverblümtem Flirten ab, und das Ganze in mehrstimmigem, internationalem Englisch.

Ich verstand fast alles, was gesprochen wurde, und das war ein beruhigendes Gefühl. Manchmal kam es mir so vor, als hätte ich nie woanders gelebt. Wirklich getestet wurde mein Englisch aber erst bei dem Interview mit dem Korrespondenten von Associated Press Ap. Wir unterhielten uns fast zwei Stunden in völlig unverkrampfter Atmosphäre. Zum Spaß ahmte ich einige amerikanische Footballspieler nach, die ich im Fernsehen gesehen hatte; der arme Jean-Charles war von den Socken! Der Artikel erschien am andern Tag in der Lokalzeitung *Desert News*; die Schlagzeile lautete: ›*With IQ of 170, 9-years-old has big plans for life!*‹

Übersetzt heißt das: Neunjähriger mit einem IQ von 170 hat große Pläne für die Zukunft.

Mein Englisch reichte auch für die Vorträge aus, zu denen wir gingen. Da stets etwa dreißig gleichzeitig gehalten wurden, fiel die Wahl oft nicht leicht. Dreihundert Konferenzen innerhalb von fünf Tagen an zwei verschiedenen Orten, dem Salt Palace Convention Center und dem Westin Hotel Utah – so sah das Pensum der 1500 Kongreßteilnehmer aus. Lediglich ein Vortrag nahm Bezug auf die Situation in Frankreich.

In ihm kündigte Jean-Charles Terrassier die Gründung der ersten öffentlichen Schule für Hochbegabte in Nizza an. Das Pilotprojekt sollte im September 1987 gestartet werden. Frankreich, das im Bereich der Hochbegabtenförderung bislang als Entwicklungsland galt, würde dank dieses Projekts einen großen Schritt vorwärts machen. Mag sein, daß es sich bei der Förderung begabter Kinder um einen ganz spezifischen Bereich des Ressorts Erziehung und Ausbildung handelte, aber zog man die Zahl und die Qualität der Vorträge sowie die ansteckende Begeisterung der Teilnehmer aller Hautfarben und Glaubensrichtungen in Betracht, kam ihm eine außerordentliche Bedeutung zu.

Eine halbe Stunde wurde den Vertretern der französischen Abordnung – Jean-Charles und mir – am Dienstag, dem 4. August, um 14 Uhr zugestanden, um das geplante Projekt in Nizza vorzustellen. Selbstverständlich auf englisch. Nach einem kurzen Überblick über das französische Bildungssystem reichte Jean-Charles mir das Mikrofon, und ich las ein sechsseitiges Referat vor, das er am selben Morgen geschrieben hatte.

Das Programm sah auch künstlerische Darbietungen aller Art von Kindern vor, die Einrichtungen für Hochbegabte besuchten. Ich unterhielt mich mit ihnen, beglückwünschte sie zu ihrem Können und freute mich, an diesem Fest teilnehmen zu dürfen.

Am meisten beeindruckte mich die Entschlossenheit der Teilnehmer, auf eine Änderung der Bildungspolitik hinzuwirken und sich für mehr Chancengleichheit einzusetzen. Die unzureichende Förderung von Begabten – das heißt von Kindern mit einem IQ über 125 – benachteiligt nämlich in erster Linie Kinder aus sozial schwachen Schichten. Daß Begabung dort weniger häufig anzutreffen sei als in den oberen Bevölkerungsschichten, entspricht nicht den Tatsachen. Ohne entsprechende Förderungsmaßnahmen aber verschärfen sich die sozialen Unterschiede noch, denn im Gegensatz zu einem Kind aus begüterten Kreisen kann ein Kind aus bescheidenen Verhältnissen nicht mit finanzieller Unterstützung durch die Familie rechnen.

Das amerikanische Bildungssystem ist in dieser Hinsicht beispielhaft. Ohne sein spezielles Förderungsprogramm hätten viele hochbegabte Farbige nie eine Universität besuchen und eine glänzende Karriere machen können, wovon letztendlich auch die Gesellschaft profitiert. Dasselbe gilt für Israel: Auch dort werden Hochbegabte ausgezeichnet betreut, das heißt so, wie es eigentlich selbstverständlich sein sollte. Daß man ihnen bei uns eine besondere Betreuung mit dem Hinweis darauf, sie seien ohnehin bereits von der Natur bevorzugt worden, verweigert, ist nicht gerechtfertigt, wie die tatsächliche Situation zeigt. Die meisten überdurchschnittlich intelligenten Kinder langweilen sich im herkömmlichen Schulunterricht zu

Tode, weil sie einfach nicht gefordert werden. Ihre Talente verkümmern. Schulisches Versagen und nicht selten die Abkehr von geistiger Tätigkeit jeglicher Art sind die Folge. Was für eine Verschwendung! Was für ein tragischer Verlust, nicht nur für das Kind und seine Familie, sondern auch für die Gesellschaft: »Da wird ja Mozart ermordet!« empörte sich einst Antoine de Saint-Exupéry.

Albert Einstein wird nachgesagt, er sei ein schlechter Schüler und ein Faulpelz gewesen. Wenn man die Schule zum Maßstab nimmt, sicher. Ihn interessierten eben andere Dinge sehr viel mehr. Zu guter Letzt entschied er sich mit siebzehn für die »Eidgenössische Technische Hochschule« in Zürich und wurde im Alter von zweiundvierzig Jahren für seine mit fünfundzwanzig veröffentlichten Beiträge zur Quantentheorie mit dem Nobelpreis für Physik ausgezeichnet. Phantastisch, nicht wahr?

Jean-Charles Terrassier weist in seinen Arbeiten immer wieder und nicht ohne Humor auf die Schwachstellen eines nicht differenzierenden pädagogischen Systems hin:

»Ein solches Erziehungssystem muß unweigerlich eine bestimmte Gruppe von Kindern benachteiligen: entweder die langsamen oder die schnellen oder aber die mit einer mittleren Lerngeschwindigkeit. Selbstverständlich wird man letztere zur Norm, ja sogar zum Maßstab für die sogenannte normale Entwicklung erheben. Der Entwicklung der Langsameren oder der Schnelleren jedoch wird mit dieser Standardisierung nicht Rechnung getragen. Die Langsamen verausgaben sich bei dem meist vergeblichen Versuch, Schritt zu halten. Sie stehen unter Druck, unter Zugzwang, während die Schnellen, die Frühreifen in ihrer natürlichen Entwicklung gebremst werden. Das frühreife Kind ist ein Opfer seines Geburtsdatums, denn das – und nicht etwa seine geistige Reife – entscheidet im herkömmlichen Erziehungssystem über die Zuteilung in eine Schulklasse. Genauso unsinnig wäre es, würde man die Schuhe für das Kind nach seinem Geburtsdatum aussuchen. Niemand käme auf so eine Idee. Statt dessen macht man die Größe, die Form der Füße zum Kriterium der Auswahl. Den Füßen gesteht man folglich das Recht zu, sich ungehindert entwickeln zu dürfen. Wann, glauben Sie, wird man dem Verstand das gleiche Recht einräumen? Wir fordern daher die Verabschiedung einer Erklärung mit dem Inhalt, daß ein Bildungssystem auf die geistige Reife eines Kindes Rücksicht zu nehmen hat und daß es ein Verbrechen an der Intelligenz ist, die unterschiedlichen Entwicklungsstufen und Bedürfnisse von Kindern zu ignorieren, ein Verbrechen, das gleichzusetzen ist mit Kindesmißhandlung oder unterlassener Hilfeleistung. Das Schulsystem, das muß einmal ganz klar gesagt werden, ist für die Kinder da und nicht umgekehrt, und wenn es darum geht, wer von beiden überleben soll, kann die Antwort nur lauten: die Kinder.«

Angesichts des geringen Interesses an diesem Mißstand, von dem in Frankreich statistisch gesehen 400000 Kinder im Alter von sechs bis sechzehn Jahren betroffen waren, und meinen eigenen traurigen Erfahrungen, machte die israelische Delegationsleiterin mir den Vorschlag, nach Israel auszuwandern.

»Kommen Sie zu uns! Sie sind herzlich willkommen!« Sie lachte über unsere verdutzten Gesichter, fügte aber schnell hinzu, ihr Angebot sei durchaus ernst gemeint.

»Das ist sehr schmeichelhaft für uns«, erwiderte

Jaona, »Israel ist eine große Nation, aber ich denke, wir warten doch besser auf eine Lösung im eigenen Land. Ein Land wie Frankreich kann so ein Problem schließlich nicht auf Dauer ignorieren ...«

Diese Woche in den USA ist mir als schönes Erlebnis in Erinnerung geblieben. Was mich, abgesehen von der unermeßlichen Weite, am meisten beeindruckte, war der mitreißende Schwung, die Begeisterung, die positive Lebenseinstellung der Menschen dort. In Amerika scheint wirklich alles machbar zu sein – der berühmte Geist des *can do*. Ein ideales Umfeld für kreative oder andere tatkräftige Menschen ...

Auf dem Nachtflug zurück nach Paris ging es entschieden ruhiger zu als auf dem Hinflug. Die meisten Passagiere schliefen oder versuchten es zumindest, einige andere, darunter auch Jaona, sahen sich den Film *Karate Kid II* an – und nickten aber dann ebenfalls ein. Nur einer löste Mathematikaufgaben: Raten Sie mal, wer!

Es handelte sich dabei um Übungsaufgaben für den SAT, den *Scholastic Aptitude Test*, ein Eignungstest für High-school-Abgänger, die ein College besuchen wollen. Die dreistündige Prüfung umfaßt drei Gruppen von Aufgaben, die im Multiple-Choice-Verfahren zu lösen sind. Mit dem ersten Fragebogen werden sprachliche Fähigkeiten und Textverständnis geprüft: Wortschatz, Textanalyse und -rekonstruktion, logische Argumentation. Mit dem zweiten das mathematische Verständnis, die Fähigkeit, mathematische Grundbegriffe in willkürlichen Situationen anzuwenden; Formeln auswendig zu lernen ist daher überflüssig. Mit dem dritten Fragebogen schließlich, der im Gesamtergebnis nicht berücksichtigt wird, werden Grammatik, Sprachgebrauch und Kenntnisse von Spracheigentümlichkeiten bewertet. Der SAT will also im Grunde genommen herausfinden, ob der Prüfling lesen, logisch denken, rechnen und korrekt schreiben kann.

Da der Test zur Aufnahme ins College berechtigt und keinerlei spezielle Kenntnisse voraussetzt, erfreut er sich großer Beliebtheit. Er erfordert nichts weiter als die Fähigkeit zu logischem Denken: Ein aufgeweckter Kopf ist gefragt, kein mit Buchwissen vollgestopfter. Und so bekommt auch der Hochbegabte, dem Denkaufgaben lieber sind als Gedächtnistraining, seine Chance.

Das Niveau des SAT entspricht etwa dem der Sekunda bei uns. Deshalb war Jaona der Ansicht, für diesen Test zu pauken sei eine hervorragende Übung für mich, nicht nur in bezug auf die Logik, sondern auch auf die Fremdsprache. Wir gingen also in die größte Buchhandlung von Salt Lake City, wo er mir das fast siebenhundert Seiten starke Übungsbuch – *BARRON'S How To Prepare For The SAT* – kaufte. Zurück im Hotel machte ich mich unverzüglich über die Matheaufgaben her. Ungefähr 85 Prozent löste ich korrekt. Das war zwar ermutigend, dennoch zog ich die französische Lehrmethode für Mathematik vor: Das Abstrakte, Nüchterne schien mir eine bessere Vorbereitung für das Studium. Nicht umsonst gilt Frankreich als das Land, dessen Studienanfänger das höchste Mathematikniveau der Welt haben.

Für mich bestand der Sinn der Übungen folglich in erster Linie darin, meine Englischkenntnisse zu vervollkommnen. Um die Aufgaben innerhalb einer vorgegebenen Zeit lösen zu können, mußte ich in der Lage sein, meine Gedanken augenblicklich in englisch zu formulieren. Ich kam meinem Ziel tatsächlich ein ganzes Stück näher, denn ich machte von da an erstaunliche Fortschritte in Englisch.

An einem wunderschönen Sonntagnachmittag trafen wir zu Hause in Thèze ein. Ich war ganz aufgeregt und glücklich und konnte es kaum erwarten, Dadou von unserem Abenteuer zu erzählen, aber genau wie Jaona mußte ich mich erst mal ausruhen. Wir waren völlig geschafft ...

14

Während dieses Sommers gelangte ich, was meine geistige Entwicklung betraf, an einen Wendepunkt. Zu verdanken war das den kleinen Büchern von Martin Gardner, zum Beispiel *Aha! oder Das wahre Verständnis der Mathematik*.

Jaona hatte sie mir bereits vor einigen Monaten gekauft, aber ich hob sie mir bis nach der Prüfung auf, um genügend Zeit für sie zu haben. Die Lektüre lohnte sich. Jaona pries mir die scheinbaren Nonsenswerke als absolut ernsthafte Anleitung zur Schulung des feinen Intellekts an, als interessanten geistigen Klimmzug für einen Knirps wie mich ...

Der Knirps hatte seine helle Freude an den Rätseln Professor Cantorbakis, deren Auflösung stets das hervorruft, was die Psychologen ein ›Aha-Erlebnis‹ nennen: eine Art Erleuchtung, ein plötzliches Erkennen eines Sinnzusammenhangs. Mit dem gleichen Feuereifer stürzte ich mich auf die Paradoxe, die sich in allen möglichen Bereichen – Logik, Geometrie, Zahlen, Statistik, Wahrscheinlichkeitsrechnung, Zeit – finden.

Zunächst zu den Paradoxen. Mein Vater hatte mich schon ein bißchen mit dem Thema vertraut gemacht, zum Beispiel mit dem bekannten Paradox des Lügners. Epimenides, dem Kreter, wird der berühmte Ausspruch zugeschrieben: »Alle Kreter sind Lügner.«

Das Problem liegt auf der Hand. Setzen wir als gegeben voraus, daß Lügner immer lügen und ehrliche Menschen immer die Wahrheit sagen, kann die Aussage, alle Kreter sind Lügner, nicht richtig sein, denn dann wäre Epimenides ein Lügner und seine Worte unwahr. Sie kann aber auch nicht falsch sein, denn das hieße, die Kreter sagen immer die Wahrheit; folglich hätte auch Epimenides die Wahrheit gesagt, und die Kreter sind tatsächlich alle Lügner. In anderen Worten: Sagt Epimenides die Wahrheit, so hat er gelogen, und lügt er, so hat er die Wahrheit gesagt. Wie kann er aber gleichzeitig die Wahrheit und die Unwahrheit sagen? *That's the question!* Irre, nicht wahr?

Über diesem Problem sind einige griechische Denker offenbar völlig ausgeflippt. Der Philosoph Chrysippos, langjähriger Vorsteher der Stoa, hat nicht weniger als sechs Abhandlungen darüber geschrieben. Und der Dichter Philetas von Kos verlor sogar den Verstand und starb wenig später.

Martin Gardner erklärt den Mechanismus des Paradoxes anhand einer vereinfachten Darstellung. Gegeben ein Satz: »Dieser Satz ist falsch.« Frage: Ist das richtig? Wenn ja, ist er falsch. Frage: Ist das falsch? Wenn ja, ist er richtig.

Ein Satz, der sich wie der oben genannte auf sich selbst bezieht – daher der Ausdruck autoreferentielles Paradox –, läßt den Widerspruch noch deutlicher hervortreten, weil sich die Frage, ob ein Lügner immer lügt und ein ehrlicher Mensch immer die Wahrheit sagt, gar nicht erst stellt. Außerdem weist Gardner auf den widersprüchlichen Charakter solcher Aussagen hin: Sie verstoßen gegen die von ihnen aufgestellten Regeln, mißachten die Vorschriften, die sie selbst erlassen. Als Beispiele führt er an ein Plakat, auf dem steht: »Lesen Sie das nicht«; Aufkleber mit der Aufschrift »Aufkleber nein danke«; den Junggesellen, der nur eine Frau heiraten will, die klug genug ist, ihn nicht zu heiraten; den Mann, der keinem Club beitreten möchte, der ihn als Mitglied akzeptiert; den Spruch: »Es ist verboten zu verbieten!«; oder auch die Aussage: »Die Ausnahme bestätigt die Regel« usw.

Als William Burkhart und Theodore Kalin, damals noch Harvardstudenten, im Jahr 1947 ein Computerprogramm zur Überprüfung des Wahrheitsgehalts von Propositionen entwickelten und das Paradox des Lügners in der vereinfachten Form – »Dieser Satz ist falsch« – eingaben, war der Computer zu keiner eindeutigen Aussage fähig: Er pendelte in einem fort zwischen falsch und richtig hin und her und machte dabei nach Kalins Worten einen »Höllenradau«!

Das autoreferentielle Paradox, das auf den ersten Blick nur der Unterhaltung zu dienen scheint, ist oft schon Gegenstand ernsthafter Untersuchungen gewesen. Gardner zeigt, daß das Problem über die eigentliche Autoreferenz hinausgeht. Nehmen wir zum Beispiel Plato und Sokrates. Plato sagt: »Der nächste Satz von Sokrates wird falsch sein.« Und Sokrates antwortet: »Plato sagt die Wahrheit.« Vereinfacht dargestellt ergibt das folgendes: Satz A: »Satz B ist falsch« und Satz B: »Satz A ist richtig.« Ist Satz A richtig, dann ist Satz B falsch; ist aber B falsch, ist zwangsläufig auch

A falsch. Nehmen wir an, A ist falsch; das impliziert, B ist richtig. Ist B jedoch richtig, läßt das nur den Schluß zu, auch A ist richtig; das wiederum widerspricht der Aussage, von der wir ausgegangen sind. Diese Kette der Beweisführung läßt sich endlos fortsetzen. Fazit: Welchen Wahrheitsgehalt man einem beliebigen dieser Sätze auch zugestehen mag, er steht im Widerspruch zu den übrigen; und obgleich sich keiner auf sich selbst bezieht, bilden sie im Verbund einen sogenannten Kettenschluß; die unbeschränkte Anwendung von Kettenschlüssen führt zum Paradox, womit wir wieder am Ausgangspunkt wären. Man kann die beiden Sätze angehen, wie man will: Dem Widerspruch entkommt man nicht.

Anschaulich dargestellt wird das Problem am Beispiel der Visitenkarte. Ein englischer Mathematiker namens P. Jourdain habe es ersonnen, erzählt Gardner. Man nehme eine Karte und schreibe auf die eine Seite: »Der Satz auf der anderen Seite ist wahr« und auf die andere: »Der Satz auf der anderen Seite ist falsch.«

Die griechischen Philosophen haben das Problem der reinen Logik in eine spitzfindige Geschichte verpackt. Ein Krokodil schnappte sich einmal einen Säugling und sagte zur Mutter:

»Was denkst du, werde ich dein Kind fressen oder nicht? Antworte ehrlich, und ich werde es dir unversehrt zurückgeben!«

»Fressen wirst du sie, meine arme kleine Odile!«

Da meinte das Krokodil: »Was mach' ich bloß? Gebe ich dir dein Kind zurück, hast du gelogen, und ich hätte es auffressen müssen. Fresse ich es aber, hast du die Wahrheit gesagt, und ich hätte es dir unversehrt zurückgeben müssen.«

Zu guter Letzt ließ das Tier die Kleine fallen, so verwirrt und ratlos war es. Die Mutter packte ihr Kind und rannte davon.

»Verdammt«, dachte das Krokodil, »hätte sie doch bloß gesagt, ich würde es ihr wiedergeben, dann hätte ich wenigstens eine leckere Mahlzeit gehabt.«

In der Tat: In diesem Fall kann das Krokodil das Kind fressen oder zurückgeben, ohne daß ein Widerspruch erzeugt würde. Läßt es das Kind frei, hat die Mutter die Wahrheit gesagt und das Krokodil Wort gehalten. Ist es ein böses Krokodil, kann es das Kind fressen; dann hätte die Mutter gelogen, was ihm das Recht gäbe, das Kind zu behalten. Die richtige Antwort war also nicht die naheliegendste, sondern die scharfsinnigste.

In *Don Quijote* gibt es ein Land mit einem seltsamen Gesetz. An der Grenze wird jeder Besucher gefragt:

»Warum kommt Ihr hierher?«

Sagt der Reisende die Wahrheit, ist alles in Ordnung. Lügt er, wird er gehenkt. Eines Tages nun antwortet ein Reisender: »Um gehenkt zu werden!«

Die Soldaten sind genauso verblüfft wie das Krokodil. Hängen sie den Mann nicht, so hat er gelogen und müßte dafür gehenkt werden; knüpfen sie ihn aber auf, so hat er die Wahrheit gesagt und hätte den Tod nicht verdient.

Die Episode in Kapitel 51 des Romans von Cervantes endet mit einem weisen, milden Urteil des Gouverneurs der Insel, Sancho Pansa, der geschworen hat, das eigenartige Gesetz zu achten. Es kann aber in diesem besonderen Fall nicht angewendet werden, ohne daß dagegen verstoßen würde!

Wer hätte gedacht, daß das autoreferentielle Paradox des Epimenides von Kreta, der im 6. Jahrhundert v. Chr. lebte, im 20. Jahrhundert wieder auftauchen und eine Wende in der mathematischen Logik (Russel und Gödel) einleiten würde. Und nicht nur das. Gregory Bateson sieht in diesem Paradoxon einen der Auslöser von Schizophrenie: gemeint ist der Begriff des *double bind*-Verhaltens. Für George Spencer-Brown bildet das Paradox die Grundlage des Wissens überhaupt, für den Philosophen René Girard den Mittelpunkt der Zivilisationen und Kulturen, den Ursprung des Religiösen. Wieder andere, wie der Biologe René Atlan, sehen darin das einigende Prinzip einer Kreisbewegung; und sein Kollege Francisco Varela benutzt den Begriff für seine Untersuchungen über Autoorganisation.

Eine wahre Flut von bedeutenden wissenschaftlichen Arbeiten rückte das autoreferentielle Paradox in den Mittelpunkt fruchtbarer Betrachtungen zu allen Lebensbereichen. Darunter sind die Beiträge zur Schizophrenie vielleicht die erstaunlichsten. Diesen Krankheitstyp, der sich unter anderem in unzusammenhängendem Denken, Störungen des Gefühlslebens und Persönlichkeitsspaltung äußert, vom Standpunkt der mathematischen Logik aus betrachten zu wollen, erscheint zunächst als reichlich gewagt. Und doch ...

Da ist ein Mensch, der keinen Kontakt zu seinen Mitmenschen sucht, der aber, um ihnen das verständlich zu machen, notgedrungen Kontakt zu ihnen aufnehmen muß. Anders ausgedrückt: Wie soll man mitteilen, daß man sich nicht mitzuteilen wünscht? Oder nehmen wir den Psychotherapeuten, der seinem Patienten, einem allem und jedem gegenüber mißtrauischen Paranoiker, mit den Worten »Sehen Sie sich vor!« eine Falle stellt. Soll sich der Patient auch vor demjenigen in acht nehmen, der ihm zur Vorsicht rät? Lautet die Antwort nein, wird er sein Mißtrauen aufgeben; lautet sie ja, muß er sich davor hüten, sich in acht zu nehmen – was ebenfalls darauf hinausläuft, daß er sein Mißtrauen aufgibt.

Bateson behauptet, ein solches Paradox könne mit Hilfe der von Alfred Whitehead und Bertrand Russell entwickelten mathematischen Logik aufgelöst werden. In ihrer berühmten *Principia mathematica* stellen die beiden den Lehrsatz auf, eine Menge kann nicht in sich selbst enthalten sein, und das bedeutet, alle in sich widersprüchlichen Mengen fallen weg. Bateson weist darauf hin, daß ganz offensichtlich eine mangelnde Unterscheidungsfähigkeit zwischen Objektsprache und Metasprache vorliegt (wenn man über Dinge – Objekte – spricht, spricht man in der Objektsprache; wenn man über die Objektsprache spricht, spricht man in der Metasprache). »Ich will nicht reden«, ist eine objektsprachliche Aussage. Eine metasprachliche Aussage wäre eine Aussage über die Weigerung zu reden. »Ich meta-äußere mich darüber, daß ich mich nicht äußern will.« Bateson leitet daraus nun die Definition der Schizophrenie ab: das Unvermögen, zwischen den beiden Sprachebenen zu unterscheiden, zu meta-kommunizieren. Ein an Schizophrenie Leidender nimmt jede Nachricht, die er sendet oder empfängt, *wörtlich*. So wie jemand, der eine Metapher nicht als Bild, als Wort mit übertragener Bedeutung begreift, sondern im eigentlichen Wortsinn.

Beim Studium von Gardners Buch kam ich aus dem Staunen gar nicht mehr heraus. Er hat mir den Kopf ganz schön durchgepustet! Und das war noch längst nicht alles. Auf die Paradoxe der Zeit – angefangen von jenem, das den Philosophen Zenon beschäftigte, bis zur Zeitumkehr – will ich gar nicht eingehen. Die meisten stehen in Zusammenhang mit Lehrsätzen der Mathematik, der relativistischen Physik oder der Quantenmechanik.

Ein letztes kleines Beispiel möchte ich dennoch anführen. Ersonnen hat das Problem Lewis Carroll – der Autor von *Alice im Wunderland* –, mit bürgerlichem Namen Charles Dodgson, Mathematikprofessor am Christ Church College in Oxford und Liebhaber von Paradoxen. Frage: Welche Uhr funktioniert besser – die, die täglich eine Minute nachgeht, oder die, die überhaupt nicht geht? Antwort: Die Uhr, die täglich eine Minute nachgeht, zeigt alle zwei Jahre einmal die richtige Zeit an. Denn: Wenn sie eine Minute täglich nachgeht, zeigt sie die genaue Zeit nach einem Verlust von insgesamt zwölf Stunden an, also nach 60 x 12 = 720 Tagen. Hingegen zeigt die Uhr, die stehengeblieben ist, zweimal innerhalb von 24 Stunden die korrekte Zeit an. Nicht schlecht, oder?

Martin Gardners Buch über das wahre Verständnis der Mathematik quillt über vor besonders vertrackten Problemen, die mit Hilfe eines bestimmten Denkvorgangs, dem kreativen Denken, zu lösen sind. In der Einleitung zählt der Autor die Fragen auf, die immer zuerst geklärt werden müssen:

1. Läßt sich das Problem vereinfacht darstellen?
2. Gibt es zum vorliegenden Problem ein isomorphes – gleichwertiges – einfacheres?
3. Läßt sich ein Algorithmus – ein Rechenvorgang

nach einem bestimmten Schema – zur Lösung des Problems anwenden?
4. Läßt sich ein Theorem aus einem anderen Gebiet der Mathematik anwenden?
5. Läßt sich das Ergebnis mit Hilfe von Beispielen und Gegenbeispielen überprüfen?
6. Enthält die Aufgabenstellung Elemente, die nicht zur Lösung beitragen, sondern nur der Irreführung dienen?

Die Versuchung, die Lösung mathematischer Probleme nur noch dem Computer anzuvertrauen, sei groß, schreibt Gardner. Der Computer ist in der Lage, eine Aufgabe in Sekundenschnelle zu lösen, aber:

- Ein gutes Programm zu schreiben und sämtliche Fehler zu eliminieren erfordert einen großen Zeitaufwand;
- Voraussetzung für die Erstellung solcher Programme sind nicht wenige Aha-Erlebnisse;
- die richtige Intuition ersetzt oft das beste Programm!

Gardner warnt daher vor allzugroßer Bequemlichkeit, die irgendwann mit geistiger Trägheit und dem Verlust der schöpferischen Phantasie enden werde. Dieser traurigen Tendenz entgegenzuwirken, unsere geistige Beweglichkeit zu trainieren sei das Hauptanliegen seines Buches. Ich muß sagen, er ist seinen Ansprüchen gerecht geworden, und das obendrein mit sehr viel Humor.

Beginnen wir mit der »Steak-Strategie«. Angenommen, Sie haben einen Grill, auf dem Sie höchstens zwei Steaks gleichzeitig braten können. Wie fangen Sie es an, drei Steaks gleichzeitig zu braten. Wie fangen Sie es an, drei Steaks bei einer Bratzeit von, sagen wir, drei Minuten pro Seite so schnell wie möglich zu braten?

Die simple Antwort: Man brät erst die ersten beiden Steaks, also 3 Minuten x 2 = 6 Minuten; dann das dritte Steak, das sind noch einmal 3 Minunten x 2 = 6 Minuten; macht insgesamt 12 Minuten.

Die schlaue Antwort: Bezeichnen wir die Steaks mit den Buchstaben A, B und C und die Seiten des Steaks mit den Zahlen 1 und 2. Erst werden A1 und B1 gebraten – 3 Minuten. Dann nimmt man Steak B vom Grill, legt Steak C auf und brät A2 und C1 – 3 Minuten. Steak A ist jetzt fertig. Bleiben noch B2 und C2 – 3 Minuten. Macht insgesamt 9 Minuten!

Das Aha-Erlebnis in diesem Fall ist die Erkenntnis, daß die zweite Seite eines Steaks nicht unmittelbar nach der ersten gebraten werden muß. Die Aufgabe fällt in das Gebiet der Kombinatorik, die wiederum jenem Zweig der modernen Mathematik zugerechnet wird, den man Optimierung nennt. Ihre praktische Anwendung findet die Optimierung in den Bereichen Wirtschaft, Industrie, Logistik u. a. m.

Die nächste Aufgabe: Paul und Hélène fahren mit dem Kanu flußaufwärts. Paul hat es sich bequem gemacht. Hélène paddelt wie eine Wilde. Um 14 Uhr nimmt sie ihren neuen Hut ab und legt ihn hinter sich. In der nächsten Sekunde wird er von einem Windstoß davongetragen. Hélène bemerkt den Verlust erst nach drei Kilometern. Sie drehen um und fahren flußabwärts, um den Hut zu suchen.

Frage: Wenn das Kanu mit einer Geschwindigkeit von 6 km/h fährt und der Fluß mit einer gleichbleibenden Geschwindigkeit von 2 km/h fließt, um wieviel Uhr wird Hélène dann ihren Hut wiederfinden?

Antwort: Um 15 Uhr. Vorsicht Falle: Die Strömungsgeschwindigkeit des Flusses – 2 km/h – braucht nicht beachtet zu werden, weil sie für den Hut ebenso wie für das Kanu gilt. Weiter: Das Kanu entfernt sich 3 km vom Hut, fährt dann die 3 km wieder zurück, macht insgesamt 6 km. Und da das Kanu mit einer Geschwindigkeit von 6 km/h fährt, dauert die Fahrt insgesamt eine Stunde. Um 14 Uhr hat Hélène ihren Hut verloren, eine Stunde später findet sie ihn wieder. Genial, nicht wahr?

Und jetzt die Geschichte mit der Telefonnummer.

Angenommen, Sie haben eine neue, achtstellige Telefonnummer, die noch nicht im Telefonbuch steht. Sie schlagen einem Freund vor, sie zu erraten, indem er Ihnen Fragen stellt, auf die Sie nur mit ja oder nein antworten. Wie viele Fragen muß er Ihnen stellen, um die Nummer herauszufinden? Und wie lange braucht er ungefähr dazu?

Antwort: Er muß maximal 27 Fragen stellen und braucht dazu (sofern er einen Taschenrechner benutzt) höchstens eine Minute.

Der Schlüssel zur Lösung liegt in der »binären Suche«, einem Begriff aus der Datenverarbeitung, im Grunde nichts anderes als ein Algorithmus, der davon ausgeht, daß eine Frage genügt, ein Element einer Menge von 2 hoch 1 = 2 Elementen zu bestimmen. Zwei Fragen genügen für eine Menge von 2 hoch 2 = 4 Elementen; drei Fragen für eine Menge von 2 hoch 3 = 8 Elementen; vier Fragen für eine Menge von 2 hoch 4 = 16 Elementen. Allgemein ausgedrückt: Um ein Element in einer geordneten Menge von 2 hoch n Elementen zu bestimmen, müssen n Fragen gestellt werden. Zur Ermittlung unserer Telefonnummer genügen 27 Fragen, um jede Zahl zu bestimmen, die kleiner als oder annähernd gleich wie 2 hoch 27 = 134 217 728 ist. Diese Zahl ist größer als 99 999 999, die größte achtstellige Zahl. 26 Fragen hätten nicht gereicht, weil 2 hoch 26 = 67 108 864, und diese Zahl ist kleiner als 99 999 999.

Die erste Frage müßte also lauten: Ist die Zahl größer oder kleiner als 134 217 728 : 2 = 67 108 864? Da die Antwort die Zahl der Möglichkeiten durch die Teilung durch 2 um die Hälfte reduziert, wird Ihr Freund nach 27 Fragen die korrekte Telefonnummer herausgefunden haben.

Machen Sie Ihrem Freund einen Vorschlag: Sagen Sie ihm, er soll einen Tennisball so werfen, daß er eine kurze Strecke zurücklegt, an einem Totpunkt anlangt, umkehrt und zum Ausgangspunkt zurückkommt; er darf ihn jedoch nicht zum Beispiel von einer Mauer abprallen lassen, nicht mit einem Gegenstand schlagen, nicht mit etwas festbinden und auch nicht eine Steigung hinaufstoßen.

Wie er das machen soll? Ganz einfach: Er braucht ihn nur senkrecht in die Luft zu werfen und wieder aufzufangen.

Noch zwei kleine Fangfragen zum Schluß. Welches Wort schreiben alle Lehrer falsch? Nun, »falsch«! Oder: Was für eine Farbe hat der Schimmel von Heinrich IV ...?

Gleichgültig, um welches Gebiet es sich handelt, Kombinatorik, Arithmetik oder Methodik, die kniffligen Fragen und verzwickten Aufgaben stimulieren die Neuronen – manchmal sogar so sehr, daß sie ganz aus dem Häuschen geraten!

Gardners Bücher wirkten auf mich ungemein anregend. Sie lösten einen Kitzel aus, einen prickelnden

Reiz, der ein Gefühl tiefer Zufriedenheit zurückließ. *Thank you, Mr. Gardner!*

Das Studium dieser Werke half mir ganz entscheidend bei meinen kleinen Forschungsarbeiten, zum Beispiel über die Zahlentheorie, eine neue Gruppentheorie oder über leere Mengen. Es war echt das höchste für mich.

Der Sommer 1987 war ein herrlicher Sommer. Der mathematische Geist war in mich gefahren, und ich schwebte glückselig in den Wolken. Die Natur schien sich mit mir zu freuen, ihre Pracht und ihre Fülle gaben mir Auftrieb, und ich ließ mich treiben, wohin meine Phantasie mich führte.

Während ich also vor Glück förmlich abhob, drückte meine Eltern die Sorge um meine Zukunft. Ich war zuversichtlich, was meinen weiteren Weg betraf, aber da war ich der einzige. Wir bekamen eine schlechte Nachricht nach der andern, und ich merkte, wie Jaonas und Dadous Moral sank.

Von öffentlicher Hand war keine Hilfe zu erwarten; unsere Anträge wurden entweder gar nicht oder mit einem lakonischen »Ihr Vorgang wird bearbeitet« beantwortet. Die ach so dynamischen Unternehmer hielten sich ebenso zurück wie die diversen Stiftungen und Förderwerke. Zu allem Unglück war das Projekt, das meine Eltern hatten aufziehen wollen, endgültig gescheitert. Düstere Aussichten, wohin wir auch schauten …

Dadou war böse auf die ganze Welt. Es tat mir in der Seele weh, sie so leiden zu sehen, aber ich sagte nichts. Sie wußte, was ich fühlte, und meine stille Anteilnahme half ihr in gewisser Weise.

Mein Vater war völlig am Boden zerstört. Die drükkende Hitze, die Ratlosigkeit, die Angst um meine Zukunft, das alles war zuviel für ihn. Er war nur noch ein Schatten seiner selbst. Entsetzliche Schuldgefühle quälten ihn, er machte sich bittere Vorwürfe. Was sollte aus mir werden?

Für Dadou, die das Kommando auf unserem sinkenden Schiff übernahm, gab es nur eine Lösung: auf nach Paris!

Doch unser Start ins neue Leben war nicht besonders glücklich.

TEIL III

Trübe Aussichten

1

Wir waren sehr allein. Monsieur und Madame Pédelabat, unsere Vermieter, zeigten viel Verständnis; wir einigten uns darauf, das Mietverhältnis zum 31. Oktober zu beenden. Die beiden versäumten keine Gelegenheit, uns Mut zuzusprechen.

»Sie haben das nötige Zeug zum Erfolg, und Sie werden es auch schaffen. Sie brauchen bloß ein kleines bißchen Glück«, sagte Monsieur Pédelabat einmal.

Sein Zuspruch richtete uns auf, vor allem Jaona, der an sich selbst zu zweifeln begonnen hatte. Und wir brauchten ihn doch, brauchten seine ganze Kraft.

Abends drehte ich eine halbe Stunde meine Runden auf der Aschenbahn im Stadion, über dem eine gespenstische Stille lag.

Dadou kümmerte sich um die Unterbringung unserer Möbel. Etwa auf halber Strecke zwischen Thèze und Pau stand eine Lagerhalle, wo wir sie unterstellen konnten. Die Aktion war für den 26. Oktober vorgesehen, und Dadou mietete einen Kleinlastwagen für den Transport.

Wir mußten zweimal fahren. Die erste Fahrt, so gegen 16 Uhr, unternahmen meine Eltern allein; zwei Stunden später wollten sie zurücksein und mich und den Rest abholen. Ich saß mutterseelenallein zwischen unseren Sachen unter dem Vordach; die Villa war vollständig ausgeräumt. Ich war furchtbar niedergeschlagen. Unser Auszug kam mir wie das Eingeständnis unserer Niederlage vor; er erinnerte mich an die alten Fotos von Flüchtlingen, die mit Hab und Gut vor den Schrecken des Krieges flohen.

Das Möbellager war ein schlichter, zweckmäßiger Bau, aber der Besitzer machte einen freundlichen, vertrauenerweckenden Eindruck. Und das war gut so, denn mit unseren Möbeln blieb auch ein Stück von uns zurück.

Wir brachten den Kleinlastwagen zurück und stiegen in den R5 von Maria Helena B. um, meiner Tutorin, die uns eine gute Freundin gewesen war. Das kleine Auto ächzte unter der Last seiner Passagiere und unseres Gepäcks. Ich hatte ein paar Mathebücher mitgenommen, meinen Fußball und die Fußballschuhe sowie einige Blueskassetten.

Die Stimmung in Maria Helenas Wohnung war gedrückt, die Unterhaltung einsilbig. Wir vertrauten unserer Freundin einige wertvolle Dinge zur Aufbewahrung an, und dann fuhr sie uns zum Bahnhof.

Die letzten Minuten in Pau waren unendlich traurig. Als es Abschied nehmen hieß, las ich in Maria Helenas schwarzen Augen tiefe Besorgnis. Unsere Zukunftsaussichten stellten sich düster dar, und Maria Helena hatte Angst um mich, Angst um uns.

Am anderen Morgen, als wir in Paris-Austerlitz aus

dem Zug stiegen, waren wir zwar völlig erledigt, aber nichtsdestoweniger froh, die erste Etappe bewältigt zu haben. Vom Bahnhof fuhren wir direkt zu Jaonas Onkel mütterlicherseits, der mit Frau und drei Kindern im zweiten Stock eines kleinen Mietshauses in Alfortville wohnte. Dort würden wir vorläufig unterkommen. Randry und Rahely bereiteten uns einen Empfang »auf madegassisch«: einfach und herzlich.

Ganz besonders freuten sie sich, endlich Dadou kennenzulernen; mich kannten sie bereits von einem Besuch im Jahr 1980. Sie beglückwünschten mich zur bestandenen Prüfung. Ihre drei Kinder nahmen mich von der ersten Minute an unter ihre Fittiche. Randry, der bereits seit mehr als zwanzig Jahren im Pariser Raum lebte, konnte uns viele nützliche Tips geben. Er hatte sich auch schon nach einer Wohnung und nach Arbeit umgesehen, insbesondere nach einer Stelle als Krankenschwester für Dadou.

Für meine Mutter jedoch hatte ein anderes Problem Vorrang: die Klärung meines weiteren Ausbildungswegs. Ich hatte praktisch nichts mitgenommen außer einem Heft, einem Mathelehrbuch für die Unterprima, einem Taschenrechner und einem Federmäppchen. An Arbeiten war ohnehin nicht zu denken. Tagsüber gab es tausend Dinge in Paris zu erledigen, und abends drängten wir uns zu acht in einer Wohnung, die für fünf Personen gedacht war.

Dadou war nach wie vor der festen Überzeugung, das Kultusministerium werde doch noch reagieren und mir in irgendeiner Form helfen. Sie dachte an die Einrichtung einer Abteilung, bei der man freischaffende Lehrkräfte, sei es aus dem Bereich Lehre, sei es aus dem Bereich Forschung, nach Bedarf anfordern könne. Sie hatte bereits in Thèze diesbezüglich ihre Fühler ausgestreckt. Das Echo aus dem Ministerium war zwar schwach, aber immerhin positiv gewesen. Ein kleiner Hoffnungsschimmer am grauen Horizont …

Dadou hatte sich im Juli schriftlich ans Ministerium gewandt und seitdem in regelmäßigen Abständen immer wieder angerufen, um sich nach dem Stand der Dinge zu erkundigen. Die klassische Antwort lautete: »Ihr Vorgang wird bearbeitet.« Am 19. Oktober schließlich wurde sie mit Jean-Claude S. verbunden, einem Beamten der Abteilung für höhere Schulen. Im Gegensatz zu ihren vorherigen Gesprächspartnern brachte dieser Herr Verständnis für meine Situation auf. Er forschte nach dem Verbleib meiner Akte und hatte, nachdem er sie studiert hatte, auch gleich eine Lösung parat: ein Fernstudium, wie es vom Centre national de l'éducation à distance, dem Nationalen Fernlehrinstitut, angeboten wurde. Für meine Eltern kam das aber nicht in Betracht, da ihrer Meinung nach der persönliche Kontakt zwischen Lehrern und Schülern durch nicths zu ersetzen war. Jean-Claude S. erwog auch die Möglichkeit, ein Projekt ins Leben zu rufen, das Lehrbeauftragte der Universität als Lehrkräfte nach Bedarf einsetzte. Hoffnungsvoll, nicht allzusehr, aber immerhin, suchten wir Monsieur S. in seinem Büro Rue de Grenelle auf.

Wir fanden einen Mann vor, wie man ihn gern öfter in Ämtern und Behörden sehen würde. Er vereinte Höflichkeit, Aufmerksamkeit, die Fähigkeit zu scharfsinniger Analyse und rascher Synthese, Entschlußkraft und Unternehmungsgeist in sich. Sicher, es war sein Job, Lösungen für Probleme wie das unsrige zu suchen, aber im Gegensatz zu den meisten seiner Kollegen nahm er diese Aufgabe sehr ernst.

Die Frage war, ob sich Hochschullehrer fänden, die bereit wären, mich in den wichtigsten Fächern – Mathematik, Naturwissenschaften, Französisch, Englisch – zu unterrichten. Wir warteten gespannt auf die Reaktionen auf das Vorhaben von Jean-Claude S.

In der Zwischenzeit blieb ich freilich nicht untätig.

Wir wohnten eine Woche bei Jaonas Onkel, als eine seiner Schwestern uns vorschlug, doch zu ihr, ihrem Mann und ihrer kleinen Tochter zu ziehen, bis wir etwas Passendes gefunden hätten. Ihre Wohung biete genug Platz für uns alle. Wir nahmen das Angebot an.

Das Haus lag an der Straße nach Melun, ungefähr dreißig Kilometer außerhalb von Paris. Trotz der Entfernung fuhr ich jeden Tag in die Stadt, entweder in Begleitung oder – nach einer Generalprobe, bei der Dadou mir in einigem Abstand gefolgt war – allein. Das war fast schon eine Weltreise für einen kleinen Jungen aus der Provinz!

Ich ging zu »Jeunes vocations«, einem Verein, der Mittwoch und Samstag nachmittags Kurse für hochbegabte Kinder abhielt. Voraussetzung für die Teilnahme war ein IQ über 125. Die Veranstaltungen waren zwar nicht besonders spektakulär, aber immer noch besser, als sich daheim zu Tode zu langweilen.

Einiges gefiel mir jedoch gar nicht.

Zunächst einmal wurden die Kinder nach Alter und nicht nach Wissensstand eingeteilt. Meine Eltern hatten aber immerhin durchgesetzt, daß ich zu den Elfjährigen kam. Und die nahmen das Ganze sehr lokker. Sie betrachteten die Veranstaltung offensichtlich als Freizeitvergnügen und machten nichts als Unsinn. An dem größtenteils anspruchsvollen Angebot der Organisatoren zeigten sie wenig Interesse. Ich konzentrierte mich in dem lauten Durcheinander so gut es ging auf den Unterricht. Insbesondere die Vorlesungen über Poesie, an denen sich außer mir niemand zu beteiligen schien, fesselten mich. Eines Tages bat der Lehrer uns, aus dem Stegreif ein Sonett zu verfassen. Ich schrieb folgendes:

»Ich ruhe in der Nacht unterm Blätterdach,
Das beschienen von des Mondes silbrigem Schein.
Stille herrscht in den Hügeln aus Sand so fein,
Jedes Geräusch sich störend bemerkbar macht.

Im heißen Sand hab' mein Bett ich gemacht,
Vom Instinkt geleitet, nicht vom Verstand allein,
Das Aufwachen nimmt mich nicht für sich ein,
Meinen Unmut mag teilen, wer ähnlich gedacht.

Oder ist es der ewige Schnee, der sich tarnt
Und verbirgt unterm hellen, braunen Gewand
Und den Allmächtigen quält wie die Pest?

Cremiges, glänzendes, blendendes Weiß,
nicht beschmutzt von Würmern oder Geschmeiß,
Egal, an meinen Träumen halte ich fest.«

In der nächsten Stunde, als das Kichern und Schwatzen wieder einmal kein Ende nehmen wollte, trat der Lehrer vor die Klasse hin und schleuderte ihr wütend, fast verächtlich entgegen:

»Nehmt euch lieber mal ein Beispiel an Arthur! Mit seinen Gedichten können eure nicht konkurrieren!«

»Kein Wunder«, gab einer meiner ›Kameraden‹ zurück, »die schreibt ja auch sein Vater.«

Ich ließ mich nicht aus der Ruhe bringen durch ihre Bemerkungen und ihr höhnisches Grinsen. Aber als ich den Vorfall meinen Eltern erzählte, sank ihre ohnehin bereits gedrückte Stimmung noch mehr. Sie freuten sich immer über meine Gedichte.

»Danke, Arthur«, sagte Dadou, »du machst uns eine große Freude mit deinen Versen. Im Augenblick können wir jede Aufheiterung gebrauchen.«

Am 5. Dezember 1987 schrieb ich eine Ballade für die nächste Poesiestunde am darauffolgenden Mittwoch:

»Gemarterter Engel, das Auge vom Splitter
durchbohrt,
Im Nebel der Lügen der Herrgott entschwindet,
In schwammigen Grund Gerechtigkeit sinket,
Des Teufels Verrat, schleichend und lautlos,
Stumm wie die Stille nach dem Trompetenstoß.

Der finstre Geselle, gräßlich und schwarz
wie ein Schlot,
Abgrundtief böse, bedrohlicher noch in Träumen
sich findet,
Er packt ihn und stößt ihn hinab, so er ertrinket,
Und der Engel, entbeint, sich windet und wälzt
in der Not,
Stumm wie die Stille nach dem Trompetenstoß.

Eine teuflische Hand ist's, die ihn schmort
Überm Feuer, das eifrig geschürt wird und glüht,
Ein übler Geruch von Ambra den Raum
durchzieht,

Und das Silber, harmonischer Gegensatz,
schimmert und glost,
Stumm wie die Stille nach dem Trompetenstoß.

Des Herrn liebstes Boot, der dumme Wind
reißt es fort
Und übernimmt das Kommando, ohne ein Wort,
Stumm wie die Stille nach dem Trompetenstoß.«

Poesie war für mich mehr als ein Hort der Zuflucht in düsteren Zeiten. Ich liebte das Spiel mit den Wörtern, die Suche nach dem Einklang zwischen ihrem Sinn und ihrem Klang, diese Augenblicke innerer Einsamkeit, aber einer heiteren Einsamkeit, einer fast sinnlichen Lust. Die Wörter, die Bilder aufzuspüren, die exakt das ausdrücken, was man empfindet, ist eine zutiefst befriedigende Tätigkeit, entspannend und befreiend, wie mein Vater sagen würde. Von ihm kam die Anregung, Verse zu schreiben. Frei nach Philippe d'Entremont lautete die Regel, die er mir mit auf den Weg gab: »Wahre Dichtkunst ist, die Schrift mitreden zu lassen.«

Wir gingen regelmäßig nach Beaubourg: Die Bibliothek im Centre Pompidou stellte unser Hauptquartier dar während unserer Besuche in Paris.

Dort fand jeder von uns etwas, womit er sich beschäftigen konnte: Lesestoff, musikalische Unterhaltung, Videos, Ausstellungen und sogar Sprachkurse. Trotz langer Schlangen vor dem Sprachlabor absolvierte ich einen vollständigen Englischkurs. Man mußte viel Geduld aufbringen, so groß war der Andrang. Andererseits hatte dieser Wissensdurst, der Menschen aus der ganzen Welt hier zusammenführte, auch etwas Bewegendes.

Eines Samstag nachmittags setzte sich eine Gruppe Unterprimanerinnen an meinen Tisch. Sie staunten, als sie ein Mathelehrbuch der Sekunda vor mir liegen sahen. Dann erkannten sie mich. Ich sei doch der Junge, der mit neuneinhalb die Mittlere Reife gemacht habe. Ich konnte es schlecht leugnen. Wir machten uns miteinander bekannt, und sie fragten mich, ob ich ihnen nicht bei ihren Matheaufgaben helfen könnte. Sie waren so erfreut über den unverhofften Glücksfall, daß sie mir allen Ernstes ein Treffen am darauffolgenden Samstag vorschlugen, damit ich wieder ihre Aufgaben für sie löste. Die hatten wirklich Nerven! Nett waren sie ja, aber ein bißchen aufdringlich für meinen Geschmack.

Das Kulturzentrum war für mich eine Art Zufluchtsort: Hier hatte ich alles, was ich brauchte, und gemütlich warm war es obendrein. Draußen war es nämlich bitterkalt. Deshalb fesselte mich auch die Vorstellung eines Straßenkünstlers draußen auf dem Platz so: Mit nacktem Oberkörper und kahlrasiertem Schädel – wie ein mongolischer Krieger – ließ er seine beachtlichen Muskeln spielen, führte Kraftakte vor und bot den Zuschauern kühne Wetten an. Normalerweise kann ich mich nicht für derlei Darbietungen begeistern, aber dieser eigenartige Hüne bewegte sich mit bewundernswerter Anmut, und in seinen sanften und doch lebhaften Augen leuchtete ein Hoffnungsschimmer, der etwas tief in mir berührte, so als hätte ich eine verwandte Seele erkannt.

Nach der Vorstellung war er vor Anstrengung schweißüberströmt und ganz außer Atem. Schwer schnaufend ging er mit einem Teller in der Hand reihum. Ich bat meine Eltern um ein paar Münzen. Als ich sie ihm in den Teller legte, bedankte er sich, strich mir mit seiner riesigen Pranke übers Haar und gab mir einen herzhaften Kuß auf beide Wangen.

Das war einer der bewegendsten Augenblicke meines Lebens. Ich war sehr stolz, daß er mich ›mein Freund‹ genannt hatte. Wir waren Brüder geworden, er und ich. Meine Eltern beobachteten die Szene gerührt.

2

Einige Leute wollten uns helfen, uns eine Wohnung oder Arbeit besorgen oder sich um meine Weiterbildung kümmern. Aber ihre Bemühungen fruchteten entweder wenig oder gar nicht.

Da war zum Beispiel dieser dynamische Mathematikprofessor von der Uni – nennen wir ihn Norbor –, der uns anbot, uns seine Wohnung für unbestimmte Zeit zu überlassen. Uns blieb die Spucke weg vor Bewunderung und Dankbarkeit. Und als er mit uns nach Belleville fuhr, wo wir künftig wohnen sollten – wir kannten das Viertel nicht –, schlug unsere leise Hoffnung in Euphorie um.

Es war schon dunkel, und es regnete in Strömen, als wir von Norbors Büro wegfuhren. Unterwegs dachte er laut über unsere Situation nach. Einer seiner »genialen« Einfälle war, mich in der Firma, die er leitete – seine zweite Beschäftigung –, in Datenverarbeitung zu unterweisen; die entsprechende Abteilung verfüge über geschultes Personal und einen hohen technischen Standard.

Da ihm meine persönliche Entwicklung sehr am Herzen liege, erklärte er sich bereit, mir gelegentlich Mathematikunterricht in Form einer Diskussion über ein beliebiges Gebiet wie zum Beispiel Analysis zu erteilen; dadurch sollte meine Neugier geweckt und meine Kreativität gefördert werden. Ich lebte auf, als ich die magischen Worte Mathematik, Datenverarbeitung, Diskussion, Kreativität hörte. Das war zu schön, um wahr zu sein.

Und dann besichtigten wir unsere neue Wohnung: ein Schlafzimmer mit zerbrochenen Fensterscheiben, die Fensterläden fehlten; ein Wohnzimmer mit einem Zementfußboden; in der Wand gegenüber der Haustür, die sich nicht schließen ließ, klaffte ein Loch von zwei auf zwei Metern, durch das man auf ein verwildertes Grundstück gelangte. Unsere Begeisterung kühlte im Nu ab. Norbor nahm es uns nicht übel.

Auf dem Heimweg brachen wir trotz unserer gedrückten Stimmung in schallendes Gelächter aus, als wir an den »Granateneinschlag« in der Mauer von Norbors »Villa« dachten. Nichts versinnbildlichte sein offenes Wesen besser als dieses Loch ...

Norbor ließ nie wieder von sich hören. Kein Unterricht in Datenverarbeitung, keine mathematischen Diskussionen. Enttäuschung auf der ganzen Linie ...

Endlich erhielten wir Nachricht vom Ministerium. Der Vorstoß von Jean-Claude S. in bezug auf den Einsatz von Hochschullehrern für meine Unterrichtung war erfolglos gewesen. Als er uns in seinem Büro empfing, schien er über den negativen Bescheid seines Amtes genauso unglücklich wie wir. Das Projekt war in seinen Augen nicht nur gerechtfertigt, sondern stellte auch, vom pädagogischen Standpunkt aus betrachtet, ein interessantes Experiment dar. Ich glaube, er empfand die Ablehnung als persönliche Niederlage.

Er tat uns fast leid, so bekümmert war er. Wir hingegen hatten im Grunde nichts anderes erwartet; wir machten uns schon lange keine Illusionen mehr, was das Kultusministerium betraf.

Voraussetzung für die Lösung des Problems, das ich stellte, wäre zunächst einmal gewesen, im Namen der Chancengleichheit anzuerkennen, daß Kinder von ihren Anlagen und Fähigkeiten her verschieden sind und diese Tatsache im Bildungs- und Unterrichtswesen berücksichtigt werden muß. Vorrangige Aufgabe des Kultusministeriums ist nicht, wie man oft hört, Hunderttausenden von durchschnittlichen Schülern eine durchschnittliche Ausbildung zukommen zu lassen, sondern auf die individuellen Bedürfnisse des einzelnen einzugehen. Und im Gegensatz zu jenen 90 Prozent der französischen Kinder, die von der Vorschule an ins Schulsystem eingebunden sind, hatte ich den Staat bis dahin noch keinen Pfennig gekostet.

Dadou verkraftete die Enttäuschung über diese gleichgültige Haltung nur schwer. Sie hatte so fest mit Untersützung gerechnet, hatte geglaubt, man werde unserer berechtigten Forderung ein Mindestmaß an Interesse entgegenbringen. Aber sie hatte eben die mangelnde Flexibilität, die Passivität der Behörden unterschätzt.

Aufgeben kam jedoch für sie nicht in Frage. Sie beschloß, sich an eine höhere Stelle zu wenden, anstatt den umständlichen Dienstweg einzuhalten. Also pilgerten wir zum Kultusministerium in der Rue de Bellechasse, wo wir um eine Unterredung mit einem Referenten des Ministers bitten wollten.

Der Wachtposten behandelte uns, als hätte er gefährliche Terroristen vor sich, und versuchte uns den Zutritt zu verwehren. Zum Glück kam die Empfangsdame hinzu. Nachdem Dadou ihr den Sachverhalt erklärt hatte, schenkte sie mir ein strahlendes Lächeln und meinte, wir sollten doch so nett sein und unser Anliegen schriftlich formulieren; sie werde es mit dem Vermerk »dringend« weiterleiten.

Der Posten am Eingang warf uns verächtliche Blicke zu, als wir das Gebäude verließen. Er machte keinen Hehl aus seiner ausländerfeindlichen Haltung, und Jaona war schockiert.

»Seit über fünfundzwanzig Jahren lebe ich jetzt in Frankreich, aber so was ist mir noch nicht untergekommen!« empörte er sich.

Nie sei er aufgrund seiner Herkuft diskriminiert worden, gelegentlich habe man ihn eine Spur herablassend behandelt oder zu bevormunden versucht, doch das sei normal in einem Land mit kolonialer Vergangenheit, meinte er.

Und dann kam dieser Wachtposten mit seinen rassistischen Äußerungen. Er hätte sich keine ungünstigeren Zeitpunkt aussuchen können.

Während wir auf einen Termin im Ministerium warteten, vertrieb ich mir die Zeit in der Bibliothek im Centre Pompidou, und meine Eltern setzten die Suche nach Wohnung und Arbeit fort.

Mit ihrem schon recht runden Bauch war es für Dadou schwer, eine Stelle als Krankenschwester zu finden. Ein bißchen wehmütig erzählte sie mir, wie sie damals, als ich unterwegs war, ihren Bauch unter einem Pullover versteckt hatte. Diesmal klappte der Trick nicht. Die Situation war eine andere. Dadous Verfassung auch. Sie litt unter Depressionen und Erschöpfungszuständen, klagte, sie habe einfach nicht mehr die Kraft zu kämpfen. Ihre Reserven waren aufgebraucht. Die Hilflosigkeit angesichts der zahlreichen Rückschläge und unserer schwierigen finanziellen Lage empfand sie als immer unerträglicher. Sie weinte oft, scheinbar ohne jeden Grund. Manchmal brach sie mitten auf der Straße in Tränen aus, so als ließe sich der Schmerz nicht länger unterdrücken. Natürlich machte sie sich auch Sorgen wegen des Babies, das sie erwartete.

Jaona und ich versuchten sie zu trösten und gaben ihr all unsere Liebe, aber sie war am Ende. Ich hätte nie gedacht, meine Mutter einmal so niedergeschmettert zu sehen. Ich wurde still und bemühte mich, möglichst nicht aufzufallen. Es war, als ob ihr Kummer mich lähmte. Mein Vater sprach ihr zärtlich Mut zu: »Wir sind da, Dadou, wir lieben dich. Du wirst sehen, wir werden es schaffen. *We shall overcome.*« Nun hatte er das Kommando auf unserem Schiff und die alleinige Verantwortung.

Wir mußten nicht sehr lange auf unseren Termin im Ministerium warten. Wir waren ein bißchen zu früh, und ein befrackter Bediensteter führte uns in ein Vorzimmer, dessen prunkvolle Ausstattung – Kronleuchter, Holztäfelung – mich schon ein wenig beeindruckte und mir das Gefühl gab, daß es diesmal zur Sache ging.

Nach etwa zehn Minuten empfing uns Monsieur L., ein dynamischer Fünfziger in marieneblauem Anzug, in einem wohnlichen Büro, das zu einem hübschen kleinen Garten hin lag. Zwischen Sträuchern konnte man antike Statuen sehen. Ein beruhigender Rahmen für unsere Unterhaltung.

Nachdem wir ihm unser Anliegen vorgetragen hatten, erwiderte Monsieur L., er sehe leider keine Möglichkeit für die Verwirklichung eines individuellen Unterrichtssystems nach unseren Vorstellungen. Er könne sich lediglich darum bemühen, ein Gymnasium im Pariser Raum zu finden, das bereit sei, mich aufzunehmen, damit ich mich auf das Abitur im September 1988 oder, falls ich einen späteren Termin wünsche, im Juni 1989 vorbereiten könne. Sein Bedauern und seine Anteilnahme schienen aufrichtig.

Ein paar Tage später rief er bei uns an: Wir sollten uns mit dem Direktor eines großen Gymnasiums, das zur Akademie von Crétail, im Südosten von Paris, gehörte, in Verbindung setzen. Obwohl das Angebot nicht unseren Vorstellungen entsprach, beschloß Dadou, den Herrn Direktor aufzusuchen. Allein: Ich lag nämlich mit einer schlimmen Darmgrippe im Bett – das erste Mal, daß ich ernsthaft krank war –, und Jaona pflegte mich.

Der Direktor legte einen erstaunlichen Optimismus an den Tag. Er sah mich bereits in der Vorbereitungsklasse für eine Hochschule, ja sogar schon als Student am Polytechnikum – besann sich dann jedoch auf mein Alter und meinte, das sei wohl doch etwas verfrüht. Für ihn war alles ganz einfach: Ich sei ein Wunderkind, und deshalb würden sich ›seine‹ Lehrer verstärkt meiner annehmen. Dafür verbürge er sich, schließlich hätten sie seinen Anweisungen Folge zu leisten. Dasselbe galt für die Schüler: Bei den geringsten Schwierigkeiten bekämen sie es mit ihm zu tun. Er würde also sozusagen seine ganze Autorität in die Waagschale werfen und persönlich für Recht und Ordnung sorgen.

Es fehlte dem Mann weder am guten Willen noch an Tatkraft, aber er unterschätzte offensichtlich die möglichen psychologischen Folgen einer solchen verordneten Eingliederung. Er verlangte von allen Beteiligten schier Unmögliches und machte den Erfolg des Unternehmens allein von seiner Person abhängig. Das konnte nicht gutgehen. Und in meiner augenblicklichen Verfassung bedrückte mich das alles nur noch mehr.

Jaona hatte endlich Arbeit gefunden. Nichts Umwerfendes, aber immerhin etwas, das Geld einbrachte. Eine Übergangslösung, wie er hoffte. Für eine große, internationale Verlagsgruppe sollte er eine neue, aber ausgereifte Methode des Selbstunterrichts in Englisch verkaufen, mit deren Hilfe der Schüler schneller und effizienter lernen sollte, in der Fremdsprache zu denken. Das Ganze hörte sich ganz gut an, und da es sich bei dem Verlag um ein renommiertes Unternehmen handelte, durfte man wohl davon ausgehen, daß die Methode etwas taugte ...

Mein Vater war recht zuversichtlich. Er versuchte sich zwar zum erstenmal als Verkäufer, aber er war von der Qualität des Produkts und der Seriösität der Firma überzeugt und setzte zudem auf das wachsende Interesse an der englischen Sprache.

Die Aussichten bei der Wohnungssuche sanken immer mehr. Schließlich meinte Jaona, es wäre das beste, wenn Dadou und ich zu den Großeltern nach Vecoux zögen, bis sich die Situation normalisiert hatte. Das Baby sollte in jedem Fall in Paris zur Welt kommen, nach der Leboyer-Methode, so wie ich damals.

Am Abend vor unserer Abreise trug Jaona mir auf, auf meine Mutter achtzugeben, fleißig zu sein und mich anständig zu betragen. »Jetzt heißt es, die Zähne zusammenbeißen«, meinte er. Wir waren beide den Tränen nahe.

Es war bitterkalt an jenem 19. Dezember 1987. Mir wurde erst am Bahnhof so richtig klar, in was für einer mißlichen Lage wir uns befanden. Wie betäubt ging ich neben meiner Mutter her. Dadou schwankte und wurde von einem Weinkrampf geschüttelt. Der Anblick meines Vaters, wie er allein auf dem Bahnsteig stand und uns ein letzten Mal zuwinkte, bevor sich der Zug in Bewegung setzte, grub sich tief in mein Gedächtnis ein.

3

Meine Großeltern taten alles, damit der Alltag in Vecoux für uns so normal wie möglich verlief.

Die erste Zeit war nicht leicht. So bestand beispielsweise meine einzige geistige Tätigkeit darin, die Geschichtsbücher in der Stadtbücherei zu lesen. Bis Dadou ihre alten Fernkursunterlagen aus der Zeit ihrer Abiturvorbereitung wiederfand. Jetzt konnte ich wenigstens Englisch üben. Das gab mir gleich Auftrieb. Zur Untätigkeit verurteilt zu sein, wenn man sich nichts sehnlicher wünscht, als alles zu lernen, war hart und manchmal regelrecht deprimierend.

Die Hoffnung gab ich jedoch nie auf. Ich glaubte fest daran, daß es bald wieder vorangehen würde und ich endlich zeigen dürfte, was in mir steckte. Lernen war für mich auch ein Ausdruck meiner Freiheit, meiner Lebensfreude. Es machte mir wirklich Spaß und erschien mir jetzt, da ich keine Gelegenheit dazu hatte, noch erstrebenswerter. Ich litt stumm.

Ich wußte ja inzwischen, was für Probleme es mit

sich bringen konnte, anders als die andern zu sein. Ich mußte eben Geduld haben. Ich empfand das alles als schrecklich ungerecht, und das machte mich manchmal ganz schön wütend, aber im allgemeinen nahm ich die Situation gelassen hin.

Der Besuch meiner Cousins und Cousinen über die Feiertage am Jahresende heiterte die Stimmung ein wenig auf.

Und wir hatten unsere Musik, den Blues. Dadou hielt den Kopfhörer an ihren runden Bauch und spielte dem Baby unsere Kassetten vor. Immer wenn sie den Mut zu verlieren drohte, war ich besonders lieb zu ihr.

Auch die Briefe meines Vaters waren uns ein Trost. Ich solle die Ohren steifhalten, schrieb er und ermahnte mich, meiner Mutter eine Stütze zu sein. »Du mußt dich jetzt wie ein Mann benehmen, mein Junge, auch wenn es dafür eigentlich noch zu früh ist«, lautete der Schlußsatz eines Briefes. Er erfüllte mich mit einer eigenartigen Mischung aus Stolz und feierlichem Ernst, und ich brach in Tränen aus.

Jaona hatte es ebenfalls nicht leicht. Er wohnte mal da, mal dort, wer von seiner Familie ihn gerade unterbringen konnte. Bei der Arbeit gab ihm die Solidarität seiner Kollegen Kraft. Sie kamen von überall her und befanden sich genau wie er in einer mehr oder minder schwierigen Situation.

Das Jahr klang traurig aus. Wie gewöhnlich war zu den Festtagen die ganze Familie in Vecoux zusammengekommen. Dadou und ich standen ein wenig abseits; ohne Jaona und angesichts unserer drückenden Sorgen wollte keine rechte Festtagsstimmung aufkommen. Zu meiner großen Überraschung bekam ich von Oma und Opa eine Armbanduhr und ein bißchen

Geld geschenkt. Ich freute mich riesig darüber, denn ich hatte nicht mit einem Weihnachtsgeschenk gerechnet. Mir war diesmal auch nicht nach Weihnachten zumute gewesen. Aber dann ließ ich mich doch von der allgemeinen Fröhlichkeit anstecken und vergaß für ein paar Stunden meinen Kummer.

Dadou freute sich natürlich mit mir, aber ich wußte, wie es in ihrem Innern aussah. Der Trubel und die gute Laune der andern waren für sie in ihrer Verzweiflung nur schwer zu ertragen, und manchmal flüchtete sie sich in eine stille Ecke und weinte. Ich versuchte, sie zu trösten, so gut ich konnte.

Ihre Gedanken weilten bei Jaona. Am Telefon hatte er uns beruhigt: Es gehe ihm soweit gut, die Hilfsbereitschaft und Güte seiner Familie gebe ihm Mut und Kraft.

Dadou sprach viel mit dem Ungeborenen. Sie hatte sogar schon einen Namen ausgesucht: Calvin, falls es ein Junge, Kalvine, falls es ein Mädchen würde. Ein paar Tage später, genauer gesagt am 7. Januar 1988, hatte das Rätselraten ein Ende. Die Ultraschalluntersuchung hatte ergeben, daß das Baby ein Mädchen war.

Sie rief Jaona noch am selben Abend an, um ihm die Neuigkeit mitzuteilen. Er war zuerst ein bißchen irritiert, denn bei der ersten Untersuchung hatte alles auf einen Jungen hingedeutet. Aber als er sich von seiner Überraschung erholt hatte, wurde er ganz aufgeregt.

»Das ist phantastisch!« jubelte er. »Das wird eine völlig neue Erfahrung sein! Ich verspreche euch, ich werde alles tun, damit wir so schnell wie möglich wieder vereint sind und unsere Tochter die besten Bedingungen vorfindet, wenn sie zur Welt kommt.«

Auch ich hatte mit einem Brüderchen gerechnet und mir bereits ausgemalt, wie ich ihm, zum Beispiel, das Fußballspielen beibringen würde. Und jetzt würde ich eine Schwester bekommen. Meine schönen Pläne wurden damit hinfällig ...

Diese gute Nachricht sollte die erste einer Reihe von weiteren sein.

Zunächst einmal ging es Dadou sehr viel besser, seit sie sich mit dem Gedanken angefreundet hatte, ihr Kind im Entbindungsheim in Remiremont zur Welt zu bringen; dort hatte sie die Möglichkeit zur Hypnosetherapie und zur Wassergymnastik. Und dann hatte sie von der Hebamme, die sie betreute, erfahren, daß ihr Sohn, ein ausgezeichneter Schüler einer Abiturklasse, Nachhilfeunterricht in Mathematik bei einer hervorragenden Lehrerin nehme. Madame H. unterrichtete an einem staatlichen Gymnasium in Remiremont. Als sich Dadou nach ihrer Adresse erkundigte, erwiderte die Hebamme, sie wohne in einem Nachbarort, und zwar in ... Vecoux!

Seit fast vier Monaten arbeitete ich allein das einzige Mathelehrbuch durch, das ich mitgenommen hatte, als wir von Pau fortgezogen waren. Ich war bei den letzten Kapiteln angelangt. Auf einem kleinen Spiralblock notierte ich mir Gedanken und Anregungen. In Geometrie studierte ich insbesondere Ebenen, die von einem Kreis oder einem Dreieck herzuleiten sind, während ich von Exponential- oder Logarithmusfunktionen nur träumen konnte.

Ich litt sehr darunter, mit niemandem über mathematische Probleme diskutieren zu können. Deshalb griff ich natürlich sofort zu, als sich die Gelegenheit bot, diese Lehrerin kennenzulernen. Vielleicht würde sie mir sogar ein paar Stunden geben. Die ich, das hatte ich mir bereits vorgenommen, von dem Geld bezahlen würde, das ich zu Weihnachten geschenkt bekommen hatte.

Madame H. – um die Vierzig, groß, schlank, langes, kastanienbraunes Haar, wacher Blick, elegante Brille – war ein Geschenk des Himmels. Sie willigte sofort ein, mir eine Unterrichtsstunde zum üblichen Preis zu erteilen. Die anfängliche Befangenheit legte sich dank ihrer lebhaften Art und meiner neu erwachten Begeisterung nach wenigen Minuten. Wir sprachen über die Variationen einer Funktion. Da sich meine Lehrerin als Mathematikerin aus Leidenschaft entpuppte, lagen wir natürlich auf der gleichen Wellenlänge. Am Schluß sagte sie, sie erinnere sich, mich im Fernsehen gesehen zu haben, in Patrice Drevets ›Mini JT‹.

Ein paar Tage später gab sie mir eine zweite Stunde. Sie verlief so gut, daß Madame H. anschließend erklärte, sie sei ganz begeistert von der Arbeit mit mir. Sie konnte es nicht fassen, daß ich untätig herumsaß und Trübsal blies, anstatt vom Staat gefördert zu werden. Von nun an werde sie mir kostenlos Unterricht erteilen, meinte sie.

Zwei Tage später lud Agnès H. uns zu sich nach Hause ein, damit wir ihre Familie kennenlernten: Jean-Pierre, ihren Mann, der ebenfalls Mathelehrer war, und ihre beiden Kinder im Alter von neun und viereinhalb Jahren.

Jean-Pierre H. war ein ziemlich lustiger Typ. Er erklärte sich sofort bereit, für mich auf die Straße zu gehen und vor dem Ministerium mit Spruchbändern zu demonstrieren. Und seiner Frau redete er humorvoll zu, sich meiner anzunehmen.

Der Besuch bei Familie H. hatte auf uns die gleiche Wirkung wie eine erfrischende Brise.

Am 14. Januar setzte sich Monsieur S. vom Kultusministerium mit Jaona in Verbindung: Ich solle ihm umgehend eine Mathematikaufgabe meiner Wahl schicken, damit er mein gegenwärtiges Niveau einschätzen könne. Ich entschied mich für ein Problem aus dem Bereich Variationen einer Funktion, den ich gerade mit Madame H. durchnahm. Sie kontrollierte die Aufgabe, ehe ich sie ins reine schrieb und abschickte.

Die Antwort ließ nicht lange auf sich warten. Sie bestand aus einer Einladung zu einem Gespräch mit dem Leiter des Ressorts ›Höhere Schulen‹ im Kultusministerium, Michel Lucius, der von Hause aus Mathematiker war. Das Treffen sollte am Samstag, dem 23. Januar, um 11 Uhr im Rektorat der Akademie von Nancy stattfinden.

Monsieur Lucius, ein hochgewachsener, stattlicher Mann um die Fünfzig, empfing uns mit großer Herzlichkeit im Büro des Rektors. Er bat Dadou, ihm meinen bisherigen Weg zu schildern, und fragte dann, was er für uns tun könne.

Ihrer Ansicht nach, sagte meine Mutter, stelle meine Integration in die Sekunda oder die Prima eines Gymnasiums eine Belastung für alle Beteiligten dar: für die Schüler, die Lehrer, die Verwaltung ebenso wie für mich. Sie versuchte Monsieur Lucius auch unsere schwierige finanzielle Lage klarzumachen.

Er hörte aufmerksam zu, machte sich gelegentlich Notizen und warf des öfteren ein »wirklich erstaunlich!« ein. Mit seinen Fragen an Dadou oder mich bewies er sein aufrichtiges Bemühen um eine Lösung des Problems.

Als Dadou geendet hatte, wandte er sich mir zu. Er hatte die Matheaufgabe vor sich liegen, die ich nach Paris geschickt hatte, und meinte: »Abgesehen von ein paar Kleinigkeiten hast du das gut gemacht!«

Ich wollte wissen, was das für Kleinigkeiten waren, und holte den Text der Aufgabe hervor. Monsieur Lucius erläuterte mir einige seiner Anmerkungen zu den einzelnen Punkten und gab mir dann das Blatt, damit ich seine Kommentare selbst lesen konne. Ein Gespräch zwischen Mathematikern entspann sich. Es dauerte gut fünf Minuten, und in der Zeit vergaßen wir völlig, daß wir nicht allein im Büro saßen und ich auch nicht hergekommen war, um über mathematische Probleme zu diskutieren.

Zum Abschluß des kleinen Intermezzos schenkte er mir zwei Mathebücher. Das und die Stunden bei Madame H. gaben mir ungeheuren Auftrieb in diesen harten Zeiten. Vielen Dank, Monsieur Lucius!

Wir sprachen auch übers Abitur. Michel Lucius sicherte uns zu, daß ich die in meinem Alter für die Prüfungszulassung erforderliche Ausnahmegenehmigung bekommen würde. Die Entscheidung darüber lag bei ihm als Ressortchef. Falls ich soweit war, würde ich den Termin im September 1988 wahrnehmen, wenn nicht, den nächsten im Juni 1989. Auf keinen Fall solle ich unter Leistungsdruck gesetzt werden, betonte meine Mutter; mein seelisches Gleichgewicht habe absolute Priorität, und um das zu gewährleisten, suchten wir nach geeigneten Unterrichtsmethoden.

Monsieur Lucius war offensichtlich fest entschlossen, uns zu helfen. Das ganze Ausmaß unserer Schwierigkeiten, in die wir ja in erster Linie durch die Passivität seiner Leute geraten waren, schien ihm allerdings nicht bewußt zu sein. Er setzte auf die tatkräftige Unterstützung seiner Beamten im Verwaltungs- und Unterrichtsapparat bei der Suche nach einer Lösung. Jetzt blieb nur noch abzuwarten, ob die Bemühungen Früchte tragen würden …

Es schien also wieder aufwärtszugehen. Ich lebte auf und stürzte mich mit Feuereifer in das Studium meiner Mathebücher. Dadou war überglücklich, daß ich aus meiner Apathie aufgewacht war. Ihre Freude wurde jedoch durch die Befürchtung getrübt, ihr Kind in Remiremont allein zur Welt bringen zu müssen. Sie glaubte nicht, Jaona werde es rechtzeitig schaffen, um bei der Geburt dabei zu sein, so wie sie es sich beide wünschten. Diese Sorge quälte sie nun, da die letzte Phase ihrer Schwangerschaft angebrochen war, mit jedem Tag mehr.

Anfang Februar überstürzten sich die Ereignisse.

Am 8. rief Monsieur Lucius in Vecoux an: Das Henri-IV-Gymnasium in Paris sei eventuell bereit, mich aufzunehmen. Da es sich bei diesem Gymnasium um eine Schule mit Schwerpunkt Geisteswissenschaften handelte, waren wir ziemlich erstaunt. Die Fächer, in denen ich gut war, also hauptsächlich Mathematik und Naturwissenschaften, standen am Henri-IV nun wirklich nicht im Vordergrund. Außerdem war an einen Umzug nach Paris im Moment noch nicht zu denken. Nein, das war sicherlich keine optimale Lösung. Aber wir gaben die Hoffnung nicht auf.

Drei Tage später erreichte uns eine phantastische und für Dadou die erlösende Nachricht: Jaona rief an und sagte, er hätte in Paris ein Hotelzimmer für uns gemietet. Das konnten wir uns eigentlich nicht leisten, aber dafür, daß meine kleine Schwester nach der Leboyer-Methode zur Welt kommen konnte, war ihm nichts zu teuer.

Alles andere würde sich finden.

4

Am Montag, dem 15. Februar, fuhr unser Zug um 16 Uhr 58 in den Gare de L'Est ein und hielt unter einem grauen Winterhimmel. Über zwei Monate waren wir getrennt gewesen, und der Gedanke an das bevorstehende Wiedersehen mit Jaona erfüllte Dadou und mich mit freudiger Erregung. Als wir ihn auf dem Bahnsteig entdeckten, verharrten wir einen Augenblick in tiefer Ergriffenheit, so als könnten wir die Tatsache, daß wir endlich wieder vereint waren, nur in völliger Bewegungslosigkeit verarbeiten.

Jaona dagegen gab sich sehr viel nüchterner. Ich hatte den Eindruck, er hatte seine gutmütigen, nachgiebigen Seiten abgestreift und war bewußt in die Rolle des harten Profis geschlüpft, um seine Mission – alles für Kalvines Geburt vorzubereiten – bestmöglich zu erfüllen. Dadou und ich fanden das nicht sehr lustig. Wir vermißten seinen Schwung, seine Herzlichkeit, seinen Humor, eben all das, was seinen Charme ausmachte, und es war frustrierend, nach der langen Trennung noch länger auf ›unseren‹ Jaona warten zu müssen.

Er hatte uns in einem Zwei-Sterne-Hotel einquartiert, und unser Zimmer war recht ordentlich. Für Geld bekommt man eben alles …

Jetzt waren wir zwar wieder zusammen, hatten aber trotzdem nicht viel von uns. Nach einem ausgiebigen Frühstück ging Jaona um zehn zur Arbeit und kam erst gegen halb zehn Uhr abends zurück; manchmal wurde es noch später. Dadou und ich nahmen das Mittag- und das Abendessen bei Randry, Jaonas Onkel, ein; zu Fuß brauchte man eine knappe Viertelstunde vom Hotel zu seiner Wohnung. Dadou kochte selbst für uns und bereitete auch das Abendessen für Jaona zu, das wir ihm ins Hotel brachten.

Der kleine Schreibtisch in unserem Zimmer eignete sich nicht besonders gut zum ernsthaften Arbeiten. Und den ganzen Tag herumzusitzen und auf Jaona zu warten, war auch nicht sehr befriedigend. So hatte ich mir unser Wiedersehen nicht vorgestellt! Doch das alles war nicht so wichtig. Die Hauptsache war jetzt, daß ich mich um Dadou kümmerte, denn der Tag von Kalvines Geburt rückte immer näher.

Unsere Moral fiel und stand mit Jaonas Erfolgen als Verkäufer: Hatte er etwas verkauft, brachen wir in lauten Jubel aus, kam er, was meistens der Fall war, mit betretener Miene zurück, fühlten wir uns sehr verletzlich und dem kleinsten Mißgeschick hilflos ausgeliefert. Doch zum Glück ließ sich Jaona nicht so schnell unterkriegen. Obwohl er es war, der die Schläge einsteckte, machte er uns immer wieder Mut. In seinem Blick lag eine wilde Entschlossenheit, ein unbändiger Lebenswille, der sich auf uns übertrug und uns über unsere Niedergeschlagenheit hinweghalf.

Am Donnerstag, dem 18., erhielten wir einen Anruf von Monsieur S. vom Kultusministerium; Randry mußte ihm die Telefonnummer unseres Hotels gegeben haben. Er habe mit Paul Deheuvels, dem Direktor des Louis-le-Grand-Gymnasiums, gesprochen, teilte er uns mit, und der habe sich zu einem Gespräch mit uns bereit erklärt. Wir sollten einen Termin mit seiner Sekretärin vereinbaren. Das klang interessant, doch im Augenblick wußten wir die Nachricht nicht so recht zu würdigen, weil es in unserer mißlichen Lage einfach Wichtigeres gab. Erst einmal mußte Kalvine zur Welt kommen, dann würden wir weitersehen.

Am Samstag, dem 20. Februar, hatten Dadou und ich – Jaona mußte an dem Tag arbeiten – das große Vergnügen, unseren alten Freund Emmanuel B. aus Pau wiederzusehen. Wir trafen ihn bei seinem Bruder Gilles, wo wir uns das Rugbymatch Frankreich – Irland im Rahmen des Fünf-Nationen-Turniers ansahen. Emmanuel spielte selbst Rugby. Ich war so gerührt über das Wiedersehen mit meinem großen Freund, daß ich von dem Spiel so gut wie nichts mitbekam – außer daß Frankreich haushoch gewann. Emmanuel hatte mittlerweile sein Ingenieursdiplom in der Tasche und überbrückte die Zeit bis zum Militärdienst im Kernforschungszentrum von Saclay; danach würde er in Papeete, Tahiti, seismographische Untersuchungen durchführen.

Wir freuten uns mit ihm über seinen beruflichen Erfolg und mit den Blauen über den Sieg gegen Irland. Emmanuel hatte aber noch eine kleine Überraschung für uns. Ein Geschenk des Himmels, wie sich herausstellte. Als wir ihm von unserer verzweifelten Wohnungssuche erzählten, versprach er, sich mit einem Bekannten namens Jean-Paul P. in Verbindung zu setzen, der uns möglicherweise ein möbliertes Appartement im Pariser Westen günstig vermieten würde.

Wir fieberten Emmanuels Anruf entgegen. Er meldete sich Sonntag abend: Er habe für Dienstag, 17 Uhr, einen Termin mit Jean-Paul P. in besagtem Appartement vereinbart. Wir konnten es kaum erwarten, die Wohnung zu sehen, und hofften inständig, daß es nicht wieder so ein Reinfall wie damals mit Norbor wurde.

Am Montag ging Jaona wie gewöhnlich zur Arbeit, während Dadou und ich an nichts anderes als an dieses Appartement denken konnten. Das Hotelzimmer wäre nicht gerade die ideale Unterkunft für ein Neugeborenes gewesen; es hätte zwar immerhin sein eigenes Bettchen – wir hatten es aus Vecoux als ›Reisegepäck‹ nachschicken lassen –, aber die Frage war, ob ein Baby im Hotel überhaupt geduldet würde.

Als wir wie jeden Abend zum Essen zu Randry gingen, sah er Dadou prüfend an und meinte ernst:

»Morgen werden wir uns nicht sehen, Dadou, ich fühle es.«

»Ah ja?« erwiderte sie amüsiert. »Und warum nicht?«

»Weil du morgen dein Kind zur Welt bringen wirst. Glaub' mir, morgen ist der große Tag. Vertrau' auf meine Erfahrung.«

Das war sein Lieblingssatz.

Gegen 22 Uhr kam Jaona zurück. Als Dadou ihm von der Vorahnung seines Onkels erzählte, erwiderte er, wir sollten auf jeden Fall wachsam sein und kein Risiko eingehen. Allzeit bereit, lautete die Devise. Unsere Gedanken schweiften von neuem zu dem Appartement, das wir am morgigen Nachmittag besichtigen würden. Falls es unseren Vorstellungen entsprach, würden wir auf der Stelle einziehen.

Am anderen Morgen wachten Jaona und ich gegen neun auf. Dadou war schon wach: Es sei soweit, sagte sie nur.

Jaona ging hinunter und erklärte der Hotelbesitzerin, er werde seine Frau ins Krankenhaus begleiten; ich würde im Zimmer brav auf seine Rückkehr warten. Unterdessen packte Dadou ihr kleines Köfferchen.

»Mach dir keine Sorgen«, beruhigte sie mich. »Es wird alles gutgehen. Du bleibst hier und wartest, bis wir dich anrufen. Wir lieben dich, Arthur. Nicht mehr lange, dann wirst du ein großer Bruder sein. Gott ist mit uns. Hab' keine Angst, es wird nichts passieren.«

Ich sei stolz darauf, bald ein großer Bruder zu sein, erwiderte ich mit zugeschnürter Kehle, und es werde ganz bestimmt alles gutgehen. Als sie aus dem Zimmer ging, drückte ich zärtlich ihre Schulter.

»Du weißt doch, Dadou: *We shall overcome!* Wir werden es schon schaffen, du wirst sehen!«

Eine letzte Umarmung, eine letzte Ermahnung, und dann waren sie auf dem Weg zum wichtigsten Ereignis ihres Lebens nach der Geburt ihres Sohnes vor zehneinhalb Jahren.

Das Zimmermädchen hatte eine peinliche Ordnung in unserem Zimmer geschaffen. Ein Gefühl der Einsamkeit überkam mich, als ich so allein dasaß. Das aufgeräumte Zimmer strahlte plötzlich eine schier unerträgliche Kälte aus. Ich mußte mich irgendwie beschäftigen. Ich nahm ein Buch zur Hand; Lesen schien mir der ideale Zeitvertreib.

5

Um 14 Uhr 15 klingelte das Telefon. Ich fuhr zusammen, mein Herz klopfte wie wild.

»Hallo, bist du's? Du hast eine entzückende kleine Schwester, Arthur! Und zwar seit genau 13 Uhr 23. Sie wiegt 2,950 Kilo, ist 47 Zentimeter groß und hat einen Schädelumfang von 34 Zentimetern. Ein süßes Ding, sag' ich dir! Es lief alles bestens, überhaupt keine Komplikationen. Dadou war die Ruhe selbst.

Cool wie ein echter Profi! Es geht ihr gut und der Kleinen auch. Freust du dich?« berichtete mein Vater in einem Atemzug.

Ich war ein bißchen durcheinander, aber überglücklich.

»Ja. Ja, natürlich! Natürlich freue ich mich. Glückwünsche an Dadou. Dann hat sie ihre Sache also gut gemacht?«

»Phantastisch war sie! Deine Mutter ist ein Wunder der Natur. Wenn's ums Kinderkriegen geht, macht ihr keine was vor!«

»Du warst bestimmt auch nicht schlecht. Hast dich wie ein echter Vollprofi benommen, so wie ich dich kenne.«

»Na ja, du weißt doch, ich bin Spitze!« antwortete er mit jenem drolligen nordafrikanischen Akzent, den er so hervorragend einzusetzen versteht.

»Und meine kleine Schwester? Ist sie auch Spitze?«

»Was denkst du! Sie ist sogar mit einer ›Glückshaube‹ aus Käseschmiere und Haaren geboren worden! Sah echt stark aus. Der Arzt war ganz hingerissen. Okay, hör zu, ich muß wieder nach oben und mich um Dadou und Kalvine kümmern. Ich ruf' später wieder an.«

Eine Weile glühender Hitze durchströmte mich. Ich spürte, ich würde gleich explodieren. Hätte ich doch meine Freude, meine Erleichterung hinausschreien können! Ich stand da, die Augen weit aufgerissen, jeder Muskel angespannt, die Fäuste in Siegermanier geballt, und stieß einen unterdrückten Schrei aus und dann noch einen und noch einen. Dann ließ ich mich aufs Bett fallen.

Das Gesicht ins Kissen gepreßt, weinte ich leise vor mich hin. Ich dachte an unsere Familie. Ich dachte an das Neugeborene, das so wunderbare Eltern hatte, Eltern, die wirklich super waren. Ich konnte es kaum erwarten, meine kleine Schwester in den Armen zu halten und zu liebkosen. Im stillen versprach ich ihr, sie so zu verwöhnen und zu verhätscheln, wie noch keine kleine Schwester verwöhnt und verhätschelt worden war.

Ich blieb regungslos liegen, bis die körperliche Anspannung und der seelische Druck allmählich von mir abfielen und ich mich wieder in meinem Normalzustand befand. Plötzlich verspürte ich quälenden Hunger. Ich stopfte wahllos alles in mich hinein und schlug mir den Bauch voill, während sich in meinem Kopf eine große Leere ausbreitete.

Jaona holte mich gegen 16 Uhr ab. So aufgedreht hatte ich ihn noch nie erlebt. Er rannte fast, schaute ständig auf die Uhr, sprach ungewöhnlich deutlich. In der Metro legte er den Arm um meine Schultern, drückte mich immer wieder an sich und gab mir einen herzhaften Kuß auf die Wange. Er war außer sich vor Glück.

Und das Wunder geschah. Das Appartement war nicht besonders groß – gerade mal achtzehn Quadratmeter –, aber gut ausgestattet: Kochnische, Heizung, Dusche, WC, Telefon, Farbfernseher. Meine Eltern konnten auf der Schlafcouch schlafen, ich auf der Campingliege, und für das Kinderbett war auch noch Platz. Ein Ausziehtisch und vier Stühle gehörten ebenfalls zur Einrichtung. Für eine Übergangslösung nicht übel. Und immer noch besser als eine neuerliche Trennung, denn wenn wir keine Wohnung gefunden hätten, hätten Dadou, Kalvine und ich unweigerlich ein zweites Mal den Rückzug nach Vecoux antreten müssen …

Jean-Paul P. war bereit, uns das Appartement für einige Wochen zur Verfügung zu stellen, und zwar kostenlos.

»Ich weiß nicht, wie wir dir danken sollen, Jean-Paul«, sagte Jaona und drückte ihm beide Hände. »Wir werden dir das nie vergessen.«

Gegen halb sieben waren wir wieder im Hotel. Wir packten nur rasch unsere Sachen zusammen, zahlten und kehrten dann unverzüglich in die Rue Diaz in Boulogne zurück. Das Leben war wirklich wunderbar.

»Spitze, Kleiner, Spitze!« flüsterte mein Vater mir zu und zog mich an sich. Der Taxifahrer warf seinen freudestrahlenden Fahrgästen im Rückspiegel einen erstaunten Blick zu.

Von unserem neuen ›Wohnsitz‹ aus riefen wir als erstes Dadou an. Sie wartete bestimmt schon ungeduldig auf Nachricht.

»Oh, so ein Glück! So ein Glück, mein Gott!« rief sie erleichtert.

Eine halbe Stunde später trafen wir uns mit Emmanuel im Krankenhaus. Ich wollte mein Schwesterchen unbedingt sehen. Aber da das aus hygienischen Gründen nicht erlaubt war, mußten wir uns eine List ausdenken.

Im Wartesaal hielt sich um diese Zeit zum Glück niemand mehr auf. Die Minuten vergingen schrecklich langsam. Endlich kam Emmanuel zurück, in den behaarten Armen ein kleines Bündel: meine knapp sieben Stunden alte Schwester. Sie war in die selbe Decke gehüllt, in die ich damals nach meiner Geburt gewickelt worden war. Ihre Augen waren weit geöffnet und blickten verträumt, und ihr Mund bewegte sich.

»Hoffentlich fängt sie nicht zu weinen an«, flüsterte Jaona mit einem hastigen Blick in Richtung Pforte.

Doch da war niemand. Ich nahm die Kleine vorsichtig in die Arme, küßte sie zärtlich auf die Stirn und sprach leise mit ihr. Wenn du wüßtest, wie lange ich auf diesen Augenblick gewartet habe, dachte ich. Jaona, der Schmiere stand, gab uns ein Zeichen. Hastig reichte ich Emmanuel das Baby zurück.

Uff! Alles gutgegangen. So ein Glück, wie Dadou sagen würde.

Ich rief sie von dem Telefon aus an, das sich zwischen Pforte und Fahrstuhl befand. Für einen Franc führte ich mit meiner Mutter eines unserer seltenen Telefonate, und, so paradox es klingen mag, nie hatten wir länger miteinander telefoniert als an jenem Abend, wo nur wenige Meter uns trennten. Nach einem solchen Ereignis haben sich Mutter und Sohn soviel zu sagen! Nichts Außergewöhnliches, nichts Weltbewegendes, aber die Emotionen in so einem Augenblick lassen selbst abgegriffene Worte neu und erhaben erscheinen. Wir ließen unseren Gefühlen freien Lauf. Auch wenn wir uns noch nicht sehen, uns berühren, uns umarmen konnten, war da doch ihre Stimme, die mich mit Freude und Wärme erfüllte.

Das Gespräch zu beenden dauerte am längsten. Ich hörte meinen Vater im Hintergrund etwas vor sich hin murmeln; er wurde langsam ungeduldig. Wir waren alle ziemlich müde; es war die behagliche Müdigkeit nach einem langen, aufregenden Tag. Plötzlich sah alles viel freundlicher aus, und unsere Zuversicht war größer denn je.

Am andern Tag klingelte gegen 13 Uhr das Telefon. Ich dachte, Jaona, der vor einer Viertelstunde gegangen war, hätte etwas vergessen und nahm ab.

»Hallo Arthur?«

»Hallo!« entgegnete ich. Ich war ein wenig überrascht, Dadous Stimme zu hören. »Ist alles in Ordnung?«

»Ja ja. Ist Jaona nicht da?«

»Nein, er ist vor ein paar Minuten weg. Er müßte eigentlich gleich bei dir sein.«

»Arthur, ich hab' tolle Neuigkeiten für dich!«

»Was denn?«

»Ich komme heute noch nach Hause! Die Ärzte haben nichts dagegen einzuwenden. Und ich will endlich raus hier, mir reicht's. Spätestens um halb sieben sind wir da. Ist das nicht wunderbar?«

»Mensch, das ist ja super!« Ich war ganz aus dem Häuschen. »Ist das wirklich wahr? Du wirst heute schon entlassen? O super! Juhu! Das müssen wir unbedingt feiern. Da wird sich Jaona aber freuen, wenn er das hört.«

»Das will ich hoffen! Du hast recht, unser erster Abend zu viert muß gefeiert werden. Was für ein glücklicher Tag!«

»Und wie geht's meinem Schwesterchen?«

»Hervorragend! Im Augenblick schläft sie. Sie hat viel getrunken. Du wirst sehen, sie ist wunderhübsch. Wir rufen dich später noch mal an, Arthur.«

Ich legte den Hörer auf und dachte bei mir, daß es das Schicksal zur Zeit gut mit uns meinte: Alle unsere Wünsche waren erfüllt worden.

Meine Eltern riefen an, als sie im Krankenhaus auf ihr Taxi warteten: Sie kämen in einer knappen halben Stunde. Jaona berichtete mir kurz, wie er noch fünf

Minuten vor Dienstschluß aufs Standesamt gesprintet sei. Zum Glück hatte die Beamtin den Vornamen Kalvine, der in keiner Sprache existierte, nicht beanstandet. Als weitere Vornamen hatten sie Mary und Lewis gewählt. Es war Jaonas Wunsch, beiden Kindern den Vornamen Lewis zu geben, den er sehr mochte. Kalvine Mary Lewis – ich fand, das klang sehr musikalisch, sehr schick. Hoffentlich würden ihr ihre Namen genauso gut gefallen wie mir meine. Vornamen waren etwas sehr Wichtiges.

Ich wanderte unruhig in unserer kleinen Wohnung auf und ab und bemühte mich, ein bißchen Ordnung zu schaffen. Eher aus Nervosität als aus Ordnungsliebe. Dadou hatte mir aufgetragen, die Fensterläden zu schließen, und so lauschte ich angestrengt in Richtung Treppenhaus, um ihre Ankunft nur ja nicht zu verpassen.

Als ich erst Schritte und dann ihre Stimme hörte, machte mein Herz einen Satz. Ich riß die Tür auf. Da waren sie! Von Rührung und Aufregung überwältigt, ließen wir uns erst mal auf die Couch fallen. Jeder hatte nur Augen für Kalvine.

Sie war wirklich bildhübsch. Ich nahm sie behutsam in die Arme und küßte sie zärtlich. Diese schwarzen Augen! Dieser Blick! Sie schien sich zu fragen, was mit ihr geschah. Aber sie reagierte ganz gelassen auf all das Neue.

»Ein Baby ist etwas Wunderschönes. Ich will später mindestens zwei haben«, dachte ich, während ich ihre drolligen Mundbewegungen und die Gestik ihrer winzigen Hand beobachtete. Meine Eltern schauten uns voller Zärtlichkeit zu.

Zur Feier des Tages hörten wir eine Kassette von Albert Collins und tanzten zu den Klängen von ›Frosty‹. Was hätte besser zu unserer Stimmung gepaßt als die aufgepeitschte Atmosphäre dieses Live-Mitschnitts? Danach folgte ein klassischer, langsamer Blues, ›Angel of Mercy‹, und was lag näher, als zu Alberts flehender Stimme, den klagenden Klängen seiner Gitarre in Tränen auszubrechen?

Jaona meinte später, wir hätten eine merkwürdige Art, unserer Freude Ausdruck zu verleihen. Dadou allerdings weinte immer, wenn sie glücklich war. Wenn sie sehr deprimiert war zwar auch, aber auf eine andere Weise. Auslösendes Moment ist in beiden Fällen eine starke Gemütsbewegung, doch die Tränen erfüllen nicht die gleiche Funktion.

Meinen Vater dagegen habe ich oft weinen sehen. Manchmal wachte er sogar davon auf: Er träumte, er sang einen Blues oder einen Gospel, und diese schwarze Musik wühlte ihn so auf, daß er unweigerlich zu weinen begann.

Kalvine mußte einen schönen ersten Eindruck von uns bekommen haben …

6

Unsere Schönwetterperiode neigte sich bald dem Ende zu.

Als die arme Kalvine nachts schrie und Dadou aufstand, sie in den Armen wiegte und mit ihr durch das Appartement wanderte, um sie zu beruhigen, hatte ich zum erstenmal im Leben Alpträume.

Tagsüber, wenn Jaona bei der Arbeit und ich mit Dadou und Kalvine allein war, hatte ich Mühe, mich zu konzentrieren. In Mathe arbeitete ich mit Hilfe der beiden Bücher, die Monsieur Lucius mir geschenkt hatte, den Lehrstoff für die Prima durch. Fürs Lernen war die Atmosphäre jedoch alles andere als ideal.

Ging Dadou einkaufen, paßte ich solange auf Kalvine auf. Meine Mutter blieb aber nie länger als eine Stunde weg, weil sie Kalvine stillte, sooft sie nach Nahrung verlangte. Wenn ich mit meiner Schwester allein war, sprach ich leise mit ihr, ich sagte ihr, Jaona und Dadou würden alles tun, was in ihrer Macht stand, sie seien ganz wundervolle Eltern, und irgendwie würden wir es schon schaffen, und keine kleine Schwester auf der Welt würde so verwöhnt werden sie ... Ich fing jedesmal zu weinen an, und Kalvine sah mich dann aus ihren schwarzen Augen an und bewegte den Mund, als würde sie trinken.

Nachmittags gingen wir so oft wie möglich an die frische Luft. Ganz in der Nähe gab es eine Fußgängerzone mit Bänken, Sträuchern, Grünflächen. Ich trug Kalvine in der gleichen marineblauen, samtbezogenen Babytrage spazieren, in der ich damals die Welt entdeckt hatte. Eng an meine Brust geschmiegt, konnte sie unsere Ausflüge unbeschwert genießen.

In der Fußgängerzone waren auch einige steinerne Tischtennisplatten aufgestellt, und als ich Jaona fragte, ob wir sonntags nicht mal zusammen spielen könnten, kaufte er zwei Schläger und Bälle.

»Wir sind zwar nicht reich, aber deshalb dürfen wir doch ein bißchen Spaß haben, oder?«

Und den hatten wir. Am Sonntag war schönes Wetter, und wir probierten gleich die neuen Schläger aus. Anschließend spielten wir auf dem Bolzplatz nebenan noch eine Weile Fußball; meinen Ball und meine Schuhe hatte ich ja noch. Es war ein herrliches Gefühl, wenigstens für ein paar Minuten die alten Empfindungen wieder aufleben zu lassen.

Ein andermal nahm Dadou mich mit ins Hallenbad, um mich auf andere Gedanken zu bringen. Obwohl mir das Schwimmen wirklich guttat, war es einfach nicht das.

Unsere Situation setzte mir allmählich ganz schön zu. Wie sollte es weitergehen? Was sollte aus uns werden? Was sollte aus mir werden? Meine Eltern waren genauso ratlos. Dadou bekam nach wie vor Weinkrämpfe aus heiterem Himmel, Jaona verdiente kaum etwas. Meine Mutter fand es immer unerträglicher, daß er sich aufrieb für diese Art von Tätigkeit. Sie bat ihn inständig, doch das zu tun, was seinen Neigungen entsprach.

Es half nichts: Wir mußten die Zähne zusammenbeißen und die Durststrecke irgendwie überwinden. Und das ging nur, wenn wir zusammenhielten. Ende Februar 1988 sah es wirklich düster aus. Aber abgesehen von gelegentlichen Schüben der Verzweiflung waren wir zuversichtlich. Wir glaubten an uns und waren überzeugt, den richtigen Weg gewählt zu haben. »Waiting for the tide to turn« – darauf warten, daß der Wind sich dreht: so lautet der Titel eines wunderschönen Songs von Robert Cray, den wir damals oft hörten und der uns mit Wehmut und Hoffnung erfüllte.

Jaona hatte einem Arbeitskollegen von unseren Problemen erzählt. Thierry N., ein begeisterter Go-Spieler, fragte mich daraufhin, ob ich nicht Lust hätte, ihn einmal ins ›Eustache‹ im Marktviertel zu begleiten, wo sich Go-Spieler aus ganz Paris trafen. Und ob ich Lust hatte!

Im verräucherten ersten Stock der Bar entdeckte ich eine mir bis dahin unbekannte Welt. Die Spieler waren meist jüngere Leute. Sie drängten sich um die Tische mit den quadratischen Brettern und spielten mit großer Ernsthaftigkeit. Die eine oder andere Partie fand unter Aufsicht von Meister Lim statt, seines Zeichens Philosoph und ein großer Trinker vor dem Herrn. Er war der heimliche Herrscher hier. Er hatte die besten Spieler Frankreichs und die meisten der im Saal anwesenden ausgebildet.

Nachdem Meister Lim mich zu meinen Leistungen beglückwünscht hatte, vertraute er mich den zwei besten französischen Spielern an – er selbst kam an dritter Stelle. Ich durfte gegen jeden von ihnen antreten. Aber obwohl sie mir eine Vorgabe gaben, verlor ich beide Partien, was mich freilich nicht wunderte. Ich hatte jedoch eine Ahnung von den Finessen dieses Spiels bekommen, das nicht nur ein Spiel, sondern Teil einer Philosophie ist. So haben zum Beispiel die Steine eine Seele.

Als ich erfuhr, daß den drei besten Spielern Frankreichs der fünfte Dan der Amateure verliehen worden war, was dem niedrigsten Dan bei den Profis entsprach, begriff ich, welchen Stellenwert dieses feinsinnige Spiel in Japan hat. Der japanische Autor Kawabata hat das in seinem Stück *Meister des Go* eindrucksvoll dargestellt. In Japan gibt es zehn-, elfjährige Jungen, die das Spiel unter Anleitung eines Meisters sozusagen als Beruf betreiben, in der Hoffnung, eines Tages selbst die höchste Rangstufe zu erklimmen. Das Go-Spiel ist quasi eine mystische Disziplin, die Respekt und Bewunderung abnötigt und zur Demut veranlaßt.

Es war nicht nur die Lust am Ausknobeln der geschicktesten Züge, sondern auch das Training des

Verstandes, das dieses Spiel so reizvoll machte. Etwas Besseres hätte mir in meiner augenblicklichen Situation gar nicht passieren können!

7

Am Mittwoch, dem 2. März, hatten wir um 10 Uhr einen Termin bei Monsieur Deheuvels, dem Direktor des Louis-le-Grand-Gymnasiums. Er empfing uns vor seinem Büro und bat uns höflich einzutreten.

Monsieur Deheuvels erinnerte mich an Professor Nimbus: Ein kleines Männchen mit kugelrundem Kopf, glänzender Glatze und lebhaften, lustigen Augen hinter den kleinen Brillengläsern.

Er hörte uns aufmerksam zu und begann dann seine Ausführungen mit den Worten, er sei ein eifriger Befürworter einer erstklassigen, leistungsorientierten Ausbildung ›auf französische Art‹. Er sah mich bereits als Teilnehmer des Leistungswettbewerbs der besten Gymnasiasten, als Schüler der Vorbereitungsklasse für die Aufnahmeprüfung an Hochschulen und schließlich als einer der Besten bei der Aufnahmeprüfung für die ›Ecole normale supérieure‹, an der Spitzenkräfte für Politik, Wissenschaft und das Hochschulwesen ausgebildet werden. Seit fast zwanzig Jahren, fuhr er fort, habe er die Ehre, diese altehrwürdige, angesehene Schule zu leiten, an der die besten Lehrer Frankreichs unterrichteten. Voller Stolz verwies er auf die außerordentlich hohe Erfolgsquote beim Abitur, beim Leistungswettbewerb und bei den Aufnahmeprüfungen für die renommierten Hochschulen. Zudem verfüge man über eine gewisse Erfahrung mit hochbegabten Schülern, fügte er hinzu und führte das Beispiel eines jungen Mädchens an, das mit dreizehneinhalb Jahren ein hervorragendes Abitur gemacht und anschließend die Technische Hochschule in Paris besucht habe.

Wir waren beeindruckt.

Als letzten Beweis dafür, daß wir uns hier in geheiligten Räumen befanden, nannte er uns die Namen einiger illustrer Schüler, darunter Molière, Voltaire und der Mathematiker Évariste Galois, ein verkanntes Genie, das sich im Alter von einundzwanzig Jahren seiner republikanischen Ideale wegen duellierte und getötet wurde.

Monsieur Deheuvels schien sehr daran gelegen, mich an seiner Schule zu haben. Wobei er nicht nur an mich dachte. Ihn interessierte vor allem die Erfolgsstatistik des Gymnasiums, das war nicht zu überhören. Je größer die Zahl der für ihre Leistungen mit einem Preis ausgezeichneten Schüler, desto höher die Zuwendungen für Unterrichtsmaterial, Auslandsreisen usw. Seiner Ansicht nach sollte der Wettstreit unter den Schulen von den Direktoren sogar gefördert werden, denn nur so könne sich eine Elite heranbilden.

Genau diese Einstellung aber war es, die meine Eltern und ich ablehnten, weil sie unserer Meinung nach nicht mehr in die heutige Zeit paßte. Sich einzig und allein im Hinblick auf einen Leistungswettbewerb oder eine Prüfungsnote den Kopf mit Wissen vollzustopfen, diente weder der Schulung des Verstandes, noch wurde dadurch zwangsläufig ein brillanter Geist geformt. Und ein verbissen geführter Wettstreit rief Arroganz bei den Siegern hervor, Bitterkeit bei den Unterlegenen und ein gewisses kindisches Benehmen bei allen Beteiligten. Statt den jungen Leuten Verantwortung zu übertragen, so wie es sich die meisten wünschten, wurden sie auf eine Stufe mit kleinen Kindern gestellt.

Ich hatte nicht die geringste Lust, einen *egghead*, eine Intelligenzbestie aus mir machen zu lassen, schon gar nicht, um die Statistik des Louis-le-Grand-Gymnasiums zu schönen, so sympathisch sein Direktor auch war. Ich wollte mir die Freude am Lernen bewahren, meinem eigenen Rhythmus folgen, meine eigenen Ziele verwirklichen.

Wir äußerten unsere Bedenken freilich nicht in diesen Worten. Da wir das Angebot Monsieur Deheuvels durchaus zu schätzen wußten und uns geehrt fühlten von seinem herzlichen Empfang, stimmten wir einem Versuch zu: Ich würde probehalber die Unterprima besuchen, wobei der Stundenplan auf meine Bedürfnisse zugeschnitten würde. Vom Unterricht in Latein, in den neueren Sprachen und vom Turnunterricht wurde ich befreit, konnte aber nach Wunsch an einem Einführungskurs in Datenverarbeitung teilnehmen. Alles in allem ein abwechslungsreiches, ausgefülltes Programm.

Monsieur Deheuvels versicherte uns des Fleißes, des Verantwortungsbewußtseins und der Höflichkeit seiner Schüler.

»Sie werden sehen, er wird im Handumdrehen Freunde finden«, sagte er lächelnd zu Jaona. »Er wird in die S1 kommen, zu den besten Schülern. Da gibt es überhaupt keine Probleme. Das sind alles anständige, nette junge Leute.«

Wir vereinbarten einen Termin für Samstag, den 5., 10 Uhr 50, damit ich die Lehrer meiner Hauptfächer, Mathematik und Physik, kennenlernte, die besten der Schule nach Meinung des Direktors.

Alles schien zur beidseitigen Zufriedenheit geregelt. Als wir uns verabschiedeten, zeigte Monsieur Deheuvels mir seinen Talisman, der ihn überallhin begleitete: ein faustgroßes Flußpferd aus Bronze, ein Andenken an einen langen Afrikaaufenthalt. Ich solle raten, welchen Namen er ihm gegeben habe. Ich hatte keine Ahnung. Da beugte er sich zu mir herunter und meinte fröhlich:

»Arthur! Genau wie du! Ist das nicht komisch?«

Jaona freute sich genauso wie ich über das Experiment, auf das wir uns eingelassen hatten. Als wir mit der Metro nach Hause fuhren, sagte er:

»Es scheint eine besondere Auszeichnung zu sein, das Louis-le-Grand besuchen zu dürfen. Und du bist unter den Auserwählten! Ist das nicht fabelhaft?«

Wäre doch nur schon Samstag! Ich konnte es kaum erwarten.

Dadou teilte unseren Optimismus nicht. Sie fürchtete, der an der Schule herrschende Wettbewerbsgeist könne zu Angriffen gegen mich führen, und ich sei dem enormen Druck vielleicht nicht gewachsen. Ihrer Ansicht nach war ich viel zu jung für Bedingungen, wie ich sie an diesem Gymnasium vorfinden würde.

Mein Vater zeigte sich zuversichtlicher. *Wait and see* lautete sein Wahlspruch.

Ich pflichtete ihm bei: Jetzt war positives Denken gefragt und der feste Wille zum Erfolg. In diesem Sinne bereiteten wir uns auf den Termin am Samstag vor.

Wir hatten Emmanuel gebeten, uns zu begleiten. Nicht nur, weil er in der Lage war, über mein Niveau in Physik Auskunft zu geben, sondern weil uns an seiner Meinung über Monsieur Deheuvels, die beiden Lehrer und unser Gespräch lag.

Der Direktor begrüßte uns genauso zuvorkommend und herzlich wie bei unserem ersten Zusammentreffen. Dann machte er uns mit Monsieur S., dem Mathelehrer, bekannt; der andere Lehrer konnte den Termin nicht wahrnehmen. Monsieur S. hatte einen Händedruck so schlaff und kalt wie seine Stimme und alles andere an ihm. Beim Karneval in Rio konnte man sich diesen Mann schwerlich vorstellen. Er ging leicht vornübergebeugt und entsprach alles in allem exakt dem gängigen Bild des unterkühlten, verknöcherten Mathematikers.

Ich habe viele im Fernsehen gesehen und einige der bekanntesten sogar persönlich kennengelernt, und ich versichere, sie stehen zu Unrecht in diesem Ruf. Wie überall trifft man auch unter den Mathematikern die unterschiedlichsten Temperamente. Monsieur S. jedenfalls war genau das Gegenteil von Christian A., meinem ehemaligen heißblütigen Tutor aus Pau. Das sollte nicht heißen, daß wir nicht miteinander auskommen würden. Wir würden ja sehen.

Emmanuel hielt sich weitgehend zurück. Er äußerte sich lediglich über meine Konzentrationsfähigkeit, meinen Fleiß, meine Kreativität und meine Willenskraft. Und er schloß mit den Worten:

»Einen idealeren Schüler als Arthur kann man sich als Lehrer nicht wünschen.«

Monsieur S. begleitete uns hinaus. Im Hof zeigte er mir, wo sich die Klassenräume befanden, die auf meinem Stundenplan angegeben waren.

Er drückte mir einige Aufgaben eines Mathematikwettbewerbs in die Hand, mit denen ich mich übers Wochenende beschäftigen könne, und meinte zum

Abschied, er hoffe, mich bald wiederzusehen. Mein Vater hatte nämlich erklärt, daß ich im Hinblick auf unsere schwierige finanzielle Lage käme, »sobald ich soweit sei«. Der zweite Händedruck von Monsieur S. war noch schlaffer und kälter als der erste, und seine klapprige Gestalt schien jeden Augenblick in sich zusammenzufallen. Hoffentlich würde er mich im Unterricht nicht allzu sehr einschläfern!

Als ich mir die Aufgaben von Monsieur S. vornahm, wurde mir sehr schnell klar, daß an ernsthaftes Arbeiten nicht zu denken war. Zu viert lebten wir auf engstem Raum, es gab keine Möglichkeit, einander auszuweichen, sich ungestört eine Weile zurückzuziehen. Der Rhythmus des Babies, sein Schreien, sein Trinken, seine Ruhezeiten, bestimmte unser Leben.

Das war aber nicht das einzige Problem. Jaona kam abends gegen halb zehn nach Hause. Während er aß, wurde alles mögliche besprochen. Vor halb elf gingen wir nie ins Bett. Da ich aber meinen Schlaf brauchte, fragte ich mich, wie ich es anstellen sollte, morgens um halb sieben aufzustehen, damit ich rechtzeitig um acht in der Schule war.

Und was fing ich in der Mittagspause zwischen zwölf und zwei an? Für die Fahrt nach Hause und zurück reichte die Zeit nicht. Für mich als Vegetarier gab es nur eine Möglichkeitkeit: das Restaurant Bol en bois in der Rue Pascal. Von der Schule waren es mit dem Bus zehn Minuten bis dorthin.

Gravierender jedoch waren der Platzmangel und die fehlende Ruhe. Vor ein unlösbares Problem stellte uns auch der Kauf von Unterrichtsmaterial und Büchern, auf die ich nicht verzichten konnte, zum Beispiel Wörterbücher. Zusammengerechnet überstiegen die Ausgaben unsere finanziellen Möglichkeiten bei weitem. Hinzu kam, daß meine Eltern nur noch wenig Zeit hatten. Das schlimmste aber war die daraus resultierende ungeheure psychische Belastung, der wir seit über einem halben Jahr ausgesetzt waren und die an unseren Kräften zehrte.

In Anbetracht dieser Umstände stellte der Besuch des Louis-le-Grand-Gymnasiums zu hohe Anforderungen an einen Jungen von zehneinhalb Jahren. Wir hatten uns anstecken lassen von der Begeisterung und dem Optimismus des Direktors, dessen Herzlichkeit und aufrichtiger Wunsch zu helfen, uns so gutgetan hatte. Aber er schien sich unsere Lage nicht so recht bewußt gemacht zu haben.

Es war traurig, aber wahr: Ich hatte nicht die finanziellen Mittel für den Besuch dieses Gymnasiums. Was für eine absurde Situation: Da bot sich die einmalige Gelegenheit, eine Schule zu besuchen, deren strenges Auswahlverfahren die Hoffnungen vieler Eltern für ihre Sprößlinge zunichte machte, und ich konnte diese großartige Chance nicht nutzen. Betrübt und ein bißchen verbittert fand ich mich da wieder, wo ich angefangen hatte. Meine Moral war schwer angeschlagen.

Nach einer Woche erhielten wir einen Anruf vom Sekretariat: warum ich denn nicht zum Unterricht erschiene. Dadou entgegnete, unsere finanzielle Situation erlaubten es leider nicht, mir diese Erfahrung zu ermöglichen.

»Ach so. Das wußten wir nicht ... Es hieß nur, Ihr Sohn käme deshalb nicht zur Schule, weil er ... äh ... weil er Angst hätte, den Anforderungen nicht gewachsen zu sein ...«

Am Gymnasium ging also das Gerücht, ich würde

mich drücken. Reizend, wirklich reizend. Dadou und ich waren fuchtsteufelswild. Sie erinnerte mich an ihre anfänglichen Befürchtungen. Was Jaona wohl sagen würde, wenn er das hörte …

So überraschend käme das nicht, meinte er. Das sei doch fast zu erwarten gewesen. Damit war die Angelegenheit für ihn erledigt.

»Eins jedenfalls hat diese Geschichte gezeigt«, sagte er abschließend. »Wir können erst dann etwas Konkretes erreichen, wenn es uns gelingt, die Ursachen unserer Probleme zu beseitigen, das heißt, wir brauchen eine größere Wohnung und Geld.«

Darauf lief es immer wieder hinaus!

8

Die Wohnungssuche hatte zwar Vorrang, doch gleichzeitig mußte irgendwoher das Geld kommen, mit dem wir diese Wohnung bezahlen konnten. Die Chancen standen eher schlecht: Jaonas Verdienst war nicht geeignet, irgendwelche Hoffnungen aufkommen zu lassen. Es reichte vielleicht zum Überleben, aber nicht zum Leben. Wir konnten nur auf ein Wunder hoffen. »Ein großes Wunder«, meinte Dadou. Sie grollte ihrem Onkel noch immer. Das habe doch keine Sinn, sagte Jaona ihr immer wieder. Wir müßten positiv denken und fest daran glauben, daß alles gut werden würde.

Es sah allerdings nicht danach aus. Am 4. April mußten wir das Appartement in der Rue Diaz räumen. Fünf Wochen hatten wir dort gewohnt. Wir zogen in eine möblierte Drei-Zimmer-Wohnung im Pariser Südosten um, nicht weit vom Bois de Vincennes entfernt. Sie lag im dritten und obersten Stock eines relativ neuen Hauses und war mit knapp vierzig Quadratmetern gut doppelt so groß wie das Appartement in der Rue Diaz. Sie war gut ausgestattet, in ordentlichem Zustand und lag nach Süden hin. Endlich hatten wir soviel Platz, daß wir uns bei Bedarf aus dem Weg gehen konnten. Das Haus stand in einem recht ruhigen, sauberen Wohnviertel. Es hatte sogar einen kleinen Hof, auf dem man sich die Beine vertreten und beispielsweise ein bißchen Fußball spielen konnte.

Das alles hatte natürlich seinen Preis: 1700 Francs die Woche. Jetzt waren wir auf Jaonas Provision angewiesen; er mußte tüchtig verkaufen, bis wir etwas Günstigeres fanden, sonst würden wir wieder auf der Straße sitzen.

Trotz der harten Zeit hatten wir das Gefühl, es ging allmählich aufwärts. Es war wie so eine Art Wette, die wir mit uns selbst abgeschlossen hatten: »Wetten, daß sich die dunklen Wolken bald verziehen werden?« Wir glaubten fest daran. Und an diesem 4. April 1988, dem Ostermontag, einem wunderschönen Frühlingstag, hatten wir ohnehin Grund zum Feiern: Dadou wurde siebenunddreißig Jahre alt.

Für Dadou, Kalvine und mich wurde der Alltag sehr viel erträglicher. Wir hockten nicht mehr ständig aufeinander, und Kalvines Rhythmus beeinflußte meinen eigenen nicht mehr ganz so stark. Ich bekam auch wieder genügend Schlaf. Mit der Zeit wurde ich ausgeglichener. Die Mathematik, die gelegentlichen Go-Spiele und die Fußballspiele, die ich mir ab und zu im Fernsehen ansah, gaben mir ein bißchen Freude am Leben zurück.

An den Sonntagnachmittagen fuhren wir mit der Buslinie 112 zum Bois de Vincennes, wo beim Pershing-Stadion am Waldrand auf einer ganzen Reihe von Plätzen gekickt wurde. Die meisten Mannschaften, die hier gegeneinander antraten und sich heftig umkämpfte Partien lieferten, bestanden zum größten Teil aus ethnischen Gruppen. Da spielten kurdische, mauritische, algerische, türkische Teams gegen portugiesische, katalanische, jüdische (der Makkabi), karibische aus Martinique und viele andere. Die Liebe zum Fußball vereinte Menschen praktisch aller Nationalitäten.

Auch Familien im Exil kamen sonntags hier zusammen, getrieben vom Heimweh – oft genug bestand das Picknick aus Spezialitäten der Heimat – und dem Gefühl der Einsamkeit in einem fremden Land. Das Treffen mit ihren Angehörigen und Freunden war für sie wie ein wärmender Sonnenstrahl und eine frische Brise Hoffnung.

Jaona und ich kickten, was das Zeug hielt. Einmal nahmen wir sogar an einem improvisierten Spiel teil, bei dem ich zwei prachtvolle Treffer erzielte. Die Sonntage in Vincennes bedeuteten auch für uns Erholung vom grauen Alltag. Und wenn wir dann noch unseren Bus erwischten und nicht eine gute halbe Stunde auf den nächsten warten mußten, war unser Glück vollkommen.

Bis zur Bushaltestelle waren es etwa zweihundert Meter. Gegen halb sieben hielt Dadou Ausschau nach dem Bus, der eine halbe Stunde vor unserem durchfuhr, während Jaona und ich allmählich zum Ende kamen. Bei exaktem Timing waren wir drei Minuten, bevor unser Bus kam, an der Haltestelle. Manchmal allerdings fuhr er uns vor der Nase davon, und das, obwohl Dadou im Laufschritt hinter dem Kinderwagen herrannte und Jaona und ich einen Sprint einlegten. Jaona begann regelmäßig zu fluchen, wenn wir ihn verpaßt hatten.

Einmal, als wir abends auf den Bus warteten, seufzte Dadou verträumt:

»Wenn wir doch dort drüben wohnen würden!« Sie zeigte auf einige kleine Mehrfamilienhäuser gegenüber der Haltestelle. »Diese Ruhe ... Und den Wald direkt vor der Tür ... Wär' das nicht wunderbar?«

»Wer weiß, vielleicht klappt's ja eines Tages«, erwiderte Jaona, allerdings mehr im Spaß.

Am Freitag, dem 8. April, flog ich morgens auf Einladung von Jean-Charles Terrassier nach Nizza. Im Flugzeug erntete ich einige verdutzte Blicke, als ich mein Mathebuch für die Unterprima hervorholte.

Jean-Charles holte mich am Flughafen mit seinem Porsche 928 S ab. Er war ein guter Fahrer und hatte einen flotten Fahrstil – zu meiner großen Freude, denn ich liebte das ungeheure Beschleunigungsvermögen des 300 PS starken Wagens.

Ich verbrachte ein super Wochenende: lange Spazierfahrten zu swingender Jazzmusik auf voller Lautstärke, Mittagessen im Restaurant, Flippern nach Herzenslust (Jean-Charles hatte einen Automaten in der Küche stehen!). Sogar ein paar Mathebücher kaufte er mir.

Als Jaona mich am Sonntag abend um halb zehn in Roissy abholte, sah er mir an, wie gut mir der Tapetenwechsel getan hatte. Und zu Hause in St. Maur stellte er fest, wie glücklich ich war, wieder daheim zu sein!

In der zweiten Aprilhälfte trugen unsere Bemühungen erste Früchte.

Am 14. gab uns Jean-Claude S. vom Kultusministerium telefonisch eine erste Liste von Gymnasien durch, die er wegen Erteilens von Privatstunden angeschrieben hatte.

»Endlich!« rief Dadou erleichtert. »Endlich haben sie den Gedanken aufgegriffen!«

Vier Tage später kam ein zweiter Anruf. Diesmal gab er uns die Namen der Gymnasien durch, die ihr Einverständnis signalisiert hatten: »Louis-le-Grand«, »Henri IV«, »Lavoisier« und »St. Louis«. Schulen, die zu den vornehmsten der Stadt gehörten. Von einer Minute zur andern sah die Welt schon nicht mehr ganz so grau aus.

Des weiteren bat er uns, uns mit Monsieur Calaque, dem Direktor der Aérospatiale in Les Mureaux, in Verbindung zu setzen. Monsieur Lucius, der freundliche Ressortchef im Ministerium, hätte ihn gebeten, doch zu prüfen, ob er nichts für uns tun könne. Das ließen wir uns nicht zweimal sagen: Wir vereinbarten einen Termin für den 19. um 15 Uhr. Wir machten uns große Hoffnungen. Es sah ganz danach aus, als ob unsere Durststrecke endlich zu Ende wäre. Meine Mutter war voll des Lobes über Jean-Claude S., seine Hilfsbereitschaft und seine Beharrlichkeit, die sich anscheinend ausgezahlt hatte.

Die Fahrt nach Les Mureaux dauerte über eineinhalb Stunden. Monsieur Calaque, ein dynamischer Vierziger, empfing uns überaus freundlich und amerikanisch lässig in Hemdsärmeln in seinem riesigen Büro. Wir nahmen am Konferenztisch Platz, und der Direktor des Luft- und Raumfahrtzentrums unterbreitete uns sogleich Vorschläge zur Lösung unserer Probleme, insbesondere unseres Wohnungsproblems.

»An Mitteln fehlt es der Aéropatiale nun wirklich nicht!«

Anschließend lud er uns zu unserer Überraschung ein, einen Teil des Zentrums zu besichtigen, zum Beispiel die Halle, in der die Trägerrakete Ariane zusammengebaut wurde. Die Panzertür öffnete sich erst, nachdem Monsieur Calaque seine Codekarte eingegeben und sich identifiziert hatte. Er erklärte uns die verschiedenen Ebenen, auf denen die Ariane IV von Ingenieuren und Technikern, die wie Chirurgen im Operationssaal gekleidet waren, zusammengesetzt wurde.

»Die Rakete, die Sie hier sehen, wird in Kürze von Kourou aus ins All starten«, fügte er stolz hinzu.

Es war ein seltsames, ein bewegendes Gefühl zu wissen, daß diese Rakete unmittelbar vor mir eines Tages hoch über der Erde kreisen würde. Ich empfand es als Privileg, sie aus allernächster Nähe betrachten zu dürfen. Der Gedanke, mich bei Gelegenheit mit den Ingenieuren unterhalten zu können, wie Monsieur Calaque angedeutet hatte, erfüllte mich mit ungeduldiger Vorfreude.

Zum Abschluß unseres zweistündigen Besuchs versicherte er nochmals, er werde die Möglichkeit zur Lösung insbesondere unseres Wohnungsproblems prüfen. Wir hatten den Eindruck, die Rettung war nahe.

»Bis bald, Arthur!« rief Monsieur Calaque mir zu, als wir in den Wagen stiegen, der uns zum Bahnhof brachte.

Wir waren selig und voller Zuversicht. Bis bald, Arthur ... Die Worte des Direktors der Aérospatiale hallten in uns nach.

Am 21. bekamen wir einen Anruf von Dimitri N., einem sympathischen jungen Mann, der uns seit unserer Ankunft in Paris zu helfen versuchte. Dimitri hatte eine gute Nachricht für uns: Emmanuel de la Taille, ein langjähriger Freund, wolle mich in seiner Sendung ›Le Club de L'enjeu‹ haben, die Samstag vormittags in TFI ausgestrahlt wurde. Es handelte sich um einen kleinen Auftritt am Schluß der Sendung; Dimitri würde seine Idee erläutern – Unternehmen und Firmen könnten Patenschaften für hochbegabte Kinder übernehmen – und mich als Vertreter dieser Gruppe vorstellen.

Das Thema war bereits für den kommenden Samstag, den 23., eingeplant. Am andern Tag um 15 Uhr mußten Jaona und ich uns zur Vorbereitung der Sendung in der ›Bar du Press Club de France‹ in der Avenue de Iéna im 16. Arrondissement, unweit des Palais de Chaillot, einfinden. Die Produzenten und Dimitri würden ebenfalls zugegen sein.

Nach der Begrüßung durch Emmanuel de la Taille und Alain Weller begannen die Proben für meinen Auftritt unter der souveränen Leitung von Emmanuel de Taille, der mich nachhaltig beeindruckte – und sei es nur durch seine beruhigende Art, jeden zu duzen.

Er hatte seine Hausaufgaben offensichtlich gemacht. So wollte er zum Beispiel von Jaona wissen, welche Lehrmethoden ihn bei der Schulung meines Denkvermögens, meines sprachlichen Ausdrucks, meiner Konzentrationsfähigkeit und meines Gedächtnisses inspiriert hätten. Mich fragte er, welche geistigen Tätigkeiten ich bevorzuge, was mir mehr liege, die Analyse oder die Synthese, und ob ich mich als Stratege oder eher als Taktiker sähe. Er ging erstaunlich sparsam mit Worten um und hatte jedes Thema im Handumdrehen abgehakt.

Bevor wir uns verabschiedeten, umriß er kurz das Programm der Sendung:

»Unser Gast wird der Chef des Stanz- und Prägewerks Selongey sein, Emmanuel Lescure ...«

Mein Vater fiel aus allen Wolken.

»Das gibt's doch gar nicht! Das darf doch nicht wahr sein! Emmanuel Lescure ist Arthurs Cousin; sein Vater, Frédéric Lescure, und Arthurs Großmutter sind Geschwister. Und unsere Beziehungen sind seit einiger Zeit ziemlich gespannt ...«

»So?« Emmanuel de la Taille klang leicht verärgert. »Schön, da sollten wir vielleicht noch mal drüber reden, Dimitri.«

»Hören Sie, wenn es Probleme gibt, laden Sie Arthur eben wieder aus und suchen einen Ersatz für ihn«, schlug Jaona sogleich vor.

»Es wird in jedem Fall besser sein, du kommst morgen früh nicht ins Studio«, wandte sich Dimitri an meinen Vater, und der nickte zustimmend.

»Okay, wir werden sehen«, sagte Emmanuel de la Taille. »Ich will erst hören, was Lescure dazu meint. Paß auf, Dimitri, ich ruf' dich an, sobald ich meine Entscheidung getroffen habe.«

Wir warteten gespannt auf Dimitris Anruf. Endlich klingelte das Telefon.

»Alles klar, wir treffen uns morgen früh pünktlich um 7 Uhr 30 an der Ecke Place d' Iéna.«

Obwohl ich mit den Hühnern – nämlich um halb sechs – aufstehen mußte, was höchst selten vorkam, war ich top drauf, als ich die ›Bar du Press Club‹ betrat, von wo live von 8 Uhr 30 bis 9 Uhr gesendet wurde.

Die Gäste waren alle da, auch Emmanuel Lescure, den ich zum erstenmal sah. Nach dem Frühstück, das für mich aus einem großen Glas Orangensaft bestand, war es soweit.

Fünf Minuten vor Schluß der Sendung stellte Emmanuel de la Taille Dimitri vor und bat ihn, kurz seine Idee zu erläutern: die Möglichkeit einer Patenschaft für hochbegabte Kinder durch Unternehmen. Danach war ich an der Reihe. Ich stellte mich vor, erzählte, daß ich zehn Jahre alt sei. Schon die Mittlere Reife gemacht hätte und mit Begeisterung lernte; ich erwähnte auch, mein Lieblingsgebiet sei die Mathematik.

Dimitri schloß mit den Worten, »Wunderkinder« wie ich müßten gezielt gefördert werden, und die Unternehmen hätten in ausreichendem Maße die Mittel dazu.

Einige Minuten nach dem Abspann saßen Emmanuel Lescure und ich uns allein gegenüber. Ein befangenes Schweigen herrschte. Schließlich nahm ich meinen Mut zusammen und sagte:

»Es muß jetzt ungefähr ein Jahr hersein, da hast du Dadou ziemlich barsch abgefertigt, als sie dich anrief ...«

»Ja, ich weiß, ich war damals nicht ansprechbar ... Ich hatte eine Menge um die Ohren ... Sag deiner Mutter, sie braucht mir nur zu schreiben, okay?«

Mehr hatte er mir nicht zu sagen. Kurz bevor er ging, stellte er mir noch seine Frau und seine Tochter vor, die angeblich »erfreut waren, meine Bekanntschaft zu machen«, wie es sich gehörte ...

Zu Hause in St. Maur waren wir uns einig: Ein besseres Medium als diese Fernsehsendung hätten wir uns nicht wünschen können. Und aus Emmanuel Lescures Worten schloß ich, daß er eventuell doch noch eine Überprüfung meines Falls vornehmen würde.

Alles in allem also ein positiver Tag. Und daß Kalvine zwei Monate alt wurde, war ein weiterer Grund zum Feiern.

Tags darauf fuhren wir – wie fast jeden Sonntag – in den Bois de Vincennes. Nach einem herrlichen Tag kam sogar unser Bus pünktlich auf die Minute. Kein Zweifel: Wir hatten eine Glückssträhne!

9

Jean-Claude S. vom Kultusministerium teilte uns mit, das Condorcet-Gymnasium im 9. Arrondissement sei bereit, mir Privatunterricht zu erteilen. Diese Schule stand zwar nicht auf der Liste, aber wegen so einer Lappalie würden wir bestimmt keinen Streit anfangen. Mit Monsieur Chartrel, dem Direktor, vereinbarten wir einen Termin für den 3. Mai um 11 Uhr 30.

Er bedaure, bemerkte Monsieur Chartrel am Rande, daß ich mich nicht für den regulären Schulbesuch entschieden habe, das heißt für den Besuch der Sekunda. In der von mir gewünschten Form könne mir nur ein, zwei Stunden pro Woche Unterricht in Mathematik, Physik/Chemie und Französisch erteilt werden, und zwar von Lehrkräften, die sich freiwillig zur Verfügung stellten; man könne also davon ausgehen, daß sie entsprechend motiviert seien. Am 10. Mai um 10 Uhr sollten wir wiederkommen, damit wir Madame F., meine Französischlehrerin, kennenlernten.

An besagtem Tag ließ der Direktor uns nach wenigen Augenblicken mit Madame F. allein. Jaona umriß in knappen Worten mein Niveau in Französisch und erläuterte, wie er sich meine weitere Ausbildung vorstellte:

»In Anbetracht seines Alters und seines Wissensstands wäre es vielleicht angebracht, den Schwerpunkt auf die Verbesserung des mündlichen und schriftlichen Ausdrucks zu legen statt auf Literaturgeschichte. Arthur ist zwar reif für sein Alter, aber ich bezweifle, daß ihn Emma Bovarys innere Konflikte oder die Leiden eines Helden von Stendhal oder Balzac wirklich interessieren. Seine Gedanken, seine Empfindungen so klar und präzise wie möglich wiederzugeben, ist meiner Ansicht nach wichtiger. Das sollte er lernen ...«

Madame F. sagte nicht viel dazu. Sie verstehe, worauf Jaona hinauswolle. Zum Schluß gab sie mir ein Gedicht von Rimbaud, ›Der Schäfer im Tal‹, und bat mich, eine Textanalyse vorzunehmen, die ich in der darauffolgenden Woche abgeben solle. Ich legte eine Abschrift in das Fach von Madame F., aber ich habe sie nie wiedergesehen – weder die Abschrift noch die Lehrerin ...

Mit den andern beiden Lehrern traf ich mich am 16. Mai, und vier Tage später hatte ich um elf meine erste Physikstunde bei Madame C. Wir kamen nicht besonders gut miteinander aus.

Sie redete pausenlos auf mich ein: Ich hätte in die Sekunda gehen sollen – wie alle andern Kinder auch – und was für eine hervorragende Lehrerin sie sei – ›die Agrégation habe ich zwar nicht, aber beinahe, mein Mann hat sie jedenfalls!‹; und sie habe schon einmal ein hochbegabtes Kind unterrichtet, das mit fünfzehn das Abitur gemacht und danach die ›École normale supérieure‹ und die ›École des mines‹, die

Hochschule für Bergbau und Hüttenwesen, besucht habe.

Und das alles in einem moralisierenden Ton, den ich überhaupt nicht vertrug.

Sie hielt mir einen ganzen Vortrag darüber, was ich hätte tun, wie ich es hätte besser machen sollen. Dabei wollte ich nichts weiter als Unterricht in Physik und Chemie.

Einmal gerieten wir ziemlich heftig aneinander. Ihr war ein Fehler unterlaufen, aber das wollte sie um keinen Preis zugeben.

»Willst du mir etwa sagen, was richtig ist und was falsch?« fuhr sie mich in höchster Erregung an. Als sie sich beruhigt hatte, meinte sie selbstgefällig: »Ich werde meinen Mann bitten, die Sache zu überprüfen.« Damit war der Vorfall für sie erledigt.

In der nächsten Stunde räumte sie schließlich ein, ich hätte recht gehabt – aber ihre Lösung sei auch nicht ganz falsch gewesen …

Diese ›hervorragende‹ Lehrerin, der Selbstbeweihräucherung über alles ging und die nichts mehr liebte, als mir Gardinenpredigten zu halten, hinterließ keinen nachhaltigen Eindruck bei mir.

An meiner Mathematiklehrerin dagegen gab es nicht das geringste auszusetzen. Sie legte großen Eifer an den Tag, blieb immer sachlich und ließ keinen Fehler durchgehen. Sie machte keine einzige persönliche Bemerkung, die unser Schüler-Lehrer-Verhältnis vielleicht belastet hätte, sondern erfüllte schlicht ihre Aufgabe: Sie lehrte mich Mathematik, als sei es das Selbstverständlichste von der Welt. Mein Alter oder mein ungewöhnlicher Werdegang kümmerte sie nicht; sie respektierte den Weg, den ich gewählt hatte.

Wir nahmen den Lehrstoff der Abiturklasse durch,

den ich ja schon allein gepaukt hatte. Angesichts unserer begrenzten Zeit beschlossen wir, lieber ein Kapitel gründlich zu wiederholen als alle nur oberflächlich. Wir entschieden uns für die komplexen Zahlen. Und leisteten gute Arbeit.

Die Erfahrung am ›Condorcet‹-Gymnasium zeigte wieder einmal, daß alles von der Berufsauffassung des jeweiligen Lehrers abhing. Und das war oft eine Frage der Persönlichkeit. Die besten Lehrer waren meines Erachtens die, die ganz einfach ihre Arbeit machten.

Der Privatunterricht dauerte lediglich zwei Wochen, in denen ich dreimal zwei Stunden Mathe und fünfmal anderthalb Stunden Physik/Chemie hatte, also insgesamt nicht einmal vierzehn Stunden Unterricht. Die kurze Episode eignete sich nicht, mir Lust auf die Schule zu machen.

Ich fürchtete, Lehrer wie Madame C., die meinen Ausbildungsgang in ein schlechtes Licht rückten, seien kein Einzelfall. Was ich aber brauchte, war qualifizierte Hilfe beim Lernen. Außerdem behagte mir die ganze Atmosphäre in der Schule nicht, der Wettbewerbsgeist unter den Schülern und die Tatsache, daß meine Mitschüler sehr viel älter wären ...

Am 23. Mai überraschte uns Kalvine, die drei Monate alt wurde, mit einer kleinen Sondereinlage: Sie lag auf dem Bauch, richtete sich, auf die Hände gestützt, plötzlich auf und fand sich auf dem Rücken wieder.

Jaona hatte seinen Job vor gut einer Woche an den Nagel gehängt. Er war es leid, sich für einen Hungerlohn abzurackern. Dadou hatte ihm zugeredet. Sie war schon lange der Meinung, die Arbeit sei nichts für ihn. Er wollte versuchen, etwas auf dem Gebiet der Didaktik oder der Bildung allgemein zu finden.

Dimitri hatte die Idee gehabt, eine Arbeitsgruppe für hochbegabte Kinder zu organisieren und das Projekt von Firmen und Unternehmen finanzieren zu lassen. Und Jaona, so meinte er, könne diese Gruppe betreuen. Doch vor Schuljahresbeginn im September war an eine Verwirklichung des Vorhabens nicht zu denken.

Bei der Arbeit hatte Jaona einen leitenden Angestellten kennengelernt, der ebenfalls ein Projekt vorbereitete: die Gründung einer Sozietät von Beratern und Tutoren zur Aus- und Weiterbildung von Führungskräften. Aber die Vorbereitungsphase zog sich in die Länge ... Und Jaona brauchte schnell etwas. Sehr schnell sogar, denn unsere Ersparnisse gingen rasch zur Neige. Eigentlich konnte uns nur ein Wunder retten.

TEIL IV

Kurs aufs Abitur

1

Am Montag, dem 16. Mai, verließ Dadou ziemlich früh das Haus, um den *Figaro* wegen der Stellenanzeigen zu kaufen. Und siehe da: Eine Familie suchte einen Privatlehrer für ihren sechsjährigen Sohn.

Jaona ließ sich die Sache lange durch den Kopf gehen. Ein sechsjähriges Kind zu unterrichten war eine verantwortungsvolle Aufgabe. Er wollte ganz sicher sein, daß er dazu in der Lage war, ehe er diese große Verantwortung übernahm. Nach reiflicher Überlegung beschloß er, auf die Anzeige zu antworten. Er schilderte seinen Werdegang als Psychoanalytiker und beschrieb kurz die Erfahrungen, die er mit mir gesammelt hatte. Seinem Schreiben fügte er die Fotokopie einer Aufnahme von uns dreien bei, die im Juli 1987 in *Télé 7 jours* erschienen war. Am 24. Mai brachte er den Brief zur Post.

Vier Tage später rief die Hausmeisterin gegen Mittag bei uns an und sagte, unten bei ihr warte jemand mit einer wichtigen Nachricht für uns. Verdutzt ging

Jaona hinunter. Als er eine Viertelstunde später wieder heraufkam, war er total hektisch.

»Das war wegen des Inserats! ... Ich muß gleich bei ihnen anrufen und einen Termin vereinbaren!« stieß er atemlos hervor, während er gleichzeitig seine Gedanken für das bevorstehende Telefonat zu sammeln versuchte.

Die Familie hatte die Telefonnummer in Jaonas Bewerbungsschreiben nicht entziffern können, daher die Umstände. Man vereinbarte einen Termin für den andern Tag 11 Uhr.

Am anderen Morgen verließ Jaona das Haus kurz vor elf und kam erst gegen 8 Uhr abends zurück. So lange hatte das Gespräch mit dem Ehepaar Adonis, wie wir sie nennen wollen, gedauert.

Monsieur und Madame Adonis wohnten in der Nähe des Jardin du Luxembourg und gehörten zur Pariser Gesellschaft. Sie hatten drei Kinder – Senior, fünfzehn Jahre alt, Junior, dreizehneinhalb, und Benjamin, sechs –, für die sie einen Privatlehrer suchten. Er sollte die beiden ältesten bei den Hausaufgaben betreuen und den Jüngsten, der nicht zur Schule gehen würde, unterrichten.

Die Eltern sahen sich angesichts ihrer zahlreichen beruflichen und gesellschaftlichen Verpflichtungen nicht in der Lage, sich um die Schulprobleme ihrer Söhne zu kümmern.

Unter den vielen Bewerbern war die Wahl ziemlich schnell auf Jaona gefallen. Monsieur Adonis erinnerte sich nämlich, in einer Ausgabe des *Nice-Matin* vom Juli '87 einen Artikel über mich gelesen zu haben, der ihn tief beeindruckt hatte. Überzeugt, in Jaona den berühmten weißen Raben gefunden zu haben, handelten die Adonis' unverzüglich die Bedingungen des

Anstellungsvertrags mit ihm aus. Beide Parteien kamen jedoch überein, sich vor der endgültigen Zusage zwei, drei Tage Bedenkzeit zu gewähren.

Am Mittwoch, dem 1. Juni, war der Vertrag unter Dach und Fach. Ein Vierjahresvertrag! Jaona würde die beiden Ältesten von Juli bis Mitte August betreuen und ab September den Jüngsten unter seine Fittiche nehmen. Monsieur Adonis hatte sich zudem bereit erklärt, für unsere Unterkunft und den Transport unserer Möbel von Pau nach Paris aufzukommen.

»So ein Glück! So ein Glück!« jubelte Dadou.

Endlich würden wir unsere Sachen wiederbekommen, endlich ein richtiges Zuhause haben! Wir waren außer uns vor Freude.

Wir machten uns auf Wohnungssuche. Paris war ein teures Pflaster, zu teuer für uns, das wurde uns bald klar, und so schauten wir uns in den Vororten im Süden und Südosten um; von dort bis ins Zentrum brauchte man knapp zwanzig Minuten. Mein Vater endeckte eine Anzeige im *Figaro*: eine Drei-Zimmer-Wohnung unweit vom Bois de Vincennes für 5000 Francs plus Nebenkosten.

Er fuhr hin, um sie zu besichtigen, und war hellauf begeistert. Wir müßten sofort kommen, drängte er am Telefon. Dadou und ich staunten Bauklötze. Wir glaubten zu träumen, so phantastisch war die Wohnung. Wenn wir an die dachten, die man uns bisher angeboten hatte ... Wir konnten es kaum erwarten, hier einzuziehen. Und das beste war, die Wohnung lag in einem jener Häuser, zu denen Dadou so sehnsüchtig hinübergeschaut hatte, als wir damals an der Haltestelle auf unseren Bus warteten! An derselben Haltestelle waren wir auch heute wieder ausgestiegen.

Monsieur Adonis brauchte nur noch die Sache mit dem Mietvertrag zu regeln. Zuerst konnten wir unser Glück kaum fassen. Aber dann sagten wir uns, vielleicht war die unverhoffte Wende doch nicht nur reiner Zufall gewesen ... Wie auch immer, wir waren jedenfalls überglücklich.

Nach der Durststrecke der letzten acht Monate ging für uns ein Traum in Erfüllung: der Traum von einer blitzsauberen, großzügigen Wohnung in einem hübschen, modernen Haus, dessen Eingang von Blumenbeeten gesäumt war und das einen herrlich angelegten Garten mit ausladenden Bäumen – die Äste reichten fast bis zu unserem Balkon – sein eigen nannte, und das alles in einem ruhigen, durchgrünten Viertel keine zwei Gehminuten vom Bois entfernt. Was wollten wir mehr? Die Wohnung hatte zwar »nur« siebzig Quadratmeter, aber zum erstenmal, seit wir aus Thèze fortgezogen waren, hatte ich wieder ein Zimmer ganz für mich allein. Endlich konnten wir ein einigermaßen normales Leben führen. Uff!

Wir freuten uns riesig, all unsere Sachen wieder um uns zu haben. Ich schaute gleich nach, ob meine Bücher und meine Hefte noch alle da waren. Doch es fehlte zum Glück nichts; sie rochen nur ein bißchen muffig.

Ich hatte alle Hefte, sogar die Schmierhefte, von Anfang an aufgehoben: Sie waren mein größter, mein einziger Schatz. Bewegt blätterte ich sie durch; meine nichtsahnende kleine Schwester beobachtete mich dabei. Für meine Eltern und mich war es wie eine wehmütige Reise in die Vergangenheit, Erinnerungen an wundervolle Stunden, da mir alles wie Zauberei vorkam: Fußball spielen, tanzen, zeichnen, malen, schreiben, lesen, rechnen. Ein goldenes Zeitalter, in dem ich das Gefühl hatte, daß mir alles, was ich anfing, gelang. Mit den Jahren war ich mir freilich meiner Grenzen bewußt geworden – oder sagen wir besser: Die Wirklichkeit holte mich ein.

An meinen Plänen hatte ich all die schweren Monate hindurch festgehalten. Und jetzt, da es wieder aufwärtsging, spornten Dadou und Jaona mich an wie noch nie:

»Du kannst Großartiges leisten, Arthur, du hast das Zeug dazu, das weißt du! Mach was draus, jetzt wo du freie Bahn hast. Laß dich von deinen Gefühlen leiten, tu, was immer du für richtig hältst. Um den täglichen Kleinkram kümmern wir uns schon ...«

Sie ließen mir völlig freie Hand und übertrugen mir damit noch mehr Verantwortung, als ich ohnehin bereits hatte. Ich empfand es als Privileg, mit meinen elf Jahren praktisch als mündiger Mensch betrachtet zu werden, der fähig ist, sich Ziele zu setzen, seine Energie auf die Verwirklichung dieser Ziele zu verwenden und seinen Weg mit dem nötigen Willen zum Erfolg zu gehen. Mein Weg, das war die Mathematik. Davor stand jedoch zunächst einmal das Abitur im Juni 1989.

Ein gutes Jahr blieb mir bis dahin. Und ich hungerte förmlich danach, mich mit Wissen vollzustopfen.

In der Buchhandlung Gibert in der Rue Racine durfte ich mir jede Menge Bücher kaufen. Was war das doch für ein herrliches Gefühl! Ich war selig. Und meine Eltern auch, weil ich so glücklich war. Als wir in der Metro nach Hause fuhren, flüsterte Jaona mir zu:

»Ich werde es immer irgendwie auftreiben, dieses verdammte Geld, solange du nur glücklich bist.«

Er drückte mich fest an sich und gab mir einen herzhaften Kuß auf die Wange. Kalvine weinte leise vor sich hin, wahrscheinlich hatte die Ärmste Hunger. Dadou strich ihr zärtlich über das Köpfchen.

Schritt für Schritt kletterten wir den Hang hinauf, in dem Bewußtsein, bereits über den Rand des Abgrunds geblickt zu haben …

Unerfreuliches widerfuhr uns jedoch auch weiterhin. So wurden wir zwar vom Direktor einer Computergesellschaft, die Dimitri ausfindig gemacht hatte und die anscheinend Bereitschaft signalisiert hatte, mir einen Computer zur Verfügung zu stellen, emfangen, hörten danach aber nie wieder von ihm. Keine Nachricht, kein Anruf, nichts.

Die Sache mit der Aérospatiale war noch rätselhafter. Gut zwei Monate waren seit unserem Besuch bei Monsieur Calaque in Les Mureaux vergangen. Er hatte sich seitdem nicht mehr gemeldet. Uns gab sein Verhalten Rätsel auf. Hatte er nicht zum Abschied gesagt: »Bis bald, Arthur«? Ich hatte doch nicht geträumt, oder?

Aber angesichts des Glücks, das in jenem Sommer 1988 wieder bei uns eingezogen war, nahmen wir das alles sehr gelassen hin.

Wir waren praktisch wunschlos glücklich. Wir hatten Platz genug, Ruhe, herrlichen Sonnenschein. Vom frühen Morgen an, wenn das Licht swingend durch den Garten und über den Balkon in unsere Wohnung flutete, bis zum Abend, wenn wir nach dem Essen zu einem langen Spaziergang im Bois de Vincennes aufbrachen.

Dadou kümmerte sich um Kalvine, ich mich um meine Arbeit und Jaona um seine. Er betreute die beiden älteren Adonis-Kinder – Senior und Junior – lediglich vier Stunden täglich, und zwar von 10 bis 12 und von 14 bis 16 Uhr.

Nachmittags begleitete ich ihn; ich gab Senior Mathematikunterricht. Er war völlig deprimiert, weil eine Wiederholung der Sekunda unvermeidlich schien; bisher war er bei den Jesuiten in Ostfrankreich zur Schule gegangen. Jaona sollte nun seinen Notendurchschnitt und seine Moral soweit anheben, daß er die Prima einer kleinen Abivorbereitungsschule im gleichen Viertel besuchen konnte. Zuvor mußte er jedoch eine Aufnahmeprüfung in Mathematik, Physik/Chemie und Französisch ablegen.

Jaona übernahm den Matheunterricht für Junior und den Französischunterricht für beide Brüder. Junior hatte eine Privatschule im Südwesten besucht, die weniger für ihre hervorragende Ausbildung als für ihre »Tradition« berühmt war. Nachdem er von der Sexta direkt in die Quarta versetzt worden war, wollte er jetzt unbedingt die Tertia überspringen und mit der Sekunda weitermachen. Dahinter steckte vor allem der Ehrgeiz seines Vaters, der große Stücke auf ihn hielt. Angesichts von Juniors Niveau allein in Mathe und Französisch würde das ein hartes Stück Arbeit sein.

Ein volles Programm also für Jaona und mich. Und die enormen Konzentrationsschwierigkeiten der beiden Brüder erleichterten uns unsere Aufgabe nicht gerade.

Jaona nahm als erstes eine Problemanalyse vor und arbeitete sodann ein Programm zur Behebung der einzelnen Problemfelder aus. Entscheidend war, daß es ihm gelang, die Brüder zur Mitarbeit zu bewegen, ihr Interesse zu wecken.

Da er mich in sein Programm mit einbezog, hatte ich mich strikt an seine Anweisungen zu halten. Zum Beispiel mußte ich regelmäßig überprüfen, ob der Stoff, den wir durchgenommen hatten, auch verstanden worden war. Aber niemals mit der Frage: »Hast du das verstanden?«, denn ein »ja« als Antwort bedeutete nicht notwendigerweise, daß der Schüler tatsächlich alles begriffen hatte. Richtig mußte es heißen: »Zeig mir, ob du das verstanden hast!« Noch besser ist eine kleine Zwischenprüfung.

Die Mathematik gleicht einem Gebäude: Nur wenn das Fundament solide und die einzelnen Teile stabil miteinander verbunden sind, steht es sicher. Deshalb ist es wichtig, sich immer wieder vom Wissenstand des Schülers zu überzeugen.

Das Ergebnis unserer Bemühungen war recht ermutigend: nach knapp fünfwöchigem intensivem Training hatte Senior sich erheblich verbessert, auch wenn ihm das kontinuierliche Arbeiten manchmal schwerfiel. Gelegentlich brachen seine Gedanken aus, ab in Richtung Strand, Sonne, Meer. Aber sein Erfolg spornte ihn an und motivierte ihn. Ich freute mich mit ihm. Und ich war stolz, eine so schnelle Wandlung bewirkt zu haben.

In Physik und Chemie sowie in Jaonas Französischstunden arbeitete er ebenfalls ordentlich mit; er war auf dem rechten Weg, kein Zweifel, und hatte sich die vierzehn Tage Ferien am Meer redlich verdient. Junior war ein etwas schwierigerer Fall, labiler als sein Bruder und zuweilen ganz schön nervtötend, nach allem, was Jaona erzählte. Seine Eltern meinten jedoch, man müsse es ihm hoch anrechnen, daß er überhaupt so lange durchgehalten hatte.

Beide Brüder erreichten ihr Ziel: In derselben Schule nur einen Katzensprung von den Adonis' entfernt wurde Senior in die Prima und Junior in die Sekunda aufgenommen. Die Freude war groß. Nach der langen Trennung von ihrer Familie würden sie endlich wieder alle zusammensein.

Die Erfahrung hatte mich zwei grundsätzliche Dinge gelehrt.

Erstens hatte ich Einblick in die Lehrmethoden meines Vaters bekommen: Ich war nicht mehr Schüler, sondern Beobachter der Lehrer-Schüler-Beziehung, ja sogar selbst Lehrer gewesen, eine Rolle, die eine genaue Analyse der präzisen Mechanismen der »Nachrichtenkontrolle« ermöglichte. Jaona definierte »unterrichten« nämlich als »eine Nachricht kontrollieren«, und zwar vom Sender über den Übermittlungsweg bis zum Empfänger. Das heißt, der Unterrichtende muß kontrollieren, was er sagt und tut, wie er es sagt und tut und wie der Unterrichtete das von ihm Gesagte und Getane aufgenommen und verarbeitet hat. Hört sich einfach an, erfordert jedoch sehr viel Können. Und nachdem ich einst selbst Nutznießer dieser Methode gewesen war, hatte ich nun Gelegenheit gehabt, sie zu erlernen und im Umgang mit anderen anzuwenden.

Nehmen wir ein Beispiel. Ein mathematischer Lehrsatz muß in klaren, präzisen Worten erklärt werden, so klar und präzise wie das dazugehörige Beispiel. Die Nachricht muß eindeutig und unmißverständlich sein, frei von allen Störgeräuschen, so daß der Empfänger sie nicht anders interpretieren kann.

Ob und inwieweit der Empfänger die Nachricht, in

unserem Fall den Lehrsatz, verstanden hat, wird durch Tests von zunehmendem Schwierigkeitsgrad überprüft, um die Grenzen der effektiven geistigen Aufnahme auszuloten.

Die Nachricht wird als verstanden betrachtet, wenn der Empfänger die Form der Aussage in einem größeren Rahmen wiedererkennt, das heißt wenn sie bei ihm sozusagen auf Resonanz stößt.

Zweitens war diese Erfahrung insofern lehrreich für mich, als ich die Wirkung psychologischer Tricks kennenlernte. Mein Vater wandte sie insbesondere beim Ältesten an, um ihn aus seinem seelischen Tief zu reißen.

Zuerst gab er ihm sein Selbstvertrauen zurück, indem er ihm bewies, was für geistige Kräfte in ihm schlummerten. Danach setzte er ihn gerade soweit unter Druck, daß er zu konstantem Arbeiten gezwungen war. So vermied er einen Rückfall, auf den man bei einem relativ labilen Jungen wie Senior stets gefaßt sein mußte.

Jaona hatte ein wirklich verblüffendes Ergebnis erzielt. Zumal es sich bei den Kindern um »verwöhnte Gören« handelte: Sie neigten dazu, ihn mit einer gewissen Herablassung zu behandeln, so als wäre er nichts als ein weiterer Angestellter. Er hatte sich erst einmal Respekt verschaffen müssen, bevor er seine Aufgabe in Angriff nehmen konnte.

Senior selbst staunte am meisten über seine gewaltigen Fortschritte.

»Jetzt liegt es an dir, auf dieser Grundlage aufzubauen. Und du wirst sehen, es macht sich bezahlt«, gab ihm Jaona noch mit auf den Weg, bevor er mit seinem Bruder ans Meer flog, in die wohlverdienten Ferien im Kreis seiner Familie.

2

Nach der ersten Nacht in unserem neuen Zuhause gestanden meine Eltern mir, wie schön es gewesen sei, endlich wieder einmal miteinander zu schlafen.

»Fast zehn Monate ohne Sex, kannst du dir das vorstellen? Wahnsinn! ... In der ganzen Zeit haben wir nicht mal dran gedacht«, sagte Jaona zu mir, während er sich ausgiebig räkelte. »Miteinander zu schlafen ist etwas Besonderes, weißt du, so eine Art Fest, und zum Feiern hatten Dadou und ich in den letzten Monaten wenig Grund ... Aber das ist jetzt vergessen und vorbei, zumal wir überhaupt keine Probleme hatten ... Nur ein bißchen Lampenfieber vorher ... Es war wirklich ein Fest!«

»Stimmt«, bekräftigte Dadou. »Es war, als ob ... als ob es diese lange Pause nie gegeben hätte ... Es war wunderbar.«

»Wir haben einfach Ferien vom Sex gemacht, das ist alles«, meinte mein Vater lächelnd.

Ich war gerührt und sehr glücklich, insbesondere freute ich mich für Dadou. Eine Sekunde lang sah ich sie wieder vor mir, zutiefst verletzt von der Verständnislosigkeit und den Angriffen unserer Mitmenschen, gegen die sie mich nicht verteidigen konnte, und unter ihrer Hilflosigkeit leidend. Sie hatte mir immer gesagt: »Ich würde alles für dich tun, Arthur. Ich hab' dich gewollt. Ich würde alles für dich geben, würde bis zum letzten Atemzug für dich kämpfen, das weißt du, nicht wahr? Du bist mein eigen Fleisch und Blut. Ich würde niemals zulassen, daß man dir deine Freiheit beschneidet oder dir ein Leid zufügt.«

Ich bedeutete ihr alles, mehr noch als mein Vater ... Und jedesmal, wenn sie so mit mir redete, kamen mir die Tränen. Dann fing sie auch zu weinen an, und wir klammerten uns schluchzend aneinander, bis unser Herzschlag, die Wärme unserer Körper eins waren …

Am ersten Juliwochenende, noch bevor Jaona seine Stelle angetreten hatte, fuhren wir nach Vecoux. Die ganze Familie kam zusammen, um den fünfzigsten Hochzeitstag von Oma und Opa zu feiern.

Zum Gottesdienst am Samstag vormittag kamen auch etliche Dorfbewohner. Ich saß in der ersten Reihe rechts vom Mittelgang; meine Eltern und Kalvine saßen unmittelbar hinter mir. Ich war erst einmal in einer Kirche gewsen: Aus Respekt vor der Gewissensfreiheit hatten meine Eltern weder mich noch Kalvine taufen lassen. Die Erhabenheit der heiligen Stätte erfüllte mich mit Erfurcht.

Andächtig lauschte ich der Predigt. Plötzlich bekam ich einen furchtbaren Schreck: Mir kam es so vor, als ob der Pfarrer nur mich mit seinen Worten meinte, richtete er doch auch seinen glühenden Blick immer wieder auf mich! Und was mache ich? Ich fange an zu weinen, lautlos, mit zugeschnürter Kehle, Beine und Körper vor Ergriffenheit wie gelähmt. Dann höre ich, wie Dadou hinter mir auch anfängt …

»Das war die Gnade Gottes, die über dich gekommen ist«, flüsterte Jaona mir später zu und strich mir über den Kopf. »Sei froh, Arthur. Die Gnade, das ist etwas Einzigartiges, etwas Wundervolles!«

Zu meinem elften Geburtstag wurde ich reich beschenkt. Ich bekam einen Walkman, ein Paar Fußballschuhe, ein Paar Laufschuhe mit Spikes und tolle Shorts und Trikots. Dadou kochte ein phantastisches

Menü, und zum Nachtisch gab's Eiscreme und ein Gläschen Sekt. Ehrlich gesagt, ein bißchen mehr als nur ein Gläschen ... Ich muß gestehen, ich habe eine Schwäche für Sekt.

Sich an einem schönen Sommernachmittag per Walkman einen rockenden Blues reinzuziehen, war für mich das größte überhaupt. Johnny Winter, Stevie Ray Vaughan und sein Idol Jimi Hendrix waren meine absoluten Favoriten. Drei *guitar heroes*, deren Musik mich abheben ließ. Zum Beispiel »Tin Pan Alley« von Stevie Ray Vaughan; er legte soviel Gefühl in seine warme, kraftvolle Stimme, sein Gitarrenspiel trug mich in den Himmel hinauf, und das Poetische, das Virtuose des gewaltigen Chors wühlte mich zutiefst auf. Wenn mich jemand fragte, wie er spielt, würde ich antworten: mit den Händen eines Magiers und einem riesengroßen Herzen! »Tin Pan Alley« ist das Stück, das ich auf eine einsame Insel mitnehmen würde ...

Gitarre spielen zu können wie Stevie Ray Vaughan erscheint mir ebenso erstrebenswert, wie ein großer Mathematiker zu sein. Beides würde mich mit dem gleichen Glücksgefühl erfüllen, beides meine ganze Seele besitzen. Musik ist etwas, das ich mit dem ganzen Körper fühle, fast so, als könnte sie mich verzaubern. Jede Note der Stücke, die ich in meinem Leben gehört habe, ist unauslöschlich in meine Zellen eingebrannt. Musik hören bleibt meine Lieblingsbeschäftigung *number one*, noch vor Mathematik, Sport, Poesie und allem andern. Musik läßt mich vibrieren vom Kopf bis zu den Zehen.

Und der Walkman ist eine geniale Erfindung! Allerdings gefährlich fürs Trommelfell. Von nun an konnte ich hören, was ich wollte, wann immer ich wollte.

Wir begannen auch wieder Sport zu treiben, und zwar im Parc du Tremblay, zehn Minuten von zu Hause. Das etliche Dutzend Hektar große Gelände war in Fußball- und Rugbyplätze aufgeteilt; daneben gab es auch ein großzügiges Leichtathletikstadion. Um diese Jahreszeit hatten wir die Anlage praktisch für uns allein. In jenem Sommer herrschte ohnehin eine solche Gluthitze, daß man Sport nur frühmorgens – was nicht unser Fall war – oder am späten Nachmittag treiben konnte. Wir kamen meist gegen 8 Uhr abends und blieben bis zur Schließung zwei Stunden später.

Jaona zeigte mir, wie ich mit meinen Spikes richtig auf der Aschenbahn lief. Ein irres Gefühl! Und ein ganz anderes als bei meinen Waldläufen. Hier machte mir das Laufen noch mehr Spaß. Unter Jaonas Anleitung trainierte ich abwechselnd Sprinten – über 50, 100 oder 200 Meter – und Ausdauer – über 500 oder 1000 Meter. Das war anstrengender als fünf Kilometer Joggen im Wald, aber ich wurde mit aufregenden Empfindungen belohnt.

Außerdem war die Kulisse natürlich eine ganz andere: ein prächtiges Stadion, ein neuer roter Belag, in dem die Spikes hervorragend Halt fanden, die weißen, schnurgeraden Begrenzungslinien der Bahnen … Angefeuert von Dadou, der aufmerksamen Beobachterin, professionell trainiert von Jaona und begleitet von Kalvines Glucksen und Gurgeln, träumte ich im Licht der untergehenden Sonne für ein paar Minuten meinen Traum …

Zum Fußballspielen gingen wir nach wie vor auf das Gelände am Rand des Bois de Vincennes; der Unterschied war der, daß wir jetzt nicht mehr mit dem Bus zu fahren brauchten wie früher an den Sonntagen, sondern in fünf Minuten zu Fuß da waren.

Ende August, als ich Freistöße trainierte, fiel uns ein Mann um die Vierzig, ein sportlicher Typ, auf, der mit einem Mädchen in Sportkleidung an der Seitenlinie stand und uns zuschaute. Nach einer Weile sprach er uns an. Er stellte sich als Präsident des Clubs von Joinville, einer Nachbargemeinde, vor und erklärte, er sei auf der Suche nach jungen Talenten. Ihm gefiel offensichtlich, was er von mir gesehen hatte, denn er wollte mich überreden, in seinen Verein einzutreten. Das müßten wir uns erst einmal aus der Nähe ansehen, erwiderte Jaona ausweichend.

Eine Woche später nahm ich im Stadion in Joinville am Training teil. Eine enttäuschende Erfahrung: lustlose Atmosphäre, autoritäres Auftreten des Trainers, keine Aufwärmgymnastik, kein Rhythmus. Das war nicht das, was wir uns vorstellten.

Das mangelhafte Ausbildungsprogramm und das Fehlen jeglichen Unterrichts in Balltechnik störte Jaona am meisten. Zwei entscheidende Fakoren fehlten seiner Meinung nach: Konzentration und Koordination.

Sie bildeten die Voraussetzung für die Aufnahme und Verarbeitung einer Nachricht: Die Konzentration war für den korrekten Empfang der Nachricht zuständig, die Koordination für ihre Übermittlung und ihre Aufarbeitung. Nur das Zusammenspiel dieser beiden gewährleistete die Harmonie des Ganzen. Und genau das fehlte hier.

Es war, wie so oft, eine Frage der Kommunikation. Kommunizieren muß man lernen, genau wie lesen, schreiben, rechnen, wie Geschichte, Geographie, Staatsrecht oder Anatomie. Die Fähigkeit zur Kommunikation ist keine angeborene Begabung. Darin sind sich übrigens die meisten einig. Alle reden vom

Erlernen des Lehrens, aber wieviele dieser Ideen und Theorien werden in die Praxis umgesetzt?

Jaona jedenfalls war froh, die Gelegenheit dazu zu bekommen. Ein zweites Mal, denn im Verlauf meiner Ausbildung hatte er die Chance ja bereits genutzt. Ungeduldig fieberte er dem Tag entgegen, an dem er seine Tätigkeit als Benjamins Hauslehrer aufnehmen würde. Wir freuten uns mit ihm. Und waren glücklich, daß er endlich wieder der alte war: zielstrebig, tatkräftig und begeisterungsfähig. So wie wir ihn mochten.

3

Mein Vater fand, es sei an der Zeit, mein weiteres Unterrichtsprogramm insbesondere den Stoff für Französisch und Philosophie, zusammenzustellen. Für einen Jungen meines Alters, meinte er, müßten bestimmte Themen ausgeklammert werden. Selbst in der Abschlußklasse hafte der Philosophie als Schulfach in Anbetracht der begrenzten Erfahrungen der Schüler etwas Künstliches an. »Na, und du erst mit deinen elf Jahren ...« Jaona tat bekümmert; in Wirklichkeit war es ihm völlig egal.

Unser Freund Jean-Charles Terrassier schlug vor, ich solle es ganz sausenlassen und mich auf die anderen Fächer konzentrieren. Jaona dagegen vertrat die Ansicht, Philosphie sei, zumindest in Teilbereichen, vielleicht nicht uninteressant für mich; außerdem sei jeder Punkt für die Gesamtpunktzahl wichtig.

Wir überlegten uns also ein paar Themen, und zwar ausschließlich solche, die mich reizten, in der Hoffnung, daß sie in der Prüfung drankämen. Und wenn nicht, hätte ich eben Pech gehabt. Davon ginge die Welt nicht unter.

Auf Jaonas Rat hin übte ich mich im schriftlichen Ausdruck, damit ich auch wirklich das schrieb, was ich mitteilen wollte. Klar und nüchtern sollte mein Stil sein, auch auf die Gefahr hin, daß er farblos wirkte; das war immer noch besser, als unter seiner Arbeit Bemerkungen zu finden wie »mangelnder inhaltlicher Zusammenhang« oder »unklare Ausdrucksweise« oder »verworrener Stil«. Das genügte nämlich oft schon als Begründung für eine katastrophale Note.

Bei der mündlichen Prüfung in Französisch mußte ich eine Liste von Texten vorlegen.

»Ich werde eine repräsentative Auswahl von Texten der französischen Literatur vom 16. bis 20. Jahrhundert zusammenstellen. Die werden wir dann zusammen studieren. In etwa vier Wochen müßte ich soweit sein.« Jaona war recht optimistisch im Hinblick auf die Prüfung.

Er empfahl mir, die Zeitungen zu lesen, damit ich meine Gedanken ordnen und formulieren lernte, und legte mir einige besonders schreibgewandte Journalisten ans Herz, die logische Argumente notfalls auch mit großer Beredsamkeit zu untermauern verstanden. Der pädagogische Wert eines hervorragenden Leitartikels oder Zeitungsbeitrags wurde mir schnell offenbar, als ich Texte von Jean Boissonat und Jacques Julliard, um nur zwei zu nennen, las. Und lehrreich waren sie obendrein.

Zum besseren Verständnis des Englischen hatte Jaona wieder die *Newsweek* abonniert sowie die Zeitschrift *Vocable*, die Artikel der angloamerikanischen Presse mit Erläuterungen zum Wortschatz abdruckte. In Englisch wurde nur mündlich geprüft, und auch für diese Prüfung mußte Jaona etwa fünfzehn Texte aussuchen. Das Abitur war die Voraussetzung für den Besuch der Universität, die Eintrittskarte zur Hochschule sozusagen. Jaona sagte immer, die Reifeprüfung sei keine Schulabschlußprüfung, sondern das erste Universitätsdiplom. In diesem Sinne bereiteten wir uns darauf vor, konzentrierten uns jedoch nicht ausschließlich auf den Prüfungsstoff, sondern berücksichtigten auch Wissensgebiete, die mich unabhängig davon interessierten.

Ich hatte nicht in allen Fächern das gleiche Niveau. In Mathe und Physik war ich sehr viel besser als in Französisch, Philosophie, Geschichte, Geographie oder Biologie. Und nach einem Jahr Nichtstun hatte sich der Graben noch vertieft.

Für das Schuljahr 1988/89 hatten wir uns daher drei Ziele gesetzt:

Erstens den Turbo in meinen starken Fächern Mathe, Physik und Englisch einzuschalten.

Zweitens die Verbesserung meines mündlichen und schriftlichen Stils. Mir blieb noch ein Jahr für den geistigen Sprung von der Tertia in die Abiturklasse. Eine echte Herausforderung für einen Elfjährigen!

Und drittens die Prüfungsvorbereitung nutzen für die Erweiterung meines Allgemeinwissens in Biologie, Geschichte, Geographie, Wirtschaft und Sozialwissenschaft. Letztgenanntes Gebiet hielten wir in Reserve, falls es mit der Informatik nicht klappen sollte. Aber wir hofften noch immer, daß uns jemand unter die Arme griff und einen Computer zur Verfügung stellte.

»Es gibt Dinge, die du wissen mußt, auch wenn du nichts damit am Hut hast«, sagte Jaona. »Aber sie sind nun mal wichtig für ein besseres Verständnis des Menschen und seiner Umwelt.«

Er hatte mir die Beziehungen der einzelnen Gebiete untereinander und der Gruppen, denen sie angehörten, aufgezeigt. Mathematik/Physik/Informatik/Philosophie gehörten zum logischen Typ; Philosophie/Französisch/Englisch zum assoziativen-linguistischen; Englisch/Wirtschaft/Geographie/Geschichte/Französisch zum assoziativen-kognitiven; und dann gab es noch eine letzte, kleine Gruppe, die überhaupt nicht mein Fall war: Chemie/Biologie – der absolute Horror!

Ich würde zu Hause Privatunterricht bekommen. In Mathe würde ich den Stoff der Vorbereitungsklasse zur Aufnahme in eine Hochschule durcharbeiten, in Physik zum Teil ebenfalls sowie den Stoff der Abiturklasse.

Der Unterricht in diesen beiden Fächern würde ein kleines Vermögen kosten. Allein für die Bücher hatten wir über 1000 Francs auf den Ladentisch geblättert.

Jaona widmete mir jede freie Minute. Lediglich am Wochenende spannte er ein wenig aus. Und selbst das nicht immer. Er war ein Perfektionist, der ständig an sich arbeitete.

Das Training zur Steigerung meiner körperlichen Leistungsfähigkeit setzten wir fort. Was das Fußballspielen betraf, hatten wir nach unserer letzten schmerzlichen Erfahrung erst einmal die Hoffnung begraben, einen Club zu finden, der uns zusagte. Wir spielten am Wochenende ein bißchen für uns, mehr nicht.

Meine Eltern hatten mich außerdem in einem Schwimmverein in Nogent-sur-Marne angemeldet.

Das kostete immerhin 250 Mark im Jahr, aber da Schwimmen gut für Körper und Geist war, wie Jaona behauptete, hatte er den Scheck, ohne mit der Wimper zu zucken, ausgestellt. Ich hatte zweimal die Woche eine Stunde Training, ähnlich wie damals in Pau. Ich ging gern schwimmen, im Wasser fühlte ich mich in meinem Element. Das Training machte ich aber nicht nur zum Vergnügen: Am Schluß fand ein offizieller Wettkampf statt.

Die zweite Sportart, die ich regelmäßig betrieb, war das Joggen. Ich lief täglich eine gute halbe Stunde im Bois de Vincennes.

In den kommenden zwölf Monaten würde mir nicht viel Zeit zum Spielen bleiben; daher wollte ich wenigstens durch sportliche Bestätigung Körper und Seele stärken.

Kalvine, die gerade ein halbes Jahr alt war, hatte sich großartig entwickelt. Sie konnte schon sehr gut sitzen, und eines ihrer Lieblingsspiele war Verstecken: Sie zog sich ein Handtuch über den Kopf und wartete darauf, daß man es wegzog und »Kuckuck – daaa!« sagte. Sie war echt süß. Und machte einen so zufriedenen Eindruck. Wenn sie in ihrem Bettchen lag, lallte und gluckste sie unentwegt vor sich hin. Wie ich im gleichen Alter nahm auch sie schon am Säuglingsschwimmen teil.

Mit Kalvine fingen Dadou und Jaona wieder ganz von vorn an und hatten für mindestens zwölf weitere Jahre Arbeit. »Du bist nicht der einzige Hochbegabte in der Familie. Sieh dir Dadou an: Im Kinderkriegen und -erziehen ist sie ein As!« pflegte Jaona meine Mutter zu necken, wenn wir über Hochbegabte sprachen.

Seit Kalvine auf der Welt ist, ist mir noch stärker bewußt geworden, was für ein Glück wir beide haben, daß das vorrangige Lebensziel unserer Eltern ist, ihren Kindern gute Eltern zu sein.

4

Nachdem mein Unterrichtsprogramm feststand, brauchten wir nur noch Lehrer für mich zu finden. Keine leichte Aufgabe.

Anfang September schrieb Jaona Verfasser von Lehrbüchern für die Vorbereitungsklasse zur Aufnahme an Hochschulen an, und zwar ausschließlich jene, die im Pariser Raum unterrichteten. Nicht einer antwortete auf sein Schreiben.

Dann versuchte er, über Btx ihre Telefonnummern herauszubekommen, stieß aber nur auf Namensvettern. Schließlich beschloß er, auf gut Glück eine Person mit einem der weniger geläufigen Namen anzurufen, in der Hoffnung, es handle sich um einen Verwandten.

Volltreffer! Am anderen Ende der Leitung meldete sich eine reizende ältere Dame. Als Jaona ihr erklärt hatte, worum es ging, sagte sie, ja, ihr Sohn, R. G., habe zehn Jahre an einem großen Pariser Gymnasium Mathematik in der Vorbereitungsklasse für die Hochschulen gelehrt, und er sei der Autor einer ganzen Reihe von Lehrbüchern für die Aufnahmeprüfung an Hochschulen. Vielleicht sei er an Janoas Vorschlag interessiert. Sie gab ihm die Telefonnummer ihres Sohnes und wünschte ihm zum Schluß alles Gute.

Noch am selben Abend rief Jaona ihn an. Seine Reaktion war eher zurückhaltend, doch er erklärte sich zu einem Gespräch bei sich zu Hause, in Choisy-le-Roi, bereit.

Monsieur R. G. empfing uns sehr höflich. Er erzählte uns von den gesundheitlichen Problemen, die ihn vor fast zehn Jahren gezwungen hatten, seinen Beruf aufzugeben. In diesem Jahr würde er die Zwangspause jedoch beenden und eine Sekunda an einem technischen Gymnasium übernehmen. Zwischendurch stand er auf und holte die Bände seiner inzwischen vergriffenen Lehrbuchreihe, die mir fehlten. Er schenkte sie mir, was ich sehr nett fand. Es war noch nichts entschieden.

Er verlangte 200 Francs die Stunde. Bevor er endgültig zusage, müsse er erst noch prüfen, ob sich unsere Vorstellungen zeitlich mit seinem übrigen Unterricht vereinbaren ließen. Auch wir hatten gewisse Bedenken wegen seiner langen Pause vom Berufsleben: Der vorgesehene Stoff war überaus anspruchsvoll und erforderte einen Lehrer in Topform. Aber ein Versuch konnte ja nicht schaden, und wir verabredeten einen Termin in der darauffolgenden Woche, wieder bei ihm zu Hause.

Wir paukten zweieinhalb Stunden ohne Unterbrechung. Monsieur G. war kein extrovertierter Typ wie Christian A., aber er hatte eine große Ausstrahlung. Sein Arbeitsrhythmus sagte mir zu, und er verstand jene dichte Atmosphäre zu schaffen, jenen Druck zu erzeugen, der das Beste aus mir herausholte. Ich war sehr zufrieden und konnte die nächste Stunde kaum erwarten.

Am 23. September kam ein Anruf von Monsieur G.: Er bat um eine Unterredung im Café »Le Petit Journal« unweit des Jardin du Luxembourg. Sein Gesundheitszustand lasse weitere Privatstunden nicht zu, und er wolle uns die 500 Francs für die ersten beiden Stunden zurückgeben.

Er machte wirklich einen erschöpften Eindruck. Das graue Regenwetter paßte zu dem tristen Anblick, den er bot.

»Sie wollen also nicht weitermachen,« Jaona war leicht verärgert.

»Nein. Dieser Unterricht strengt mich zu sehr an, wissen Sie. Ich könnte nicht bis zum Ende durchhalten. Hier … Ihr Geld.« Er reichte Jaona die 500-Francs-Note, aber der machte keine Anstalten, sie zu nehmen.

»Hören Sie, wenn Sie erschöpft sind, ruhen Sie sich aus. Entspannen Sie sich. Und wenn es Ihnen wieder bessergeht, melden Sich sich. Einverstanden?«

»Ich schaffe das nicht, glauben Sie mir. Bitte nehmen Sie Ihr Geld, und lassen Sie es gutsein.«

»Hören Sie, Monsieur G., wir brauchen Sie, wir rechnen mit Ihnen. Ruhen Sie sich aus, und lassen Sie sich die Sache noch mal durch den Kopf gehen. Sie werden sehen, Sie schaffen es … Und das Geld da behalten Sie. Es ist für die Stunde, die Sie Arthur gegeben haben. Er hat viel von Ihnen gelernt. Überlegen Sie es sich. Wir warten auf Ihren Anruf.«

Später erklärte mein Vater uns, weshalb er Monsieur G. unbedingt zu einem Versuch überreden wollte.

»Der Mann hat eine schwere Zeit hinter sich, die Wunden sind noch nicht verheilt. Das Unterrichten macht ihm unheimlich viel Spaß, aber gleichzeitig hat er Angst, der Aufgabe nicht gewachsen zu sein. Er muß begreifen, was für eine Chance sich ihm da bietet, die Chance, seine Würde wiederzuerlangen. Wieder jemand zu sein, eine Aufgabe zu haben, so wie damals, als er ein bedeutender Lehrer an einer bedeutenden Schule war. Ich bin mir ziemlich sicher, daß er weitermachen wird. Und wenn nicht ... Dann ist er eben doch kein bedeutender Lehrer, und wir können auf ihn verzichten.«

Jaona sollte recht behalten: Monsieur G. machte weiter! Er hatte sich viel Zeit gelassen für seine Entscheidung: Der erste Unterricht fand erst nach Allerheiligen statt. Aber die Hauptsache war, ich hatte zweimal wöchentlich zweieinhalb Stunden Unterricht.

Und was für einen! Der Mann war ein echter Profi. Unerschütterlich zog er sein Programm in gemäßigtem Tempo durch, war in jedem Augenblick voll da und vertrödelte keine Minute.

Wir leisteten gute Arbeit, das erkannte auch Jaona an. Alle Kriterien wurden erfüllt: Gründlichkeit, Fleiß, Kontrolle, Kreativität. Und ein hohes Niveau. Alle Beteiligten waren zufrieden.

Noch viel schwieriger gestaltete sich die Suche nach einem Physiklehrer. In Bures-sur-Yvette stießen wir schließlich auf einen Lehrer, der ebenfalls eine Vorbereitungsklasse unterrichtete, und zwar am »St.-Cyr-Gymnasium«. Der junge Mann, nennen wir ihn Monsieur Samson, war erst achtundzwanzig Jahre alt.

Seine Referenzen waren vorzüglich: Absolvent der »Ecole normale supérieure St. Cloud«, die Agrégation in Physik, den Doktor in Chemie, Autor etlicher Artikel, die in der internationalen Fachpresse veröffentlicht worden waren; darüber hinaus hatte er an der Uni gelehrt.

Im Unterricht erwies er sich nicht gerade als Organisationstalent; zudem hatte er eine unleserliche Schrift. Aber sein Fachwissen war beeindruckend, und er hatte die Gabe, klar und präzise zu formulieren.

Mit der Zeit wurde er ein bißchen zu berechnend für unseren Geschmack, anscheinend überschätzte er unsere finanziellen Möglichkeiten. Wir hatten jedoch niemand anders, und ich mußte mich ranhalten, wenn ich mein Pensum bewältigen wollte. Monsieur Samson gab mir zweimal die Woche zwei Stunden Unterricht und verlangte das gleich wie Monsieur G.: 200 Francs die Stunde.

Nach meiner einjährigen Zwangsabstinenz war ich richtig ausgehungert und stürzte mich mit wahrem Feuereifer in die Arbeit. Mein Zeitplan war recht ausgewogen und so gut abgestimmt, daß ich praktisch keinen Leerlauf hatte.

Montags hatte ich von 10 bis 12 Uhr Unterricht bei Monsieur Samson in Bures. Ich stand um 7 Uhr 45 auf, verließ das Haus eine Stunde später und kam gegen 13 Uhr 15 wieder zurück. Nach dem Mittagessen spielte ich ein wenig mit meiner kleinen Schwester, und dann legte ich mich noch mal aufs Ohr, bis es Zeit war für mein Schwimmtraining von 17 bis 18 Uhr. Danach aßen wir zu Abend, und anschließend paukte ich mit Jaona noch etwa zwei Stunden. Um 10 Uhr ging ich ins Bett.

Dienstags stand ich um 10 auf, frühstückte und arbeitete von 11 bis 13 Uhr. Dann Mittagessen mit Dadou, Lektüre meiner englischsprachigen Zeitschriften und von 15 bis 17 Uhr lernen. Danach eine halbe Stunde Waldlauf, eine Kleinigkeit essen und nochmals eine bis anderthalb Stunden arbeiten mit Jaona. Nach dem gemeinsamen Abendessen saßen wir gemütlich beisammen, bis ich gegen halb zehn ins

Bett ging; am andern Tag mußte ich nämlich schon um 7 Uhr aufstehen, und das war überhaupt nicht mein Fall …

Mittwochs verließ ich um 8 Uhr das Haus und fuhr zu Monsieur G.; vor halb eins kam ich nicht nach Hause. Nach dem Mittagessen schlief ich eine Runde, und am späten Nachmittag ging ich Joggen. Anschließend arbeitete ich mit Jaona bis zum Abendessen. An dem Tag wurde es abends manchmal recht spät, aber spätestens um elf war ich im Bett.

Der Donnerstag verlief wie der Dienstag plus Schwimmen.

Freitags stand ich um 9 Uhr auf. Um 10 Uhr kam Monsieur Samson zu uns. Nachmittags arbeitete ich von 15 bis 17 Uhr, dann machte ich meinen Waldlauf. Nach dem Abendessen arbeitete ich noch eine Stunde mit Jaona. Samstags stand ich um 11 auf. Das Frühstück fiel aus bzw. wurde mit dem Mittagessen zusammengelegt. Von 14 Uhr 30 bis 17 Uhr Matheunterricht bei Monsier G. Anschließend Entspannung im Kreis der Familie. Schlafenszeit gegen 22 Uhr.

Sonntags um 10 Uhr aus dem Bett. Nach dem Frühstück Pauken von 11 bis 13 Uhr in den sogenannten kognitiven Fächern, die das Gedächtnis fordern: Geschichte, Geographie, Biologie. Ich hatte zwar ein ziemlich gutes Gedächtnis, aber dieses Auswendiglernen nervte mich: Ich löste viel lieber Rechenaufgaben.

Nach einem ausgiebigen Mittagessen – ich hatte einen gesunden Appetit! – gingen wir spazieren, trieben Sport oder fuhren zum »Parc du Tremblay«. Das war ein bißchen umständlich, weil wir den Bus nehmen mußten und mit Kinderwagen und allem beladen waren, aber bei schönem Wetter mußten wir einfach an die frische Luft.

Sonntags ging ich nie später als halb zehn zu Bett: Am andern Morgen hieß es um 7 Uhr 45 aufstehen.

Im Schnitt lernte ich effektiv viereinhalb Stunden am Tag. Eine lockere Arbeitswoche also.

Ich brauche relativ viel Schlaf, meine Eltern übrigens auch. Viele halten Schlafen für Zeitverschwendung. Die, die mit wenig Schlaf auskommen, behaupten sogar, Jahre effektiver Lebenszeit hinzuzugewinnen. Schläft Jacques vier Stunden täglich und Paul acht, dann »lebt« Jacques vier Stunden mehr täglich, was bei einer Lebendauer von, sagen wir, 72 Jahren zwölf Jahre zusätzlich ergibt. Ich weiß nicht, ob diese Rechnung aufgeht; ich weiß nur, daß ich genügend Schlaf brauche, um leistungsfähig zu sein.

Damit ich mich über den neuesten Stand der Forschung und Technik informieren konnte, abonnierte mein Vater die Zeitschriften *Sciences et Avenir* und *La Recherche*. Außerdem meldete er mich im »Palais de la Découverte« an. Dort fanden zum Teil spektakuläre und ungemein lehrreiche wissenschaftliche Experimente statt. Ich besuchte auch einen Vortrag über Genetik, der mich stark beeindruckte, und ein Referat über Fractals*.

Fractals sind mathematische Objekte: geometrische Figuren, deren Grundstruktur sich in immer kleinerem Maßstab wiederholt. Auf dieses Phänomen stieß man zum ersten Mal bei der Beobachtung der Meeresküsten, als man feststellte, daß die unregelmäßige, gebrochene Küstenlinie sich im Detail wiederholte.

* Aus dem Englischen: »gebrochene Strukturen« (Anm. d. Übers.).

Fractals sind Figuren am Rande des Chaos. Ihre aufsehenerregenden Formen haben ihnen sogar die Bezeichnung Ungeheuer eingetragen.

Wer wie Francois René de Chateaubriand Mathematik als langweilig, unnütz, ja sogar unheilvoll erachtet (letzteres deshalb, weil sie eine sinnlose Marter für den Verstand bedeute)—, wird von den Fractals eines Besseren belehrt: Sie sind Gebilde von atemberaubender Schönheit.

Die Mathematik, die Wissenschaft von den Zahlen und den Formen, ist nicht nur unentbehrlich – kaum etwas auf dieser Welt läßt sich nicht in Zahlen oder Formen ausdrücken –, sondern auch schön. Voller Magie.

Nicht jeder kann diesem abstrakten, nüchternen, trockenen Universum etwas abgewinnen. Aber so wie man in der Wüste Leben entdeckt, wenn man genau hinsieht, birgt auch die Welt der Mathematik unter der scheinbar ausgedorrten Oberfläche große Schätze. Man muß nur tief genug schürfen, um auf Adern von ungeheurer Schönheit zu stoßen. Geniale Gelehrte sind es, die diese Reichtümer zu Tage fördern, aber nur wenige Privilegierte – die Mathematiker – erkennen ihren wahren Wert.

Die Schönheit der Fractals jedoch ist auch für den Laien ersichtlich. Er kann diese Meisterwerke bewundern, ohne auch nur einen Gedanken an den zugrunde liegenden mathematischen Prozeß verschwenden zu müssen.

Da der Gesundheitszustand meines Mathelehrers weiterhin labil war, sah sich Jaona vorsichtshalber nach einem Ersatz um. Er wandte sich an den Verband der Gymnasial- und Hochschullehrer. Als er dem Professor dort sein Anliegen vortrug, verwies der ihn an Monsieur D.

Monsieur D. unterrichtete am Louis-le-Grand-Gymnasium. Er war Vorsitzender der in den Vorbereitungsklassen lehrenden Lehrkräfte und der Dozenten und Gymnasiallehrer im Besitz der Agrégation. Er war ferner Autor eines Standardwerks für die Vorbereitungsklassen und Chef des französischen Teams bei der Mathematik-Olympiade. Mit einem Wort eine Stütze des Mathematikunterrichts in Frankreich.

Jaona rief ihn noch am selben Abend an. Er stellte sich vor, erklärte, wie er an seine Telefonnummer gekommen sei, schilderte ihm meinen Fall und bat um eine persönliche Unterredung.

Monsieur D. war abweisend und überaus skeptisch. Die Tatsache, daß ich mit meinen elf Jahren den Stoff der Vorbereitungsklasse mit einem Lehrer durcharbeitete, der wie er die Agrégation hatte und den er dem Namen nach kannte, hatte in seinen Augen offensichtlich nichts zu bedeuten. Angesichts Jaonas Hartnäkkigkeit machte er ihm zu guter Letzt den Vorschlag, mir eine Auswahl von Aufgaben der Mathematik-Olympiade zuzuschicken. In einem Tonfall, der besagen wollte: »Aber nicht mogeln, Freundchen!«, fügte er hinzu, ich müsse bei jeder Aufgabe exakt die Zeit angeben, die ich für die Lösung benötigt hatte, und solle ihm das Ganze innerhalb von vier Wochen zurücksenden.

Da er nicht zu einem persönlichen Gespräch zu bewegen war, nannte Jaona ihm unsere Adresse, damit er uns die Aufgaben zuschickte. Ich hatte schon einmal eine gelöst, im März 1988; damals hatte ich sie von Monsieur S. bekommen, den ich im Louis-le-Grand-Gymnasium im Büro des Direktors traf.

Enttäuscht von den frostigen, ja fast arroganten Worten des Lehrers, meinte Jaona, mir bliebe wohl nichts anderes übrig, als diese Tests zu machen. Ich aber weigerte mich.

Von mir aus konnte sich Monsieur D. seine Olympiade an den Hut stecken! Die Aufgaben erforderten keine besonderen Kenntnisse, sondern Scharfsinn, logisches Denkvermögen und Freude am Knobeln. Sie ähnelten in etwa den Denkaufgaben Gardners, und wie jedes strategische oder logische Spiel waren sie sogar unterhaltsam. Aber von der Bewältigung dieser Aufgaben abhängig zu machen, ob ich mich für den Mathematikunterricht eignete oder nicht, das fand ich schon ein bißchen übertrieben.

Mich faszinierte die wissenschaftliche Seite der Mathematik und nicht der Denksport. Denkaufgaben sind für die Mathematik in etwa das, was die Tonleitern für die Musik sind; der Vergleich hinkt, denn die Denkaufgabe sind entbehrlich, die Tonleitern nicht.

Ich bin sogar der Meinung, durch Übung erwirbt man sich die Fähigkeit, den jeweiligen Aufgabentyp zu erkennen und damit auch die Lösung abzuleiten, die immer nach dem gleichen Schema erfolgt. Mit anderen Worten, es wird ein »Lösungsmechanismus« infolge von Analogie ausgelöst. Mit Kreativität hat das nicht mehr viel zu tun.

Ich lehnte es also ab, mich damit zu befassen.

»Okay, Arthur, ich kann dich verstehen. Aber ich möchte trotzdem, daß du diese Aufgaben machst. Du brauchst sie ihm ja nicht zurückschicken.«

Ich gehorchte. Wenn ich gerade nichts Besseres zu tun hatte, nahm ich mir eine der Aufgaben vor und löste sie sozusagen zum Zeitvertreib. Die eine oder andere war sogar ganz unterhaltsam.

Meine beiden Lehrer behielt ich dann doch bis Juni 1989. In den Hauptfächern war ich also versorgt; um den Rest kümmerte sich Jaona. Er mußte seine ganze Kraft und Energie aufbieten, um diese große Aufgabe – die Adonis-Kinder unterrichten und gleichzeitig meine Abiturvorbereitung betreuen – zu bewältigen.

5

Mein Vater hatte die Fächer entsprechend seinen Kenntnissen eingeteilt. Biologie, Mathematik und Physik fielen unter die Rubrik »keine Ahnung«.

Dadou lernte gelegentlich Biologie mit mir, aber der Stoff hatte freilich nur wenig mit dem zu tun, was sie während ihrer Schwesternausbildung gelernt hatte. Ein Lehrer wäre uns lieber gewesen, für Philosophie übrigens auch, doch dafür war kein Geld mehr da.

In Französisch, Englisch, Geschichte, Geographie, Wirtschaft und Sozialwissenschaft fühlte sich Jaona fit genug für die Rolle des Lehrers. Die Geistes- und Politischen Wissenschaften fielen eher in seinen Zuständigkeitsbereich als die technischen.

Für die Prüfung in Französisch stellte er mir eine Liste von Werken unterschiedlicher Gattungen aus unterschiedlichen Epochen zusammen: aus dem 16. Jh. einen Essay, René Descartes' *Discours de la mèthode*; aus dem 17. Jh. ein Theaterstück, Molières *Tartuffe*; aus dem 18. Jh. eine philosophische Erzählung, Voltaires *Candide*; aus dem 19. Jh. zwei Romane, *Rot und Schwarz* von Stendhal und *Madame Bovary* von Flaubert; aus dem 20. Jh. eine Gedichtsammlung, *Alcools* von Guillaume Apollinaire. Darüber hinaus würde ich mich mit dem Thema Natur im

Werk von Jean-Jacques Rousseau befassen. Ein gewaltiges Pensum also, vor allem wenn man die Texterläuterungen dazurechnete. Aber was für ein fesselnder Lesestoff!

Ich las zuerst die einzelnen Werke, studierte dann die Sekundärliteratur und diskutierte anschließend mit Jaona darüber, der mir seine persönlichen Ansichten zu diesem oder jenem Aspekt erläuterte.

Für jedes Buch brauchte ich ungefähr vier Wochen, für die beiden Romane ein bißchen mehr. Die anschließende Besprechung mit Jaona war echt das größte. Ich lachte mich halb tot, wenn er mir beispielsweise in ziemlich derben Worten die Figur des Tartuffe erklärte oder die amourösen Verwicklungen in *Rot und Schwarz* oder *Madame Bovary*. Ich hatte beide Romane sterbenslangweilig gefunden (diese Emma Bovary ist doch wirklich eine blöde Kuh!), aber jetzt konnte ich ihnen doch noch ein bißchen etwas Positives abgewinnen. Die vergleichende Stilkunde fand ich allerdings interessanter. Ich muß sagen, Flaubert hat mich in der Beziehung tief beeindruckt. Einfach klasse, sein Stil. Stendhal liest sich leichter und schneller, was mir nur recht sein konnte: Julien Sorel ging mir allmählich echt auf die Nerven mit seinen Abenteuern und seinem komplizierten Seelenleben.

Ich weiß, es ist nicht fair, so über zwei Meisterwerke zu sprechen; einen Elfjährigen berühren diese Themen eben nicht. Trotzdem: Fast drei Monate über diesen beiden dicken Wälzern zu brüten, war der absolute Horror! Zum Glück las ich ziemlich schnell. Senior Adonis, der sich ebenfalls auf sein Französisch-Examen vorbereitete und auch *Rot und Schwarz* auf seiner Liste stehen hatte, litt noch viel mehr, weil er im Gegensatz zu mir das Lesen nicht gewohnt war.

Aber es half alles nichts. Schließlich konnte ich als Prüfungstext schlecht ein Abenteuer von Tintin und Milou oder irgendeinem anderen Kinderbuchhelden vorlegen. Ich konnte jedenfalls beruhigt in die Prüfung gehen: Zusätzlich zu den herkömmlichen Textinterpretationen hatte Jaona mir noch eine psychoanalytisch ausgerichtete Deutung mit auf den Weg gegeben, falls ich auf einen Prüfer mit einer Vorliebe fürs Psychologische stieße.

Abgesehen von den beiden Romanen war ich mit Jaonas Auswahl zufrieden. *Tartuffe* und *Candide* verschlang ich ebenso wie Descartes' Abhandlung oder Apollinaires Gedichte.

Kurz vor der Prüfung wünschte ich mir, über *Tartuffe* oder *Candide* befragt zu werden, weil diese beiden meinem jugendlichen Temperament am ehesten entgegenkamen. Ich konnte mir beim besten Willen nicht vorstellen, mich über Emma Bovarys oder Julien Sorels Gefühlsleben auszulassen. Wenngleich die Punktezahl dieser mündlichen Prüfung nur mit einer Eins gewichtet wurde, lag mir doch viel daran, sie zu bestehen, denn erstens hatte ich mein Herz für dieses Fach entdeckt, und zweitens wollte ich nicht als der Junge gelten, der ein As in Mathe und eine Null überall sonst war.

Der mündlichen Prüfung in Englisch maß ich eine ebenso große Bedeutung bei, nicht nur wegen ihres Notengewichts – drei –, sondern insbesondere der innigen Beziehung wegen, die ich zu dieser Sprache hatte. Ich liebte das Musikalische, das Direkte, das Konkrete an ihr. Für mich war sie anschaulicher und verständlicher als das Französische. Im Englischen fühlte ich mich zu Hause; es sprach mein Innerstes an.

Bei der Auswahl der Texte hatte sich Jaona von der Überlegung leiten lassen, daß mein Prüfer, wollte ich die höchste Punktezahl erreichen, mit einem Blick auf meine Liste erkennen mußte, welch hohes Niveau sein Prüfling hatte.

Als Themenbereich wählte er die Vereinigten Staaten unter dem Aspekt ihrer geschichtlichen Entwicklung von der Gründung bis zur Neuzeit und unter dem Aspekt ihrer charakteristischen Merkmale – ob sie nun in den Bereich Fiktion oder der historischen Tatsachen gehören. Als Einführung las ich Hugh Brogans *The Longman History Of The United States Of America*, einen 700 Seiten starken Wälzer, der die Geschichte der USA ungemein spannend und unterhaltsam erzählt.

Nun setzte Jaona Schwerpunkte: der Unabhängigkeitskrieg *(Conflicting interests)*; Präsident Lincoln *(Lincoln and the Sentry)*; Rassendiskriminierung *(Discrimination; At the public library; The Mississippi I & II)*; die Mythen der Neuzeit *TV: What hath man wrought)*; Reichtum und Erfolg *(Easy come, easy go; Winning is the game; Greed on Sesame Street?)*; das Vietnam-Syndrom *(A son killed in action)*; Watergate *(Watergate)*; die Entwicklung der amerikanischen Gesellschaft *(The land of opportunity; A wondrous race in a better America; A conflict of the have-nots)*. Alle diese Texte stammten aus der Feder bedeutender Schriftsteller – W.E.B. DuBois, William Saroyan, Mark Twain, William Boyd –, herausragender Persönlichkeiten – Ted Turner, John F. Kennedy – oder brillanter Journalisten – wie jenen der *Washington Post*, die den Watergate-Skandal aufdeckten, oder den nicht minder engagierten des Nachrichtenmagazins *Newsweek*.

Newsweek hatte Jaona recht originelle Artikel entnommen, zum Beispiel *Greed on Sesame Street?*, in dem es um den frühentwickelten Geschäftssinn amerikanischer Teenager ging. Ein ganzes System war auf der Geldgier der jungen Leute aufgebaut worden und machte sich ihr Profistreben zunutze: Es gab Sommerlager mit Schwerpunkt »*business*«; Banken für Kinder oder von Kindern gegründete Geldinstitute; simulierte Börsenspekulationen als Teil des Schulunterrichts; von Zehn-, Zwölfjährigen gegründete, legale Aktiengesellschaften zum Verkauf von Pausenbroten, Gesellschaftsspielen und irgendwelchen Kinkerlitzchen an Schulen – ein Geschäft, mit dem sich bis zu 150 000 Francs Umsatz im Jahr erzielen lassen! *Business is business*, kein Zweifel.

Von den gut zwanzig Texten, mit denen wir uns eingehend befaßt hatten, würde ich sechzehn vorlegen. Eine aufregende Herausforderung! Wollte sich der Prüfer vergewissern, daß ich tatsächlich so gut war, wie die Titel auf der Liste anzudeuten schienen, würde er mich zum schwierigsten Text befragen, meinte Jaona. Und das war zweifellos *A son killed in action*, der den Vietnam-Krieg zum Thema hatte. Wenn ich da meine Sache gut machte, hatte ich alle Chancen, 18 von 20 Punkten zu holen.

In Geschichte und Geographie arbeiteten wir den für die Abschlußklasse üblichen Stoff durch, und zwar anhand der Prüfungsfragen der vergangenen Jahre. Ich mochte beide Fächer ganz gern.

Den Wirtschaftsteil las ich stets mit besonderem Interesse. Die Frage nach den Vorgängen, die unser aller Leben regeln, beschäftigte mich bereits seit geraumer Zeit.

Als ich ungefähr acht war und mein Vater Englisch

mit mir lernte, hatte er mir anhand unserer Übungstexte bereits einige Begriffe und Gesetzmäßigkeiten der Wirtschaft erklärt, zum Beispiel in welcher Weise Angebot und Nachfrage den Markt bilden.

Während der Vorbereitung in Geschichte und Geographie für die Mittlere Reife hatte ich zwar einiges dazugelernt, doch freilich nicht genug, um vier Dossiers in meinem Wahlprüfungsfach Wirtschaft/Sozialwissenschaften zusammenzustellen. Diese Kombination bot zwei Vorteile: Erstens stellte sie eine hervorragende Ergänzung zu den Fächern Geschichte und Geographie dar, und zweitens würde ich dadurch einige zusätzliche Punkte ergattern können, was für die Gesamtpunktzahl nicht unerheblich war.

Ich arbeitete zunächst das Handbuch *Initiation à l'économie* von J. Brémond durch, eine Einführung in die Materie, die alles enthält, was man über die Grundbegriffe, die wichtigsten Wirtschaftsformen, die großen Wirtschaftswissenschaftler und ihre Theorien wissen muß.

Jaona meinte, wir sollten uns auf die großen ökonomischen Themen konzentrieren, die im Abitur normalerweise zum Themenkatalog gehören: die Wirtschaftsmacht Japan, die Situation der Entwicklungsländer, die Wirtschaftspolitik der USA in der Ära Reagan und in der UdSSR unter Gorbatschow. Das umfangreiche Material zu sammeln und vier Dossiers anzulegen, war eine kolossale Arbeit, die ich allein unmöglich hätte bewältigen können (vermutlich auch kein anderer Prüfungskandidat).

Fast ein halbes Jahr lang kostete ihn die Arbeit im Schnitt zwei Stunden täglich: die Suche nach Dokumenten, die Auswahl, das Einordnen, die Zusammenstellung ... Er schnitt Artikel und Fotos aus, klebte sie auf Papier im DIN A4-Format, fotokopierte jedes Blatt, schob es dann in eine Klarsichthülle und ordnete es entsprechend der kurzen Übersicht auf der ersten Seite in einem dicken Ordner ein. Für das Dossier über die Perestroika beispielsweise saß er auf der Suche nach geeigneten Artikeln – insbesondere solchen der Nachrichtenagentur Nowosti, die in der Zeitschrift *Réalités sovieétiques* abgedruckt wurden – stundenlang in der Bibliothek im Centre Pompidou.

Er hatte die originelle Idee, die Dokumentation über die Wirtschaftspolitik Ronald Reagans ausschließlich in Englisch abzufassen. Seine Quelle für die Presseartikel und die – fotokopierten – offiziellen Berichte: der US Informations Service der amerikanischen Botschaft in der Rue St. Florentin. Das Dossier trug den Titel »Reaganomics«.

Für die Unterlagen über Japan verbrachte er viel Zeit im Untergeschoß der Französisch-Japanischen Geschäftsstelle für Marktforschung in der Rue Cimarosa im 16. Arrondissement. Dort fand er reichlich und stets aktuelles Material, meist in englischer Sprache übrigens.

Jaona hatte alle vier Dossiers unter dem gleichen Gesichtspunkt zusammengestellt, nämlich dem Gegensatz zwischen den beiden Hauptwirtschaftsformen des 20. Jahrhunderts, der sozialistischen und der kapitalistischen – oder liberalen – Wirtschaftsordnung, und dem »Sieg« des kapitalistischen Systems.

Während die neoliberale Wirtschaftspolitik Ronald Reagans die Talfahrt der angeschlagenen, von der europäischen und der japanischen Konkurrenz bedrohten amerikanischen Wirtschaft bremst und ihr neuen Aufschwung gibt, bahnt sich – eingeleitet von Gorbatschows Politik der Perestroika und des Glasnost – in den Staaten des Ostblocks eine tiefgreifende Umwälzung der gesellschaftlichen, politischen und wirtschaftlichen Verhältnisse an.

Und dann sind da noch die Länder der Dritten Welt, die aufgrund ihrer heiklen Lage zwischen den Machtblöcken dazu verdammt sind, in ihrem Elend zu verharren, und die sowohl von den kommunistischen »Bruderstaaten« als auch von den westlichen Multis ausgebeutet werden, meist mit Unterstützung der jeweiligen Oberschicht, die das System – gleichgültig, welches – zur eigenen Bereicherung nützt.

Dank dieses umfassenden Überblicks über die wirtschaftspolitische Realität in Ost und West konnte ich ermessen, wie tief die Kluft zwischen den reichen und den armen Nationen war. Der amerikanische Volkswirtschaftler Rostow stellte zur Verdeutlichung folgenden Vergleich an: Die UdSSR der achtziger Jahre befand sich auf dem gleichen Niveau wie das Großbritannien des Jahres 1830, und China oder Indien hatten im Jahr 1950 den gleichen Stand erreicht wie Frankreich bereits hundert Jahre vorher!

Aber nicht die Zahlen interessieren mich, sondern die Realität, das Leben. Ich möchte wissen, wie es auf der Welt aussieht, und ich versuche zu begreifen, weshalb drei Viertel der Menschheit in tiefer Armut, unter erbärmlichen Verhältnissen dahinvegetieren. Schon als kleiner Junge haben mich Bilder vom Elend auf dieser Welt tief erschüttert. Als ich sieben war und auf der Titelseite der *Newsweek* eine Aufnahme von indischen Kindern sah, die sich Heroin spritzten, entfuhr es mir: »So eine grausame Welt!« Ich bat Jaona, mir zu erklären, wie so etwas passieren könne. Er kam meiner Bitte nach und erklärte es mir mit sehr viel Einfühlungsvermögen. Ich glaube, an jenem Tag wurde mir klar, welch ein Privileg es war, so aufwachsen und leben zu dürfen wie ich.

Nachdem wir uns im März 1989 endlich einen Fernseher hatten kaufen können, wurde mir der tiefe Graben zwischen Arm und Reich noch drastischer vor Augen geführt. Ich sah Kinder, die auf Müllhalden groß werden, sich von Abfällen ernähren und deren Horizont nichts als stinkender Unrat war.

Solche Bilder prägen. Die Hilflosigkeit angesichts dieses Elends kann rasch in Schuldgefühle umschlagen. Konfrontiert mit soviel Armut, kommt man sich feige vor und dumm: Was sind all unsere kleinen Sorgen gegen diese Not?

Meine Reaktion ist dann stets die, daß ich meine Anstrengungen noch verdopple,, um mich der großen Chance, die ich habe, würdig zu erweisen.

Ich sage mir, ich darf die in mich gesetzten Erwartungen auf keinen Fall enttäuschen. Ich schraube meine Anforderungen an mich selber noch höher hinauf, verlange noch mehr Einsatz von mir. »Du hast kein Recht, ein Versager zu sein, Arthur«, denken meine Eltern. Der Druck wächst, ich darf mir keinen Fehler, keine Schwäche, keinen Rückschlag erlauben. Ich muß vorwärtskommen, Erfolg haben, um jeden Preis.

Das ernste Wesen meiner Eltern, meines Vaters vor allem, der nie seine Herkunft vergaß, begriff ich jetzt besser. Sie hatten mich gelehrt, mitfühlend und großzügig zu sein. Der Blues drückt nichts anderes aus als das: die Großzügigkeit der Gefühle, der traurigen ebenso wie der heiteren, die Großzügigkeit der Seele, mag sie schwermütig oder beglückt sein. Spielt Oscar Peterson auf dem Flügel die bewegende »Hymn to freedom«, fließen unweigerlich die Tränen; zum temperamentvollen »C jam blues« des Trios dagegen swingt man fröhlich mit.

Ich hätte mich in Philosophie gern mit dieser Thematik befaßt, doch das Thema stand leider nicht zur Wahl. Und abgesehen von den Fragenkomplexen in Verbindung mit den Begriffen Wahrheit, Gerechtigkeit und Freiheit reizte mich nicht viel.

Über diese drei hatte Jaona mich insgesamt sieben Aufsätze schreiben lassen. Ich lernte, mich eingehend mit einer Fragestellung zu befassen, meine Gedanken zu ordnen und mich klar und präzise auszudrücken, ohne daß mein Stil trocken wirkte. Das war mein größtes Problem.

Gewandte Sätze zu komprimierten Absätzen und diese zu einem harmonisch gegliederten, überzeugenden Ganzen zusammenzufügen, statt mich sozusagen in schematischen Darstellungen auszudrücken, erforderte eine wahre Revolution in meinem Gehirn. Nur was man verstanden hat, läßt sich eindeutig formulieren, aber umgekehrt gilt auch: Klare Formulierungen verhelfen zu besserem Verständnis.

Für die schriftliche Prüfung in Französisch konnten mir diese Übungen nur von Nutzen sein. Ich hatte mich bereits für den ersten Aufgabentyp entschieden: eine Textzusammenfassung und ein Aufsatz über ein allgemeines Thema wie zum Beispiel Erziehung, Kultur, Medien, zwischenmenschliche Beziehungen, die Rolle der Maschine und des Gegenstands, Kunst, Geld usw. Anders als in Philosophie glaubte ich mich auf diesem Gebiet ausdrücken zu können.

Ich ließ mich zu jener Zeit eher vom Gefühl als vom Verstand leiten und reagierte meist spontan. Wenn ich mir den Kopf zermartere, dann mußte es sich lohnen, und für mich lohnte es sich nur, wenn es sich um Dinge handelte, die mich berührten. Ich neigte zu vorschnellen Urteilen und war von einer einmal gefaßten Meinung nicht so leicht wieder abzubringen. Ich vertraute auf die Urteilsfähigkeit meines Herzens und weniger auf den kühl analysierenden Verstand, doch genau der war in Philosophie gefragt.

Ich bin im allgemeinen kein Freund von kühlen Dingen – Eiscreme natürlich ausgenommen! Die Mathematik ist entgegen landläufigen Vorstellungen keineswegs eine kalte Materie. Und im Mathematiker brennt das Feuer der Leidenschaft! Er ist in erster Linie ein Künstler, und seine Kunst ist die Abstraktion und die Wahrheit. Nirgendwo geht es heißer her als bei einem Streitgespräch unter Mathematikern: Die Suche nach der Wahrheit erhitzt den Geist, und die reine Abstraktion läßt das Gemüt in Wallung geraten.

Es mag sich sonderbar anhören, aber ich bin allergisch gegen Zahlen. Rechnen liegt mir überhaupt nicht. Das erklärt auch meine Abneigung gegen die Physik, wo man reichlich rechnen muß. Ich sah meine Zukunft nicht an einer Technischen Hochschule und danach im Ingenieurswesen. Nein, was mich interessiert, ist die Mathematik als Wissenschaft, so wie die bedeutendsten Mathematiker sie begreifen. Diese abstrakte, unermeßlich große und sich ständig weiter ausdehnende, komplexe Welt voller Feinheiten finde ich absolut faszinierend. Das mathematische Universum ist von atemberaubender Schönheit, von unvergleichlicher Vollkommenheit und erhabener, stolzer Wahrheit.

Ich fühle mich in dieser Welt ganz in meinem Element. In ihr herrscht völlige Freiheit der Gedanken und der Kreativität, nicht aber Willkür. Das Urteil, das hier gefällt wird, ist in den allermeisten Fällen ein gerechtes, weil unbeeinflußt von persönlichen Neigungen. Die Arbeit eines Mathematikers kann nur mit Hilfe objektiver Kriterien angefochten und unter Umständen widerlegt werden – wenngleich es in der Geschichte der Mathematik mehr als einen Fall von Rechtsverweigerung gegeben hat. Ich denke da zum Beispiel an Galois, Abel, Riemann, Cantor, um nur einige verkannte Genies zu nennen.

6

Die Anmeldung zur Reifeprüfung ging genauso vor sich, wie wir es erwartet hatten. Mit dem Hinweis, es sei nicht möglich, einen so kleinen Jungen zur Prüfung anzumelden – »Lesen Sie mal die Bestimmungen durch, Verehrtester!« –, wurde Jaona wieder nach Hause geschickt. Er fackelte nicht lange, sondern wandte sich unverzüglich an Monsieur S. vom Kultusministerium und bat ihn, die Angelegenheit mit dem Leiter der Behörde in Arcueil zu regeln. Was auch geschah, wie sich alles in der Verwaltung von oben regeln läßt – das Problem ist nur, dorthin zu gelangen ...

Ungeachtet aller Prüfungsvorbereitungen trieb ich weiterhin Sport. Wie ich es vorausgesehen hatte, erwies sich das Schwimmtraining als ganz schön anstrengend, nicht nur für meine Muskeln, sondern auch für meine Nerven.

Es hatte sich nämlich unter den anderen Kindern herumgesprochen, was ich vorhatte, und jetzt fragte mich ständig irgend jemand anders: »Sag mal, ich hab' gehört, du willst das Abi machen, stimmt das?« Anwortete ich mit ja, wurde ich als Lügner verhöhnt; antwortete ich mit nein, damit ich meine Ruhe hatte, ging die Fragerei erst recht weiter: In welche Klasse ich denn ginge usw. Zu guter Letzt antwortete ich überhaupt nicht mehr und schwamm einfach; deswegen kam ich ja her. Und ich muß sagen, ich machte meine Sache gar nicht schlecht.

Ich nahm an drei Wettkämpfen teil.

Am 26. November 1988 mußte ich im Hallenbad in Maisons-Alfort drei endlose Stunden warten, bis die letzte Entscheidung im 100-Meter-Brustschwimmen ausgetragen wurde. Ich wurde guter letzter und legte die Strecke in 1.51.32 zurück. »Gerade noch rechtzeitig, bevor sie schließen!« scherzte Jaona. Er freute sich über meinen letzten Platz, der zwar unrühmlich, aber »gut für die Charakterbildung« war.

Am 12. März 1989 nahm ich an einem 200-Meter-Lagenschwimmen teil; die Stoppuhr blieb bei 4.25.64 stehen. Die ersten fünfzig Meter im Schmetterlingstil zurücklegen zu müssen, war absolut tödlich für die restlichen einhundertfünfzig Meter gewesen. Aber so gut für den Charakter! Und bei dem Krach ringsumher eine ausgezeichnete Konzentrationsübung. Eine Woche später unterbot ich im Training meine Bestzeit um knapp sechzehn Sekunden und legte die Strecke in 4.09 zurück.

Und am 23. April '89 gewann ich in Nogent-sur-Marne die Entscheidung im 100-Meter-Brustschwimmen mit einer Zeit von 1.43.14. Das bedeutete, ich hatte mich seit meinem letzten Platz vor fünf Monaten um acht Sekunden verbessert. Über diesen sensationellen Fortschritt freute ich mich noch mehr als über meinen Sieg. Ich konnte über mich selbst hinauswachsen, ich mußte es nur wollen. Aber natürlich hatten auch meine treuen Anhänger Dadou, Jaona und Kalvine, die mich unermüdlich zu immer größeren Leistungen anfeuerten, ihren Teil dazu beigetragen.

Das Halbjahr vor dem Abitur verlief ohne besondere Zwischenfälle. Alles war bestens. Daher hatte ich mir auch erlaubt, meine Matheaufgaben im Stehen zu erledigen, während Jerry Lee Lewis aus meinem Walkman dröhnte und ich dazu tanzte. Integralrechnung vor dem Hintergrund von »Whole Lotta Shakin' Going On« – das war's! Wenn ich sage, ich hatte es mir erlaubt, dann hat das seinen Grund. Eines Tages streckte nämlich mein Vater unverhofft den Kopf zur Tür herein ...

»Halt, so geht das nicht! Entweder du arbeitest oder du tanzt, aber nicht beides auf einmal!« sagte er ruhig, aber bestimmt.

Jaona und Dadou sprachen oft mit mir über die Schwierigkeit, ihrer Rolle als Eltern gerecht zu werden.

»Weißt du, wir schimpfen wirklich nicht gern mit dir, aber wenn wir es nicht täten, wäre das noch viel schlimmer. Wir haben keine Lust, uns das Leben mit Problemkindern schwerzumachen, deshalb sagen wir dir klipp und klar, was wir gut finden und was nicht. Als eure Eltern müssen wir gelegentlich auch mal ein Machtwort sprechen und können nicht immer nur lieb und nett sein. Warte nur, wenn du erst mal selbst Kinder hast, wirst du schon sehen ...«

Meine Eltern und ich haben immer offen über alles geredet. Und ich glaube, ich habe meine Meinungsfreiheit nicht allzusehr mißbraucht. Was mich an meinem Vater störte – Dadou übrigens auch! –, war der barsche Ton, den er hin und wieder anschlug. Aber sonst kamen wir prima miteinander aus.

Kurz vor Ostern hatten wir den letzten Text für die Englischprüfung durchgearbeitet. Jetzt wollten wir uns einen Lehrer mit Muttersprache Englisch und ausgezeichneten Französischkenntnissen suchen, der alles noch einmal durchsah. Wir hatten bald jemand gefunden, denn an Angeboten mangelte es nicht, und da die Konkurrenz groß war, waren die Stunden auch nicht so teuer wie beispielsweise in Mathematik.

Als wir das erste Mal mit Caroline telefonierten, ahnten wir natürlich nicht, daß sie asiatischer Abstammung war. Ihre Eltern kamen aus Vietnam, sie selbst war in New York geboren und hatte dort auch die Uni besucht. Sie sprach akzentfrei französisch.

Wir verstanden uns auf Anhieb. Vielleicht weil wir beide asiatische Züge hatten – das ist allerdings nur eine Vermutung! – oder weil sie und Jaona Immigranten waren, die es zu etwas bringen wollten, und das verband. Oder weil sie genauso klein war wie ich – gerade mal einsfünfzig – oder genauso ein Profi ... Vielleicht spielte alles zusammen eine Rolle.

Ich nahm jede Stunde auf Kassette auf, damit Jaona eine Möglichkeit zur Kontrolle hatte. Er schien sehr zufrieden mit dem Ergebnis. Und nicht nur er: Ich kam jedesmal freudestrahlend nach Hause, wenn ich bei Caroline gewesen war.

Ich war überhaupt ziemlich gut drauf. In den letzten Wochen vor dem Abi hatte Jaona mich unter Examensbedingungen geprüft, und ich hatte ausgezeichnet abgeschnitten. Das herrliche Wetter tat ein übriges zur Steigerung meiner Form.

Als der Tag X allmählich näherrückte, rechnete Jaona noch einmal exakt aus, wieviele Punkte ich in welchem Fach brauchte, damit wir uns realistische Ziele setzen konnten. In meinen drei stärksten Fächern – Mathe, Phyik, Englisch – mußte ich unbedingt mehr als 16 erreichen. In diesen Fächern war – mit fünf, fünf und drei – auch das Notengewicht am größten. Damit hätte ich rein rechnerisch das Abi bereits in der Tasche. Angenommen, ich erreichte in Mathe 18, in Physik 16 und in Englisch 17 Punkte, würde das eine Gesamtpunktzahl – (18x5)+(16x5)+(17x3) – von 221 ergeben. 220 entsprachen ungefähr einer Drei. Den Rest könnten wir dann sozusagen als Bonus für eine bessere Note betrachten. Nach Möglichkeit natürlich eine Eins, aber das war nicht unser Hauptziel. Es kam nur darauf an, das Abitur zu haben, die Eintrittskarte zur Uni.

Das Ergebnis in den andern, den reinen Lernfächern stimmte mich jedoch zuversichtlich. Für eine Zwei im Durschnitt müßte es reichen.

7

Die erste Prüfung fand am Mittwoch, dem 17. Mai, um 14 Uhr statt. Es war die mündliche in Wirtschaft und Sozialwissenschaft. Mein Vater begleitete mich; er trug die schwere Sporttasche mit den umfangreichen Dossiers, die wir angelegt hatten.

Ich erregte einiges Aufsehen, während wir zusammen mit den anderen Prüfungskandidaten im Flur auf die Prüfer warteten. Einer hielt sogar meinen Vater für den Abiturienten!

Meine Gruppe hatte Glück: Unsere Prüferin, eine

streng wirkende junge Frau um die Dreißig, kam pünktlich. Eine zweite Gruppe dagegen wurde nach einiger Zeit wieder nach Hause geschickt, weil der Prüfer nicht erschienen war!

In meiner Gruppe waren ausschließlich Kandidaten zusammengefaßt worden, die – zumindest im letzten Jahr – keine Schule besucht hatten. Die meisten gingen ziemlich pessimistisch, einige sogar regelrecht defätistisch in die Prüfung. Fast alle setzten ihre Hoffnungen aufs Mündliche, kaum einer rechnete damit, das Abitur bereits nach dem Schriftlichen bestanden zu haben.

Als ich aufgerufen wurde und anfing, meine Ordner auszupacken, wies mich die Prüferin nach einem überraschten Blick auf meine Dossiers darauf hin, daß handschriftliche Aufzeichnungen erwünscht seien und keine Dokumentation in Form von Zeitungsartikeln. Ich erwiderte, ich hätte es nur besonders gut machen wollen.

Sie sah sie rasch durch und legte erst den Ordner über Japan – eine gut drei Kilo schwere, hervorragende Dokumentation – und dann auch den über die Perestroika beseite. Blieben also die Materialsammlungen über die Dritte Welt, deren Grundlage eine Sonderbeilage der *Monde* bildete, und über die Wirtschaftspolitik Ronald Reagans.

Als sie mich aufforderte, innerhalb von zwanzig Minuten drei Fragen zum Thema Dritte Welt schriftlich und unter Zuhilfenahme meiner Unterlagen zu beantworten, war ich es, der überrascht schaute. Die Fragen lauteten: »Wie gestalten sich die Preise für Rohstoffe, die von den Entwicklungsländern exportiert werden? Können Sie diese Schwankungen erklären? Weshalb wirkt sich dieser Umstand erschwerend auf die wirtschaftliche Entwicklung eines unterentwickelten Landes aus?«

Ich hatte nichts zu schreiben dabei und mußte Jaona, der draußen auf dem Flur wartete, um einen Kugelschreiber bitten, ehe ich mich daranmachte, die Fragen zu beantworten. Wofür zwanzig Minuten lokker reichten. Als ich fertig war, las sie meine Arbeit durch; sie hatte nichts daran auszusetzen.

Dann bat sie mich, ihr etwas über die amerikanische Wirtschaftspolitik unter Präsident Reagan zu erzählen, was ich auch tat. Nach einer Weile unterbrach sie mich und fragte, ob ich das alles denn auch verstünde (wir hatten das Dossier ja komplett in englisch angelegt). Aber ja, antwortete ich sichtlich erstaunt. »Wirklich alles?« beharrte sie. Da schlug ich ihr vor, einen beliebigen Absatz zu übersetzen. Sie verzichtete darauf und ließ mich meine Ausführungen beenden. Sie war ganz offensichtlich zufrieden, denn sie fand, wenngleich um einen möglichst sachlichen Ton bemüht, lobende Worte für meine Arbeit.

Diese Prüferin mit der undurchdringlichen Miene hatte auf mich sehr gewissenhaft gewirkt. Ein paar Tage später bekam ich das Ergebnis per Post: 15 Punkte, das entsprach etwa einer Zwei. Ich hatte ehrlich gesagt mit ein bißchen mehr gerechnet ...

Für Mittwoch, den 7. Juni, 8 Uhr war die Philosophieprüfung angesetzt worden. Ich hatte Pech insofern, als keines meiner bevorzugten Themen zur Auswahl stand.

Thema Nr. 1: »Was versteht man unter der Stärke des Schwachen?« und Thema Nr. 2: »Das Maß – worin besteht die Schwierigkeit des Messens, und ist es überhaupt möglich, alles zu messen?« kamen für mich nicht in Frage. Blieb also Nr. 3: »Zeigen Sie den philosophischen Grundgedanken eines Textes von Spinoza auf und erläutern Sie ihn.«

Das war relativ schnell erledigt. Die wesentliche Aussage des Textes war bereits im ersten Satz zusammengefaßt: »Freiheit bedeutet für die meisten Menschen, uneingeschränkt ihren Neigungen leben zu können, wohingegen sie in der Unterwerfung unter das Gesetz Gottes den Verlust ihrer Unabhängigkeit sehen.«

Hätte ich mehr über Religion und ihre Ausübung gewußt, wäre das sicherlich von Vorteil gewesen. Spinoza tadelte das Verhalten jener, die die göttlichen Gebote nur deshalb befolgen, weil sie Angst vor der ewigen Verdammnis haben und weil sie am Tag des Jüngsten Gerichts ihre Belohnung für die lebenslang getragene »Bürde« der Rechtschaffenheit und der Gottesfurcht entgegennehmen wollen. Hätten sie diese Angst nicht, würden sie sich nicht scheuen, ihren niedrigen Instinkten zu folgen.

Ich muß gestehen, diese schwerwiegende Frage berührte mich nicht sonderlich.

Am gleichen Nachmittag stiegen wir in den Zug nach Vecoux. Wir wollten zehn Tage auf dem Land verbringen, bevor in der letzten Juniwoche der eigentliche Prüfungsmarathon stattfand. Die familiäre Geborgenheit, die Stille und die klare Luft der Vogesen bildeten den idealen Rahmen, um den Stoff in aller Ruhe zu wiederholen.

Wir nahmen Benjamin Adonis mit nach Vecoux. Auf diese Weise konnte Jaona das Angenehme mit dem Nützlichen verbinden. Und Benjamin genoß den Aufenthalt in vollen Zügen. Egal, was er tat, ob er lernte oder spielte, er war ein wahres Energiebündel.

Er konnte besser schreiben als ich im gleichen Alter. Verblüffend, was für unglaubliche Fortschritte er innerhalb eines Dreivierteljahres gemacht hatte! Addieren und subtrahieren konnte er ebenfalls schon ganz gut, dabei hatte er erst vor zwei Monaten damit angefangen.

Seine Mutter war deshalb schon in Sorge gewesen: Warum er ihrem Sohn nicht endlich das Rechnen beibringe, hatte sie von Jaona wissen wollen. Er erklärte ihr, lesen zu können sei sehr viel schwieriger, übrigens nicht nur für Benjamin. Rechnen setzte im großen ganzen nichts als Konzentration und die Beherrschung gewisser mechanischer Prozesse voraus, während Lesen den Einsatz so gut wie aller geistigen Fähigkeiten erfordert: Konzentration, Gedächtnis, Antizipation, Phantasie, Verständnis, analytischer und synthetischer Verstand sind gefragt. Bei Benjamin bedurften manche Bereiche noch der Entwicklung, vor allem seine Konzentrationsfähigkeit ließ zu wünschen übrig.

Aber jeder noch so kleine Fortschritt stärkte sein Selbstvertrauen. Je besser er las, desto mehr Spaß machte es ihm, und die Freude darüber und der Stolz weckten die Lust auf weitere Lektüre. Lesen grenzt in diesem Alter wirklich an Magie ...

Man sah ihm an, wie glücklich er über seine Leistungen war und wie wohl er sich bei uns fühlte. Und Omas Essen schmeckte ihm auch, vor allem der Nachtisch – hm, diese köstliche Eiscreme! Und die Erdbeeren aus dem Garten mit Schlagsahne!

In den paar Tagen in Vexoux fiel mir zum erstenmal die Ähnlichkeit zwischen meiner kleinen Schwester und mir auf. Sie war jetzt fast sechzehn Monate alt und sah mir wirklich verblüffend ähnlich. Als wir Dadou zwei Fotos von uns vorlegten, die uns im gleichen Alter, in der gleichen Badewanne und in exakt der gleichen Haltung – allerdings von hinten! – zeigten, konnte sie nicht sagen, wer wer war.

Auch Kalvine war in absoluter Topform. Wörter, glucksendes Lachen, Tränen, irgendwas sprudelte immer aus ihr heraus. Ihr Lieblingsplätzchen im Garten war das Erdbeerbeet – man braucht nicht zu fragen, warum. Drinnen im Haus saß sie am liebsten auf dem kleinen Sofa in der Küche, wo Dadou, Oma, Jaona oder ich ihr jeden Abend vor dem Schlafengehen noch eine Gute-Nacht-Geschichte vorlasen. Zauberhafte Augenblicke, ein allabendliches Ritual für alle kleinen Kinder, die im Lauf der Jahre nach Vecoux gekommen waren.

Ich arbeitete in der Regel vormittags, hauptsächlich deswegen, damit ich mich daran gewöhnte. Am 21. Juni von 14 bis 18 Uhr fand die schriftliche Französischprüfung statt, am 22. und 23. kam der Rest, jeweils von 8 bis 12 Uhr und von 14 bis 17 Uhr. An drei Tagen insgesamt achtzehn Stunden Prüfung!

Insbesondere in den Fächern, in denen es auf Erinnerungsvermögen und assoziative Fähigkeiten ankam – Geschichte, Geographie, Biologie –, hielten wir wiederholt Prüfungen unter Examensbedingungen ab. Für die letzten Tage zu Hause war Entspannung angesagt, ein bißchen Sport treiben, ein bißchen Wiederholung. Ich wollte frisch und ausgeruht zum Drei-Tages-Marathon antreten.

Mein Biorhythums verhieß nichts Gutes für die Zeit vom 21. bis zum 23.: Meine körperliche und meine geistige Kurve würden sich im Tief befinden, meine seelische im Hoch. Ich würde meinen Optimismus ein wenig dämpfen müssen, damit ich mich nicht überschätzte. Vor zwei Jahren, als ich vor der Prüfung zur Mittleren Reife stand, hatte ich mich in einer ähnlichen Situation befunden.

Aber schließlich würde nicht mein Biorhythmus die Prüfungen ablegen, sondern ich. Ich sagte mir also, warten wir's ab, und zog das Programm durch, das sich Jaona für mich ausgedacht hatte. Ich stand um 8 Uhr auf und probte drei bis vier Stunden den Ernstfall. Dann war Zeit zum Mittagessen. Am späten Nachmittag paukte ich von 5 bis 7 Uhr die Prüfungsfragen der letzten Jahre in Mathe oder Physik durch. Um 7 Uhr aßen wir zu Abend, und wehe dem, der zu spät kam! Der bekam was zu hören von Opa! Spätestens um 10 Uhr ging ich schlafen.

Die Ergebnisse meiner Prüfungen auf Probe waren im großen ganzen ausgezeichnet. Die Arbeit hatte sich offensichtlich gelohnt. Aber bei dem tollen Wetter, das war die ganze Woche über in Vecoux hatten, hätte ich lieber richtig Ferien gemacht, mit lange Ausschlafen und so ...

Wieder daheim fühlte ich mich topfit. Im Geist hatte ich das Abi bereits in der Tasche und spekulierte auf eine bessere Note als »befriedigend«, um dem Ganzen ein wenig Glanz zu verleihen. Wie auch immer, ich wollte jedenfalls mein Bestes geben.

8

Die schriftliche Prüfung fand im »Condorcet«-Gymnasium in La Varenne statt, eine halbe Stunde von zu Hause entfernt.

Als erstes war Französisch an der Reihe. Ich fiel natürlich auf mit meinen einsdreiundfünfzig, als ich mich am Dienstag, dem 21. Juni, pünktlich um 14 Uhr gemeinsam mit den anderen Prüfungskandidaten einfand. Sie waren 1988 durchs Abi gerasselt und wagten nun einen zweiten Versuch. Mit ihren mittlerweile fast neunzehn Jahren waren sie fest entschlossen, es diesmal zu schaffen.

Ich entschied mich für das Thema Nr. 1, einen Text von Christian Pociello über die »Gefahr als Show«. Es wurde eine Zusammenfassung verlangt, etwa 165 Wörter, sowie die Erläuterung des dem Text entnommenen Begriffs des »irrationalen Handelns« und der Aussage, »Heldentaten würden nicht mehr selbst erlebt, man ließe sie erleben«. Ferner sollte man sich zu der Frage äußern: »Der Autor stellt fest, daß gefahrvolle Situationen und Abenteuer in publikumswirksame Szenen umgesetzt werden. Ist die Show Ihrer Ansicht nach ein unverzichtbares Element des Gefahrvollen?«

Der Autor erwähnte fast alle großen Namen des mediengerecht inszenierten Abenteuers – Thierry Sabine, Philippe de Dieuleveult, Arnaud de Rosnay –, so daß selbst dem schläfrigsten Prüfling etwas zu diesem Thema einfallen müßte. Ich schäumte zwar nicht gerade über vor Begeisterung, dennoch verging der Nachmittag im Vergleich zur Philosophieprüfung fast wie im Flug.

Am anderen Morgen quälte ich mich um 6 Uhr aus

dem Bett. Normalerweise brauche ich eine knappe Stunde, bis ich eingermaßen wach und einsatzbereit bin. Ich packte wie üblich meine Energieriegel auf Mandel- und Weizenkeimbasis sowie den unverzichtbaren halben Liter Mineralwasser für die kleinen Pausen ein. So ausgerüstet hatte ich bereits die Prüfungen zur Mittleren Reife überstanden, und heute rief ich mit dieser Verpflegung die gleiche Belustigung hervor wie damals.

An dem Tag wurde Geschichte und Geographie geprüft, und ich erlebte eine böse Überraschung: Nicht eines meiner bevorzugten Themen in Geschichte stand zur Auswahl. Statt dessen: Die USA unter der Präsidentschaft Harry S. Trumans 1945-1952; die UdSSR und der Zweite Weltkrieg; ein Kommentar zu einem Auszug aus Charles de Gaulles Memoiren. Ich entschied mich für letzteres, ohne recht zu wissen, weshalb; es schien mir das sicherste Thema von allen zu sein.

In Geographie hatte ich ein bißchen mehr Glück. »Die Landwirtschaft der Vereinigten Staaten von Amerika« war ein Thema, das mir schon eher zusagte. Vier Stunden später verließ ich den Prüfungssaal mit gemischten Gefühlen. Hatte ich auch an alles gedacht? Nichts vergessen, nichts ausgelassen? Der Vormittag war nicht die Phase meiner höchsten Leistungfähigkeit, deshalb war ich mir nicht sicher.

Draußen wartete Jaona auf mich, er brachte mir mein Mittagessen. Wir setzten uns auf eine Bank im Park gleich nebenan. Ich war ziemlich einsilbig; ich versuchte, den ganzen Ballast in meinem Kopf loszuwerden, damit ich mich voll und ganz auf Physik konzentrieren konnte, das der vielen Rechnerei wegen höchste Aufmerksamkeit verlangte.

Als ich nach drei Stunden aus dem Prüfungszimmer kam, fühlte ich mich leicht und beschwingt. Ich war sehr zuversichtlich und überzeugt, gute Arbeit geleistet zu haben. Im großen ganzen konnte ich mit meiner Leistung an dem Tag zufrieden sein. Ein bißchen erschöpft war ich aber schon.

Am Donnerstag ging es so weiter. Morgens Mathe, nachmittags Biologie. Ich arbeitete mit großem Selbstvertrauen und höchster Konzentration. In Mathe ließ ich mich sogar dazu hinreißen, eine meiner Meinung nach originellere Lösung vorzuschlagen als die, die in der Aufgabenstellung praktisch schon enthalten war.

Ich schwebte wie auf Wolken, so ein gutes Gefühl hatte ich nach diesem Tag.

Die schriftlichen Prüfungen waren alles in allem zufriedenstellend verlaufen. Ich hatte durchgehalten, doch die ungeheure Anstrengung war nicht spurlos an mir vorübergegangen. Ich war körperlich und geistig furchtbar müde.

Jetzt stand mir noch die mündliche Prüfung in Englisch und in Französisch bevor. Und davor, genauer gesagt vor dem Eindruck, den ich auf den Prüfer machen würde, hatte ich ein wenig Angst.

Ohne ein allzu pauschales Urteil über Lehrer fällen zu wollen, rechnete ich nach meinen bisherigen Erfahrungen doch mit dem Schlimmsten. Ich fühlte mich wehrlos. Wenn ich wenigstens wie andere Prüflinge ein Zeugnis vorweisen könnte, damit der Prüfer eine Vorstellung von meinem Niveau hätte! Aber so kam es mir vor, als müßte ich mich in ein unbekanntes Gewässer stürzen und darauf vertrauen, daß ich nicht gerade einem Hai vor die Schnauze fiel.

Die Englischprüfung fand am Mittwoch, dem 28.

Juni, nachmittags statt. Der Prüfer war ein kleiner, leicht ergrauter Herr um die Fünfzig, der mich mit einem freundlichen »Hello« begrüßte, das ich fröhlich erwiderte. Dann wollte er wissen, wie ich mich einschätzte, schwach, mittel oder gut. »Ganz gut«, antwortete ich spontan.

Die Prüfung bestehe aus zwei Teilen, erklärte er mir. Zunächst würde er mir eine Kassette mit einem Text vorspielen, den ich anschließend kurz zusammenfassen sollte, natürlich mündlich und in englisch. Im zweiten Teil würde er mich zu einem Teil der Texte befragen, die ich vorbereitet hatte.

Bei der Aufnahme handelte es sich um eine Rede des britischen Thornfolgers Prinz Charles über moderne Architektur. Ich verstand alles und hatte genügend Zeit, im Geist eine Zusammenfassung auszuarbeiten.

Danach nahm sich der Prüfer die Liste mit meinen Texten vor. Nach etwa dreißig Sekunden entschied er sich für ... »*A son killed in action*«. Ich war sehr konzentriert und voller Selbstvertrauen. Erst sehr viel später fiel mir ein, daß sich Jaonas Prophezeiung tatsächlich erfüllt hatte.

Nachdem ich einen Absatz vorgelesen hatte, schwenkte der Prüfer unvermittelt auf ein ganz anderes Thema um: auf mich! Ich schilderte meinen bisherigen Ausbildungsweg und erwähnte auch, welche Pläne ich für die Zukunft hatte: »*I'll try my best to set among the major forces in the mathematical field.*« Ich wollte einmal ein bedeutender Mathematiker werden. Mein Prüfer hatte mir aufmerksam und mit zufriedener Miene zugehört.

Wir kehrten zum eigentlichen Thema, dem Text über den Vietnam-Krieg, zurück. Ein Vater, dessen

Sohn in Vietnam gefallen war, redete sich eines Abends seinen ganzen Schmerz, seine Trauer und seine Wut über die Sinnlosigkeit dieses Todes von der Seele. Er klagte die Absurdität einer Politik an, für deren Ziele die »Kleinen« wie sein Sohn Ralph, das Kanonenfutter stellten und geopfert wurden, während die Angehörigen der Oberschicht immer schön in Deckung blieben. Ein Krieg werde von den Reichen begonnen, empörte er sich, aber die Armen seien es, die ihn führen und mit ihrem Leben dafür bezahlen müßten. Der Text war ein erschütterndes Dokument der Tragödie, zu der sich der Vietnam-Krieg für die Vereinigten Staaten ausweiten sollte.

Zum Schluß trug ich die Zusammenfassung der Aufnahme vor, die der Prüfer abgespielt hatte. »*That's it*!« meinte er anerkennend, als ich geendet hatte, und faßte meine Leistung mit den Worten zusammen: »Lektüre gut, Verständnis gut, große Gewandtheit im Ausdruck.«

Damit war ich entlassen. Die Prüfung hatte eine gute halbe Stunde gedauert. Ich war bereits an der Tür, als mir mein Prüfer noch nachrief: »*Good luck*! Viel Glück!«

Wow! Ich war selig. Jaona entspannte sich sichtlich, als er mich übers ganze Gesicht strahlen sah. Ich zweifelte keine Sekunde, eine ausgezeichnete Leistung geboten zu haben. Die Anspannung fiel von mir ab, ich atmete befreit auf. Eine glatte Untertreibung: Ich hätte einen Luftsprung machen können vor Freude. Was für ein Glück, auf so einen routinierten Prüfer gestoßen zu sein! Er hatte mir das Lampenfieber genommen, indem er vom ersten Augenblick an englisch mit mir gesprochen hatte, und er hatte mir Gelegenheit gegeben zu zeigen, was in mir steckte. Später erfuhr ich, daß er am »Henri-VI«-Gymnasium unterrichtete und als Lehrer außerordentlich geschätzt wurde.

Am andern Morgen fand die mündliche Prüfung in Französisch statt – mit mehr als anderthalb Stunden Verspätung. Der vorgesehene Prüfer war verhindert, und es mußte erst ein Ersatz gefunden werden. Schließlich sprang ein Lehrer des Gymnasiums ein, an dem die Prüfung abgehalten wurde. Jeder nutzte die Verzögerung auf seine Weise: Die einen gingen in den Hof hinaus, bildeten kleine Gruppen und unterhielten sich oder sonderten sich ab und rauchten; eine Minderheit, zu der auch ich gehörte, zog sich in ein Klassenzimmer zurück und wiederholte noch einmal den Prüfungsstoff.

Gegen 13 Uhr 30 wurde ich aufgerufen. Mein Prüfer war um die Vierzig, trug eine Brille und wirkte sehr streng. Er begann mit einigen lobenden Worten über meine Textwahl:

»Eine überaus harmonische und kluge Zusammenstellung. Das hat Sie sicherlich viel Zeit und Mühe gekostet, könnte ich mir denken.«

»Ja, das stimmt«, erwiderte ich.

Dann fragte er mich, welche Gattung ich vorzöge, Roman, Schauspiel oder Lyrik. Das fand ich schon mal sehr nett.

Ich mußte nicht lange überlegen: Schauspiel, antwortete ich. Und das bedeutete *Tartuffe*. Zufrieden kehrte ich an meinen Platz zurück, um mich vorzubereiten, während der Kandidat vor mir geprüft wurde. Das würde eine gute Viertelstunde dauern. Eigentlich, so sagte ich mir, könne nichts schiefgehen. Molières Komödie gefiel mir nicht nur sehr gut, ich hatte mich unter Jaonas Anleitung auch intensiv mit ihr befaßt. Unser Studium hatte sich nicht ausschließlich auf die klassischen Themen des Stücks – Heuchelei, Scheinheiligkeit, Frömmelei – beschränkt; wir hatten es unter einem weiter gefaßten Aspekt, dem des Besitzens und des Besessenseins, betrachtet.

Dieser Lesart zufolge gibt Tartuffe vor, vom Glauben erfüllt, von Gott besessen zu sein, um in den Besitz von Orgons Haus zu gelangen. Orgon verspricht ihm sogar die Hand seiner Tochter Mariane, die er sodann besitzen würde – im sexuellen Sinn. Tartuffe fühlt sich so sicher, daß er freimütig den Wunsch äußert, auch Elmire zu besitzen. Da schlüpft Elmire in die Rolle der Verführerin und schlägt ihn mit seinen eigenen Waffen, der Heuchelei und der Verstellung. Doch während der lüsterne Tartuffe seine Frömmigkeit aus Habgier vortäuscht, mimt die ehrliche, rechtschaffene Elmire die Verführerin, um ihn zu entlarven.

Im dritten Auftritt des dritten Aufzugs wirft sie den Köder aus:

»Ich glaube, all Ihr Sehnen gilt dem Himmel,
Und nichts auf Erden fesselt Ihre Wünsche.«

Tartuffe beißt sofort an:

»Die Liebe zu der ewigen Schönheit hindert
Uns nicht, auch die vergängliche zu lieben.«

Die Falle ist zugeschnappt. Tartuffe läßt seiner glühenden Leidenschaft freien Luf. Der berühmte Vers 966 ist der eigentliche Wendepunkt des Stücks:

»Bin ich auch fromm, so bin ich doch ein Mann.«

Den letzten Auftritt, als Rettung in Gestalt des Polizeioffiziers naht, könnte man so deuten, daß der König allen in Erinnerung bringt, wie die tatsächlichen Besitzverhältnisse aussehen: Ihm sind sie alle untertan, er allein hat die Macht über sie.

Vielleicht könnte man sogar noch einen Schritt weitergehen und sagen, Molière hat mit ihnen allen, König und Publikum eingeschlossen, sein Spiel getrieben, um ihnen die Allmacht des genialen Schöpfers, der er war, zu demonstrieren – ein Gott in verkleinertem Maßstab sozusagen. Indem er sein Stück auf mehreren Interpretationsebenen ansiedelte, gelang es ihm, selbst revolutionärste Ideen und Ansichten an Zensoren und Sittenwächtern vorbeizuschmuggeln. Dennoch sorgte *Tartuffe* für einigen Wirbel, ehe am 5. Februar 1669 die endgültige Freigabe erfolgte.

Ich las einige Verse aus Tartuffes Liebeserklärung an Elmire vor, die mit ebenjenem »Bin ich auch fromm …« beginnt, und trug anschließend voller Überzeugungskraft meine Interpretation vor. Mein Prüfer hörte sich meinen Vortrag mit unbewegter Miene an, so als erzähle ich ihm nichts Neues, als wäre diese Deutung des Texts in jedem Lehrbuch enthalten, was aber nicht zutraf. Seine Reserviertheit erstaunte mich. Dennoch war seine abschließende Bewertung nicht schlecht: »Gutes Textverständnis, sprachgewandte Textanalyse.« Das beruhigte mich. Dann stellte er mir noch einige Fragen, auf die ich überhaupt nicht gefaßt gewesen war. Ob ich oft ins Theater ginge; nein, entgegnete ich. Was ich diesen Sommer lesen würde; das wisse ich im Augenblick noch nicht. Wie es mir in den anderen Fächern ergangen sei; ganz gut. Ob diese mündliche Prüfung meine letzte gewesen sei. »Ja«, sagte ich. Damit war ich endlich entlassen.

Uff! Das war's. Das Kapitel Abitur war hiermit abgeschlossen. Erledigt. Endgültig. Endlich Ferien!

Meine Eltern und Kalvine warteten am Eingang auf mich. Dadou machte noch ein Foto von mir, wie ich unter dem kleinen Portal stand, und dann ging's ab nach Hause. Ein Glas Sekt hätte ich mir redlich verdient, meinte ich, und das bekam ich am Abend auch zur Feier des Tages. Unsere Lieblingsinterpreten spielten und sangen den Blues in voller Lautstärke, während wir fröhlich die bestandene Prüfung feierten.

In den Tagen vor der Bekanntgabe der Prüfungsergebnisse gönnte ich mir eine kleine Entziehungskur in Sachen Lernen. Ich beschäftigte mich mit meiner kleinen Schwester, für die ich in den letzten Wochen kaum Zeit gehabt hatte, trieb Sport, sah fern und schaute mir Videofilme an, vor allem Komödien mit Michel Blanc zum Beispiel oder eine Show mit Michel Leeb, der damals die Nummer eins meiner Komiker-Hitparade war.

Ich lache schrecklich gern – und unüberhörbar, wie ich mir habe sagen lassen. Ich mag vor allem Grimassen und alles Lustige, das sich spontan ergibt, aber auch die Persiflage, die Parodie, das Verzerren von Situationen und Worten. Und die, die andere zum Lachen bringen, ohne dabei unbedingt unter die Gürtellinie zielen zu müssen, sind mir die liebsten ...

9

Am Mittwoch, dem 5. Juli, fuhren Jaona und ich mit der S-Bahn nach La Varenne: Ab 10 Uhr würden die Prüfungsergebnisse bekanntgegeben werden. Wir waren bester Laune, alberten herum und machten Witze.

Im Schulgebäude folgte ich Jaona an den Tisch, an dem der Assistent des Direktors saß und jedem Prüfling seine Note mitteilte.

»Ah, Arthur! Du mußt um halb zwei zum Mündlichen erscheinen!« sagte er laut.

Mein Vater nahm ohne ein Wort den Vordruck mit den Ergebnissen entgegen. Als ich ihn fragte, in welchen Fächern ich denn ins Mündliche müsse, antwortete er nach einem flüchtigen Blick auf die Noten: »Mathematik und Physik.«

Er machte auf dem Absatz kehrt und strebte dem Ausgang zu. Als er merkte, daß ich zu taumeln anfing, packte er mich am Arm und zog mich mit sich. Ich war wie vor den Kopf geschlagen.

Auf dem Weg zur S-Bahn-Station stieß er, den Blick geradeaus gerichtet, zwischen den Zähnen hervor:

»Du hast elf Punkte in Mathe und sieben in Physik! Ich weiß nicht, was das zu bedeuten hat, aber du hast noch drei Stunden bis zur mündlichen Prüfung, das reicht, um den Stoff noch mal zu wiederholen. Das gibt's doch gar nicht: elf und sieben! Möchte bloß wissen, was diese Scheiße soll!«

Ich war wie gelähmt, so sehr hatte mich die Nachricht mitgenommen. Meine bleischweren Beine wollten mir nicht gehorchen, ich mußte mich zwingen, einen Fuß vor den andern zu setzen.

»Das gibt's einfach nicht«, wiederholte Jaona. »Das

muß ein Irrtum sein, das sind bestimmt nicht deine Noten! Aber darum werden wir uns später kümmern. Jetzt sieh erst mal zu, daß du dich wieder fängst, damit du mit dem Mündlichen klarkommst ...«

In meiner Verwirrung beschlich mich plötzlich wieder das Gefühl, das Opfer dunkler Mächte zu sein, die mir Steine in den Weg legten, wo sie nur konnten. Die Vorstellung war zuviel für mich, ich brach in Tränen aus. Da nahm mich Jaona zärtlich in die Arme, strich mir über den Kopf und flüsterte mir zu:

»Joe« – so nannte er mich manchmal – »Joe, wir lieben dich. Hab keine Angst, es wird alles gutwerden ... Wir wissen, daß wir uns auf dich verlassen können. Und wenn du dieses verdammte Abitur nicht hast, ist es auch nicht tragisch ... Die Hauptsache ist doch, daß wir dich lieben und immer füreinander da sind ...«

Seine Worte, seine Liebkosungen beruhigten mich und nahmen mir die Angst – nicht die Angst zu versagen, sondern meine Eltern zu enttäuschen, ihr Vertrauen zu verlieren. Solche Noten waren meiner einfach nicht würdig, und ich versuchte zu verstehen, wie es dazu hatte kommen können. Was Dadou wohl sagen würde?

Jaona hatte sich das auch gefragt. Als wir nach Hause kamen, berichtete er in knappen Worten, was geschehen war. Er griff zum Telefon und rief die Prüfungskommission in Arcueil an, um herauszufinden, ob das tatsächlich meine Noten waren.

»Bestimmt nicht, Arthur! Ausgeschlossen! Denen ist bestimmt ein Fehler unterlaufen«, versuchte Dadou mich zu beschwichtigen.

Im ersten Augenblick war sie fassungslos gewesen, aber sie war so fest davon überzeugt, es könne sich nur um einen Irrtum handeln, daß sie im Gegensatz zu Jaonas ziemlich gelassen reagierte.

Es war kein Irrtum. Ein Versehen sei aufgrund der gründlichen Kontrolle durch mehrere Personen ausgeschlossen. Dennoch könne er gern die Kopien einsehen und Punktezahl und Bewertungen selbst überprüfen oder sich auch eine Fotokopie davon anfertigen. Jaona machte sich unverzüglich auf den Weg. Ich hätte genügend Zeit, also solle ich mich hinsetzen und lernen, meinte er, bevor er ging.

Nach einer Stunde klappte ich die Bücher zu. Ich hatte das Gefühl, hinreichend vorbereitet zu sein. Dadou und ich konnten einfach nicht glauben, daß meine Noten im Schriftlichen so miserabel sein sollten. Abgesehen von den elf Punkten in Mathe und den sieben in Physik hatte ich in Französisch neun, in Philosophie fünf – das war allerdings vorhersehbar gewesen –, in Geschichte/Geographie und in Biologie jeweils nur fünf Punkte bekommen, und das wollte uns nicht in den Kopf. Da die Punktezahl im Mündlichen – in Englisch 18 und in Französisch 12 – durchaus glaubwürdig war, waren wir fest überzeugt, es müsse sich bei der Benotung des Schriftlichen um eine Verwechslung handeln.

Doch dann rief Jaona aus einer Telefonzelle in der Nähe des Gymnasiums an und teilte uns mit, er habe die Kopien eingesehen: Es waren meine Noten, daran gab es nichts zu rütteln. Im Falle von Mathe, Physik und Biologie könne er nicht beurteilen, ob sie gerechtfertigt seien oder nicht, aber in den anderen Fächern seien sie wohl gerechtfertigt, auch wenn meine Arbeiten ziemlich streng benotet wären und die Begründung ein wenig seltsam schien. Einspruch dagegen zu erheben sei jedenfalls ausgeschlossen.

Dennoch stand ich gar nicht so schlecht da. Mit meinen 204 Punkten fehlten mir noch ganze sechzehn, um die schicksalhaften 220 zu erreichen. Und da die fünf Bonuspunkte der mündlichen Prüfung in Wirtschaft und Sozialwissenschaft mit angerechnet wurden, brauchte ich nur noch elf. Das bedeutete, insgesamt drei Punkte in Mathe und Physik würden mir genügen, denn beide Fächer hatten das Notengewicht fünf. Zehn Punkte in Physik zum Beispiel würden meine sieben aus dem Schriftlichen aufheben und meine Gesamtpunktezahl um (10-7) x 5 = 15 Punkte verbessern. Das war durchaus zu schaffen.

Der Assistent des Direktors schien anderer Ansicht. Es sehe gar nicht gut für mich aus, hatte er meinem Vater anvertraut. Und im gleichen vertraulichen Ton hinzugefügt, er habe meine Philosophiearbeit gelesen und mit dem Lehrer, der sie korrigierte, einem guten Bekannten, darüber diskutiert. Und beide seien sich einige gewesen, daß es sich um eine »ziemlich schwache« Leistung handle.

Jaona konnte es nicht fassen. Dieses Verhalten verstieß eindeutig gegen die Vorschriften. Doch wie konnte man angesichts der vorhandenen Ressentiments an die Einhaltung der Spielregeln glauben? Daß, wie es an dieser Schule noch üblich war, der Name des Prüflings auf der Arbeit vom Korrigierenden selbst verdeckt wurde, war nun wirklich keine Garantie für den Schutz der persönlichen Daten ...

Ich wußte nicht, was ich von alldem halten sollte, ich wußte nur, ich wollte es denen zeigen, wollte ihnen beweisen, was in mir steckte.

Auf dem Weg zum Gymnasium machte Jaona mir Mut.

»Du hast nichts zu verlieren und alles zu gewinnen.

Nur drei kleine Pünktchen! Das schaffst du doch! *Come on, Joe, you're gonna hit it, okay?* Los, Joe, zeig's ihnen!«

Die Sonne schien. Im Schulhof hatten sich etwa zwanzig Prüflinge eingefunden. Die Prüfung würde in einem auf dem Hof augestellten Container stattfinden. Mein Vater hatte mir eine Strategie aufgezeigt: Ich solle mit Mathe beginnen und mich als erster melden; da mir vierzehn Punkte genügten, würde ich mir damit eine beruhigendes Polster verschaffen; außerdem hätte ich dann genug Zeit für die Vorbereitung auf Physik. Er riet mir auch, den weiblichen der beiden Matheprüfer zu wählen.

Die Prüferin war um die Vierzig und wirkte ähnlich streng wie ihr Kollege beim Schriftlichen. Sie forderte mich auf, einen der sechs zusammengefalteten Zettel auszuwählen. Ich zog eine Aufgabe über Kegelschnitte.

Nach fünfzehnminütiger Vorbereitung ging ich nach vorn an die Tafel. Zum allerersten Mal in meinem Leben schrieb ich an eine Tafel, doch in dem Augenblick war mir das gar nicht bewußt. Es herrschte eine eisige Stille, während ich die Lösung der Aufgabe anschrieb. Eine einzige Zusatzfrage stellte mir die Prüferin – über die Berechnung der Exzentrizität eines Kegels –, und das mitten in meinen Ausführungen. Ich war im Moment so irritiert, daß ich kein Wort hervorbrachte, obwohl ich die Antwort wußte.

Ich fühlte mich denkbar unwohl in dieser kalten, düsteren Atmosphäre. Aber meine Prüferin schien im großen ganzen mit mir zufrieden zu sein, denn kurz bevor ich ging, fragte sie mich schüchtern, was für Pläne ich nach dem Abitur hätte. Sie ging also offensichtlich davon aus, daß ich die Prüfung bestehen würde.

»Oh, ich werde mich weiter mit Mathematik beschäftigen«, antwortete ich und versuchte ein Lächeln.

Mir war ein bißchen mulmig zumute wegen dieser dummen Frage, auf die ich die Antwort schuldig geblieben war. Aber dann sagte ich mir, für sechzehn Punkte müßte es eigentlich gereicht haben. Mindestens.

Als ich in den Hof hinauskam, war mein Vater in eine Unterhaltung mit anderen Prüflingen und einer Mutter vertieft, die ihre Tochter begleitete. Die Ärmste hatte in Physik eine böse Überraschung erlebt: Statt der vierzehn Punkte, die sie im Durchschnitt immer gehabt hatte, hatte sie im Schriftlichen nur sieben bekommen. Und da Mathe nicht ihre Stärke war, mußte sie in der mündlichen Physikprüfung unbedingt mindestens zwölf Punkte erreichen.

Sie war vor mir geprüft worden und kam gerade zum Ende, als ich mich mit meiner Aufgabe nach hinten setzte, um mich vorzubereiten. Jaona erzählte mir später, sie sei ganz durcheinander gewesen, jedoch ziemlich zuversichtlich.

»Es lief ganz gut ... Komisch, der Prüfer hat gesagt, meine mündliche Leistung sei sehr viel besser als meine schriftliche. Er hat meinen Namen wiedererkannt ...«

»Das ist allerdings merkwürdig«, wunderten sich auch die andern.

Jaona hatte sich lange mit der Mutter des Mädchens unterhalten. Ihre Tochter habe ein Jahr lang aufs Reiten, ihre große Leidenschaft, verzichtet, um sich auf das Abitur vorzubereiten, vertraute sie ihm an; deshalb sei der Gedanke, womöglich durchzufallen, so entsetzlich für sie.

Ich solle den älteren der beiden Prüfer nehmen, hatte Jaona mir geraten. »Erstens hat der die größere Erfahrung. Und zweitens wirkt er sympatischer als der andere.«

Er hatte recht gehabt.

Die Atmosphäre war entspannt, beinah herzlich. Der Prüfer schlug mir zwei Aufgaben vor und gab mir eine Viertelstunde, sie zu lösen. Nach knapp zehn Minuten war ich fertig. Er sah, daß ich meinen Kugelschreiber aus der Hand gelegt hatte, und fragte, ob ich soweit sei. Ich bejahte, stand auf und marschierte entschlossen, ohne meine Notizen mitzunehmen, nach vorn an die Tafel. Ich demonstrierte ganz schön viel Selbstbewußtsein! Die Haltung des Prüfers ermutigte mich und spornte mich zu einer ausgezeichneten Leistung an, in Physik, wo ich den Photoeffekt erklären sollte, ebenso wie in Chemie, wo ich über die Aminosäuren, Chloride und Säureanhydrid sprach. Mein Prüfer korrigierte mich nur ein einziges Mal, in Chemie, als ich ein »H« zuviel anschrieb; meine Berechnungen prüfte er gar nicht nach.

Der Prüfungskandidat, der sich vorbereitete, während ich an der Tafel stand, erklärte später, so eine bravouröse Leistung hätte er noch nicht gesehen. »Was der Pauker für Augen machte! Der hat sich fast nicht mehr eingekriegt!« meinte er grinsend.

Ich hatte wirklich ein gutes Gefühl gehabt, und mein Prüfer machte einen hochzufriedenen Eindruck. Nach einem flüchtigen Blick auf meine Noten wollte er wissen, ob ich noch weitere mündliche Prüfungen hätte. Dann begleitete er mich zur Tür. Lächelnd meinte er, damit hätte ich das Abitur wohl in der Tasche. Mir fiel ein Stein vom Herzen. Diesmal freute ich mich hoffentlich nicht wieder zu früh! Rein rechnerisch mußte es sogar noch für eine Zwei reichen …

Die Beratungen der Prüfungskommission zogen sich sich fast anderthalb Stunden hin. Die Stimmung unter den Wartenden war aber relativ gelassen.

Aus einem Gespräch mit dem Assistenten des Direktors hatte mein Vater erfahren, meine mündliche Leistung in Französisch sei »ziemlich unbefriedigend« gewesen; der Prüfer, der »die Agrégation in Französisch und Altphilologie als Bester seines Jahrgangs« bestanden habe, hätte mir ständig »auf die Sprünge helfen« müssen; ich sei nicht einmal in der Lage gewesen, den Begriff Frömmigkeit korrekt zu definieren und sei deshalb mit zwölf Punkten gut bedient. Diese Darstellung des Prüfungsverlaufs deckte sich nun überhaupt nicht mit meiner …

Außer mir waren noch einige andere von schlechten Noten in ihren stärksten Fächern überrascht worden. Ein Abiturient, der das ganze Jahr hindurch in Biologie im Durchschnitt fünfzehn Punkte bekommen hatte, hatte gerade mal fünf ergattert; auch er war mit einem guten Gefühl aus dem Prüfungssaal gegangen. Ein anderer hatte bereits seine Zulassung zu einem »Institut universitaire de technologie«, einem Technischen Hochschulinstitut, in der Tasche, so außergewöhnlich gut war er in Informatik; für ihn hätte das Abitur eigentlich nur eine Formsache sein sollen, und jetzt mußte er ins Mündliche.

Ein Kandidat, der bereits in eine Vorbereitungsklasse für die Aufnahme an einer Elitehochschule aufgenommen worden war und für den die Reifeprüfung ebenfalls eine reine Formalität hätte sein sollen, hatte seine Mutter geschickt, um sich nach den Prüfungsergebnissen zu erkundigen. Selbstbewußt hatte sie den Assistenten aufgefordert, sich gefälligst ein bißchen zu beeilen. Der fand den Namen schließlich auch: auf der Liste der Kandidaten, die zur mündlichen Prüfung erscheinen mußten, und das bereits um 10 Uhr 30. Die arme Frau geriet in totale Panik. Sie stürzte zum nächsten Telefon, rief ihren Sohn an, der bereits einen Ferienjob bei einer großen Firma angetreten hatte, und sagte ihm, er solle sich sofort in ein Taxi setzen und herkommen. Er soll es rechtzeitig geschafft und das Abitur bestanden haben. Aber dem muß ganz schön heiß geworden sein! Ein Glück, daß er nicht auf die Idee gekommen ist, in den Ferien irgendwo am Strand Eis zu verkaufen …

Es war mittlerweile 18 Uhr. Jetzt konnte es nicht mehr lange dauern. Die Gesichter nahmen einen angespannten Ausdruck an. Unwahrscheinlich, was für eine Angst manche Leute vor so einer Prüfung haben. Ich hätte mir das Abitur nie so dramatisch vorgestellt. Wenn ich an die ungeheure Verantwortung der Prüfer denke … Und an ihre Macht …

Der Assistent prophezeite weiterhin meinen Untergang. Auf Jaonas Bemerkung, das Mündliche sei ganz ordentlich gewesen, erwiderte er mit zuckersüßem Lächeln:

»Der Rückstand ist zu groß, den holt er nicht mehr auf.«

Jaona kam zu mir, als sich die Tür des Beratungszimmers endlich öffnete.

»Sie kommen! Die Ergebnisse sind da!«

Alle strömten herbei und scharten sich um den

Tisch des Assistenten, der jedem der zwanzig aufgeregten Kandidaten das Prüfungsergebnis mitteilte.

»Ramiandrisoa – bestanden!« stieß er mit seltsam erstickter Stimme hervor und rechte meinem Vater das Zeugnis.

Nur drei waren durchgefallen. Die allgemeine Stimmung war heiter und gelöst, ohne jedoch ausgelassen zu sein. Jaona bahnte sich einen Weg zum Telefon. Dadou mußte schon halb krank sein vor Sorge, weil sie so lange nichts von uns gehört hatte.

Die Pferdefreundin konnte ihrer Mutter einen dikken Kuß geben und der Informatik-Freak beruhigt in die Ferien gehen. Der Junge, der seine schlechte Note in Biologie ausbügeln mußte, bestand mit einem hauchdünnen Vorsprung von einem Punkt.

Die Prüfer schienen sich diesmal auf die Vergabe von dreizehn Punkten geeinigt zu haben: Außer mir, mit jeweils dreizehn in Mathe und Physik, hatten noch einige andere dieses Ergebnis. Aber ich will mich nicht beschweren: Ich war froh, bestanden zu haben. Auf meine Anfrage beim Kultusministerium hin wurde mir mitgeteilt, keiner aus meiner Gruppe habe mit »zwei« bestanden. Immerhin ein kleiner Trost ...

Im großen ganzen und in Anbetracht der Hindernisse, die ich hatte überwinden müssen, war ich mit meiner Leistung zufrieden, insbesondere in Physik. Ich hatte das Gefühl, einen Sieg errungen zu haben; es war kein Sieg der Intelligenz gewesen, sondern des Durchhaltevermögens und der Begeisterung.

Das Mündliche inspiriert mich im allgemeinen mehr als das Schriftliche. Vor einem toten Blatt Papier fehlt mir die Spannung, die Energie, die mich durchströmt, wenn ich einem Prüfer gegenüberstehe; und befindet sich der dann auch noch auf der gleichen Wellenlänge wie ich, sprühe ich förmlich vor Geist und Leistungsfähigkeit. Mein Vater meint, das läge an meiner »Jugend«.

»Du bist lebhaft, spontan, kreativ, unerschrocken, frei von Komplexen. Du hast alle geistigen und emotionalen Eigenschaften eines Kindes. Und das ist völlig normal.«

Außerdem basiert meine Ausbildung weitgehend auf mündlicher Kommunikation. Im Einzelunterricht kommt es zu einem intensiven Austausch von Gesten, Blicken, Wörtern, wird eine »vibrierende« Beziehung zwischen Lehrer und Schüler hergestellt, die für beide gleichermaßen stimulierend ist.

Im Gegensatz zu vielen anderen fühle ich mich wohl in dieser Atmosphäre, während ich mich in schriftlichen Prüfungen aufgrund des mangelnden Drucks eher hängenlasse. Im Mündlichen spüre ich viel deutlicher, was auf dem Spiel steht. Da sind alle meine Sinne hellwach. Und ein Vergehen wird sofort geahndet, sei es durch die Stimme, den Blick, die Gestik. Und da ich mich nicht gern schlecht fühle, kann mich das Streben nach Anerkennung ganz schön motivieren ...

Die Hauptsache war, daß ich bestanden hatte! In Mathe, Physik und Englisch, da, wo ich stark war, entsprach das Ergebnis meinen Fähigkeiten. Und in Französisch war meine Note trotz allem guter Durchschnitt.

Enttäuscht, tief enttäuscht, war ich über meine Leistung in Geschichte/Geographie; ich hatte so gehofft, wenigstens in die Nähe der achtzehn Punkte zu kommen, die mein Vater in seinem Abitur geschafft hatte. Die Noten in Philosophie und Biologie dagegen entsprachen ganz meinem Interesse an diesen Fächern ...

Wenn ich meine Leistung in Wirtschaft und Sozialwissenschaft berücksichtige sowie die Tatsache, daß ich keinen einzigen Rechtschreibfehler gemacht habe, muß ich sagen, das Ergebnis spiegelte mehr oder weniger mein damaliges Niveau wider. Mit Glanz und Gloria, Ruhm und Ehre würde ich mich ein andermal überschütten – aber außerhalb der Schule: Das Kapitel Schule war für mich abgeschlossen. Genau betrachtet, hatte ich es nie aufgeschlagen …

Nach all den Widrigkeiten, mit denen ich zu kämpfen hatte, mein Ziel doch noch erreicht zu haben, und das im Alter von zehn Jahren und zehn Monaten, machte mich sehr stolz.

10

Die Bilanz meines Vaters für das Schuljahr 1988/89 fiel insgesamt positiv aus: Alle seine Schützlinge hatten das Klassenziel erreicht. Ich hatte das Abitur bestanden, Senior Adonis war in die Abschlußklasse, Junior in die Unterprima versetzt worden, und Benjamin hatte unglaubliche Fortschritte gemacht. Wir konnten alle guten Gewissens in Ferien gehen.

Die Zeit nach den Prüfungen bestand für mich aus Faulenzen und Gesprächen, den beiden Nahrungsquellen für Geist, Seele und Körper auf dem Weg aus der Streßsituation. Morgens schlief ich bis in die Puppen, und abends kam ich nicht aus den Kleidern; mein Tag war ausgefüllt mit Sport, Familienausflügen, Musikhören, Lesen, ein bißchen Fernsehen, Herumalbern und ein wenig Mathe. Ein herrlicher Sommer! Aber die beste Idee stammte von Dadou: Sie hatte uns ein Abonnement für den »Aquaboulevard« besorgt.

Wir verbrachten ein paar Tage in Vecoux bei meinen

Großeltern, die sich bester Gesundheit erfreuten. Wie jeden Sommer hatte sich die ganze Familie Antoine eingefunden, um die schöne Jahreszeit auf dem Land zu genießen.

Zurück in Paris zeichnete sich recht schnell der Weg meiner weiteren Ausbildung ab. Nach einem Gespräch mit einer Pädagogin vom Nationalen Fernlehrinstitut in Vanves, einer lebhaften, begeisterungsfähigen Mathematiklehrerin um die Fünfzig, die ihre Beraterfunktion sehr ernst nahm, belegte ich einen Fernkurs in Mathematik, der für die Aufnahme in eine Elitehochschule vorbereitete.

Auf Jaonas Wunsch hin meldete ich mich aber auch für Englisch und Französisch an sowie, als Prämie sozusagen, für einen Zusatzkurs über die Boolesche Algebra.

Ich nahm weiterhin Unterricht bei Monsieur G. Im Januar 1990 hatten wir unser Pensum wie vorgesehen absolviert. Mit Erfolg, wie sich herausstellte: Alle achtzehn Arbeiten, die ich bis Januar 1990 an das Fernlehrinstitut schickte, wurden im Schnitt mit siebzehn Punkten von zwanzig möglichen bewertet.

In den anderen Fächern bekam ich ein »befriedigend«. Die abschließende Beurteilung des Institutsleiters lautete:

»Ganz hervorragende Ergebnisse in Mathematik. In den anderen Fächern ist sicherlich eine Steigerung möglich, aber in Anbetracht des Alters des Lehrgangsteilnehmers ist der Gesamteindruck ausgezeichnet.

Wir wünschen Ihnen auf Ihrem weiteren Lebensweg viel Erfolg.«

Ermutigende und sehr nette Worte.

Die Zeit beim Fernlehrinstitut von September 1989

bis Januar 1990 war unheimlich locker gewesen. Da Monsieur G. zu uns nach Hause kam, hatte ich es wirklich bequem. Ich brauchte nicht mehr in aller Frühe aufzustehen und mich nicht mehr nach den Abfahrtzeiten von Bussen und Bahnen zu richten, sondern konnte in aller Ruhe daheim über meinen Tagesablauf entscheiden.

Meine Kurse mit Caroline in englischer Konversation setzte ich ebenfalls fort. Jaona hatte auf der Basis von *Newsweek*-Artikeln Dossiers über aktuelle Fragen zusammengestellt, und Caroline und ich unterhielten uns darüber. Die Themen wechselten: Umweltverschmutzung, Gewalt, Drogen, Dritte-Welt-Staaten, die Moral in der Politik, der »Niedergang« der Vereinigten Staaten.

Um mein Englisch zu vervollkommnen, sah ich mir die »CBS Evening News« in Originalfassung und mit verdeckten Untertiteln an. Ich gehörte alsbald zum Stammpublikum von Dan Rather, Bob Schieffer, Leslie Stahl, Susan Spencer u.a.

Die günstigen Schüler- und Studententarife ermöglichten es mir, verschiedene Zeitungen und Zeitschriften zu abonnieren: die Tageszeitung *International Herald Tribune*, die Wochenmagazine *Newsweek* und *l'Express* sowie *l'Expansion* und *Le Canard enchaîné*. Daneben verschlang ich Biographien berühmter Mathematiker.

Seit einiger Zeit verfaßte ich Resümees in Englisch von Artikeln, die ich gelesen hatte. Das machte mir sehr viel Spaß.

Und dann die Karikaturen, Comics und Witzzeichnungen! Mein erster Blick im *Herald Tribune* galt den Abenteuern von Beetle Bailey, dem »Wizard of ID«, und dem einzigartigen Garfield. Das bescherte mir gute Laune für den Rest des Tages. Aber ich liebte auch Cardon und natürlich Cabu vom *Canard* und die Seite »Perspectives« in *Newsweek* mit irren Nummern wie Gorrell und Mike Luckovich. Der helle Wahnsinn.

Ich hatte also alle Freiheiten, aber damit auch die alleinige Verantwortung. Jetzt lag es an mir, den Weg für die Verwirklichung meines Herzenswunsches zu bereiten, nämlich die Universität zu besuchen und mich ausschließlich der Mathematik zu widmen. Aufgrund meines Alters würde ich zu keiner Aufnahmeprüfung zugelassen werden. Aber die Aussicht, nur noch Mathematik zu studieren, war so verlockend, daß ich mich meinen Eltern anvertraute. Nach einem langen Gespräch akzeptierten sie meine Entscheidung und versprachen, die notwendigen Schritte zu unternehmen, um mir das Studium zu ermöglichen.

Im November 1989 brachte mich unser Freund Jean-Charles Terrassier mit Paul L. zusammen, der zu den 1500 Kindern zählte, deren außergewöhnliche Begabung der Psychologe mit Hilfe seiner Intelligenztests festgestellt hatte. Die Neuauflage seines Buches hatte Jean-Charles um einige Abschnitte ergänzt, in denen er neben Paul L. auch mich erwähnte, als Fallbeispiele für »außerordentlich hochbegabte« Kinder.

Paul L. hatte im Alter von fünfzehn Jahren das Abitur mit der Note »sehr gut« bestanden, danach die »Ecole normale supérieure« besucht und mit neunzehn die Agrégation erworben. Inzwischen war er dreiundzwanzig und schrieb an seiner Dissertation; sein Doktorvater war Paul Malliavin.

Paul Malliavin, eine international anerkannte Kapazität auf dem Gebiet der Mathematik, hatte zweimal eine Auszeichnung der Harvard-Universität für seine bahnbrechenden Entdeckungen erhalten, die die Mathematik in unserem Jahrhundert »nachhaltig beeinflußt« hätten.

Nach allem, was ich über Paul L. erfahren hatte, fürchtete ich, ein »grüner Junge« wie ich werde ihn wohl kaum interessieren. Meine Besorgnis erwies sich als unbegründet. Er war ein etwas schüchterner, sehr zuvorkommender junger Mann von liebenswertem Wesen. Mein Vater fragte ihn, ob er nicht Lust hätte, gelegentlich mit mir zu arbeiten, und sei es nur, um meinen Wissenstand zu kontrollieren. Er sagte sofort zu. Paul und ich sahen uns von da an regelmäßig und wurden Freunde. Eines Tages schlug er mir vor, mich mit Jean Dieudonné bekannt zu machen.

Als er zwölf war und in die Sekunda des »Louis-le-Grand-Gymnasiums« ging, war er ihm zum erstenmal begegnet. Seitdem besuchte er ihn regelmäßig ein-, zweimal im Jahr.

Am Donnerstag, dem 18. Januar, um 10 Uhr waren wir mit dem großen Mathematiker verabredet. Paul L. hatte mir einiges über ihn erzählt.

Jean Dieudonné hatte alle führenden Mathematiker der vergangenen sechzig Jahre gekannt. Zum Beispiel den Deutschen David Hilbert (1862-1943), dessen Theorien die Grundlage für den Neuaufbau der modernen Mathematik bildeten. Hilbert, so sagte man, hätte jeden Tag eine »Fields-Medaille« – den Nobel-Preis der Mathematiker – verdient. Jean Dieudonné und seine Kollegen veröffentlichen seit 1938 unter dem Namen Bourbaki ein gigantisches Werk, *Les Eléments de mathématique*, in dem sie die Prinzipien dieses Neuaufbaus der Mathematik erläutern. Mit Hilfe der formalen Logik und der Mengenlehre versuchen sie die mathematische Sprache in Normen zu fixieren und zu vereinfachen und stellen mittels der sichtbar gewordenen gemeinsamen Strukturen die Verbindung her zwischen der mathematischen Wissenschaft und ihren diversen Zweigen. Mit einem Wort, die Gruppe, der Jean Dieudonné angehörte, verfaßte *die* Bibel der Mathematiker.

Er war trotz seiner vierundachtzig Jahre ein sehr aktiver Mensch. Gemeinsam mit seinem zwanzig Jahre jüngeren Kollegen Paul Malliavin gab er eine Lehrbuchreihe über reine Mathematik heraus und hatte ein wachsames Auge auf die wissenschaftlichen Publikationen in den internationalen Mathematikfachzeitschriften. Er setzte sich unermüdlich für seine Disziplin ein. Als Gast der Sendung »Apostrophes«, in die er eingeladen worden war, um sein Buch *Pour l'honneur de l'esprit humain* vorzustellen, erläuterte er die Aufgaben des Matehmatikers und beschrieb die Faszination, die tiefe Befriedigung, die sich für den Eingeweihten in dieser Welt einstellte. Sein Auftritt hatte mich sehr beeindruckt.

Püntklich um 10 Uhr standen wir vor seiner Tür. Ein Hüne von mindestens einem Meter neunzig mit einem sanften Kindergesicht öffnete uns und hieß uns herzlich willkommen. Er führte uns in sein Arbeitszimmer, wo er sich an seinen Schreibtisch setzte, während wir vor der stattlichen Bücherwand Platz nahmen.

Jean Dieudonné wollte Einzelheiten über meinen Werdegang wissen. Er fand seine uneingeschränkte Zustimmung. Das Schulsystem zu umgehen, sei die beste Lösung gewesen. Auf diese Weise hätte ich mir meine Fähigkeiten und Neigungen bewahrt, anstatt sie durch den Einheitsunterricht zu verwässern. Er sagte mir, ohne zu zögern, seine Unterstützung zu, versprach sogar, sich im Kultusministerium für mich zu verwenden, damit ich meinen Weg ungehindert fortsetzen könne.

Dann erzählte er uns ein wenig aus seinem Leben. Zum Beispiel, wie Alexander Grothendieck, sein und Laurent Schwartz' Schüler (Schwartz war 1950 als erster Franzose mit der Fields-Medaille ausgezeichnet worden), seine Lehrer auf dem Gebiet der komplexen Analysis überflügelte und im Jahr 1966 selbst die Fields-Medaille erhielt.

Der 1928 geborene Grothendieck, ein genialer Mathematiker deutscher Abstammung, der später in meiner Geburtsstadt Montpellier tätig war, Urheber der K-Theorie, sprühte förmlich vor Ideen, so daß er sich mit einem ganzen Stab von Assistenten umgeben mußte, die seine Einfälle unverzüglich notierten.

Wir diskutierten über die Charakteristika der Algebra, der Analysis und der Geometrie, ohne jedoch zu vergessen, daß die Mathematik ein unteilbares Ganzes ist.

In Algebra und Geometrie bin ich zu Hause. Ich habe den »algebraischen Instinkt«, das, was mein Vater die »Über-Sicht« nennt, die Fähigkeit des geistigen Sehens. Die verschiedenen Schritte zur Lösung einer Aufgabe schieben sich im Geist so blitzschnell übereinander, daß man »alles gleichzeitig und von allen Seiten zu sehen glaubt«, wie der Mathematiker G. Cordonnier schreibt.

Die Algebra stellt für diesen geistigen Prozeß ein vorzügliches Übungsgebiet dar. Für die Lösung einer Gleichung etwa wird sehr viel weniger Zeit benötigt, da die Über-Sicht es ermöglicht, einige Rechenvorgänge einfach zu überspringen.

Nur wenn sich zu diesem algebraischen Instinkt der

analytische Reflex und der Überblick in Geometrie geselle, so Jean Dieudonné, seien die Voraussetzungen für ein ideales Zusammenwirken gegeben.

Stoff zum Träumen für junge Talente ...

Der Meister hatte mir seine Botschaft verkündet. Er hatte mir aufgetragen, meinen Weg unbeirrt zu gehen und in meinem Eifer niemals zu erlahmen. Und er hatte mich seines Wohlwollens und seiner Unterstützung versichert.

Der Besuch bei Jean Dieudonné zählt zu den beeindruckendsten Erlebnissen meines jungen Lebens. Leicht benommen wankte ich aus dem Haus. Kein Wunder, schließlich trifft man nicht alle Tage einen Mann, der bereits zu Lebzeiten eine Legende ist. Eine lebendige Erinnerung an sechzig Jahre Mathematik. Und in den letzten vierzig ist ihre Entwicklung geradezu explosionsartig verlaufen.

Von 1950 bis heute hat die Mathematik bedeutendere Fortschritte gemacht als von ihren Anfängen bis zum Jahre 1950! Und Gelehrte wie Jean Dieudonné waren es, die den Umsturz vorbereiteten und durchführten. Seine Auswirkungen waren in allen technischen und wissenschaftlichen Bereichen zu spüren, und dennoch stellt der unmittelbare Nutzen, den wir daraus ziehen, paradoxerweise nicht das Hauptmotiv für die mathematische Grundlagenforschung dar. In meinen Augen macht das den eigentlichen Reiz dieser Disziplin aus. Alain Connes, der letzte mit einer »Fields-Medaille« ausgezeichnete Franzose (1982), Professor am »Collége de France« und eins der jüngsten Mitglieder der Akademie der Wissenschaften, drückt es so aus:

»Nur wer sich von der Ästhetik ansprechen und von Emotionen rühren läßt, wird entdecken, was eines Tages möglicherweise einen Zweck erfüllt.«

11

Den 18. Januar 1990 müßte ich mir wirklich im Kalender rot ankreuzen, sagte ich zu Jaona. Was denn so verwunderlich an dieser Begegnung gewesen sei, meinte er. Wenn ein Dieudonné – ein »von Gott Geschenkter« – einen Ramiandrisoa – »einer, der die Gabe (Gottes) erwartet« – treffe, könne doch nur Gutes dabei herauskommen.

Mein Wunsch, Mathematik auf höchstem Niveau zu studieren, wurde noch stärker.

Die Grundlagen zu erwerben, die für einen Forscher unverzichtbar sind, wäre der erste Schritt auf dem Weg dorthin. Ich hoffte, so schnell wie möglich einen Studienplatz zu bekommen, damit ich noch im zweiten Semester, das Anfang Februar begann, meine Vorlesungen belegen könnte.

Wieder kam mir der Zufall in Gestalt von Paul L. zu Hilfe.

Er war nämlich ein alter Bekannter von Jacques Vauthier, dem Direktor der Ausbildungs- und Forschungseinheit Mathematik an der Pierre-und-Marie-Curie-Universität in Paris VI, Place Jussieu. Jacques Vauthier hatte die Gruppe der »Jeunes vocations« geleitet, an welcher der damals zwölfjährige Paul teilnahm. Heute unterrichtete Paul an dieser Universität Studenten des ersten Studienzyklus und war selbst noch Student – besser gesagt, Doktorand. Auf seine Bitte hin erklärte sich Jacques Vauthier zu einem Gespräch mit mir bereit.

Es fand am 5. Februar statt. Und endete damit, daß Monsieur Vauthier einen Versuch wagen wollte. Ich konnte unverzüglich mit der Zusammenstellung meiner Vorlesungen und Seminare beginnen. Für den Studiengang mit Abschluß Staatsexamen wählte ich »Unabhängige Variable, Fourierananlyse, Hilbert-Raum« und für den Studiengang mit Abschluß Magister »Analytische Funktionen mit mehreren Variablen«. Es würde nicht leicht sein, beide Programme parallel zueinander durchzuziehen, und für ein Erstsemester wie mich schien dies ein ganz und gar aussichtsloses Unterfangen. Aber diese Themen sagten mir nun einmal am ehesten zu.

Für einen Zwölfjährigen im zweiten Studienzyklus machte ich meine Sache gar nicht schlecht. Zum erstenmal nahm ich regelmäßig an einer Art Schulunterricht teil, auch wenn die Teilnahme nicht Pflicht war wie in der Grundschule oder am Gymnasium. Ich hatte insgesamt sechzehn Stunden in der Woche belegt – vier Stunden Vorlesungen, zwölf Stunden Seminare. Die kleinen Räume waren gut besucht, aber nicht überfüllt. Und die Studenten ließen mich in Ruhe und stellten keine blöden Fragen, über mein Alter zum Beispiel ...

Aber ganz so unauffällig wollte ich mich nicht verhalten. Eine Vorlesung oder ein Seminar besuchen hieß für mich nicht, mit gesenktem Kopf dasitzen und schweigend mitschreiben, was der Professor von sich gab. Sich aktiv am Unterricht beteiligen, ihn mitgestalten, so stellte ich mir ein Studium an der Uni vor. Und ich tat mir keinen Zwang an. Ich meldete mich zu Wort, wenn ich es für nötig hielt, und ging, im Gegensatz zu meinen Kommilitonen, auch gern nach vorn an die Tafel, wo ich keineswegs immer eine gute Leistung erbrachte.

Einmal mußte ich ziemlich energisch werden, bis ich die Erlaubnis erhielt, nach vorn kommen zu dürfen. Monsieur L., einer der wenigen Professoren, die weder Sympathie noch Interesse für mich bekundeten, hatte drei Tafeln vollgeschrieben, um die Lösung einer Integralrechnung darzulegen. Ich brauchte dafür höchstens den vierten Teil.

Ein anderer Professor versäumte nie eine Gelegenheit, mich aufzuziehen. »Ich bin sicher, Arthur hat längst erkannt, worum es sich hier handelt«, spöttelte er einmal mit seinem slawischen Akzent und einem Beifall heischenden Blick in die Runde.

Dabei schnitt ich in der Zwischenprüfung, die ich bei ihm ablegte, miserabel ab mit meinen 6,5 Punkten – die schlechteste Mathenote, die ich je bekommen hatte. Unter den Großen war ich eben noch ein Anfänger, und ein Studium auf so hohem Niveau bedeutete eine gewaltige Anstrengung.

Doch als ich mich erst einmal an die neuen Verhältnisse gewöhnt hatte, ging es sehr schnell aufwärts. Am Ende des Semesters bestand ich die Prüfung im einen Studiengang mit »befriedigend« und zwölf Punkten, im andern mit dreizehn und ebenfalls »befriedigend«.

Anfänger, der ich war, bemühte ich mich redlich. Meine Lehrer bescheinigten mir unter anderem eine »hervorragende Intuition«, bemängelten jedoch »formale Schwächen«, die auf meine unkonventionelle Schulbildung zurückzuführen seien. Für mich zählte indes, daß es mir gelungen war, mich in den Universitätsbetrieb zu integrieren, daß heißt, ich hatte mich nicht nur an die Art des Unterrichts gewöhnt, sondern fand mich auch in der neuen Umgebung zurecht und kam mit Professoren und Kommilitonen gleichermaßen aus. Von daher hatte ich nie irgendwelche Probleme. Mich motivierte die Verantwortung, die Selbständigkeit, die man uns – jedenfalls im zweiten Studienzyklus – zugestand, ungeheuer. Wer sich mit ein- oder zweiundzwanzig Jahren auf den Magister vorbereitet, hat kein Interesse daran, seine berufliche Zukunft durch Faulenzen oder schlampiges Arbeiten aufs Spiel zu setzen. Diplomierte Mathematiker haben ausgezeichnete Berufschancen.

Und jetzt hatte niemand mehr etwas dagegen, wenn ich beim Lernen Musik hörte. Ich konnte pfeifen oder aus voller Kehle mitsingen, soviel ich wollte. Affengeil!

Ich fand Rückhalt bei meiner kleinen Familie auf der einen Seite und bei der Uni auf der anderen: Mich konnte nichts mehr aus der Bahn werfen.

Wir hatten wieder angefangen, Basketball zu spielen. Diese Sportart sagte mir am meisten zu. Ich spielte zwar nach wie vor gern Fußball, aber mir fehlten die kurzen, krummen Beine, um wirklich gut zu sein. Außerdem waren mir die Sitten auf dem Platz ein wenig zu rauh ...

Beim Basketball dagegen brauchte ich erstens keine Angst um meine Knochen zu haben, und zweitens bestand Hoffnung, einmal ein überdurchschnittlicher Spieler zu werden. Ich hatte nämlich bei einigen Standardtests gute Anlagen gezeigt. Am 4. Januar 1991 hatten mein Vater und ich eine zweistündige Unterredung mit Jacques Donzel, dem neuen Direktor des »Institut national des sports et d'éducation physique«, des Nationalen Instituts für Sport und Leibeserziehung. Als Monsieur Donzel mir die Türen zu seinem »elitären« Institut öffnete, beschloß ich, mich von nun an verstärkt dem Basketball zu widmen.

Ich zeichnete sämtliche Spiele der amerikanischen Profiliga NBA und der Universitätsmeisterschaften

(NCAA) auf Video auf und informierte mich zudem täglich im Sportteil des *Herald Tribune*. Basketball ist in den USA eine der beliebtesten Sportarten. Und wenn ich mir die Spiele ansah, fing ich an zu träumen …

Mathematik und Basketball nebeneinander und auf höchstmöglichem Niveau zu betreiben – keine leichte Aufgabe, die ich mir da vorgenommen hatte, aber eine ungemein aufregende. Und versuchen kostet nichts. Musik, Mathe, Basketball: das war mein Spitzentrio.

Und dann ist da noch meine kleine Schwester.

Kalvine ist nicht nur Jaonas und Dadous Kind, sondern auch meins. Wir drei wollten sie, und jetzt verwöhnen wir sie gemeinsam. Wenn ich beobachte, wie sie lacht vor Glück, quietscht vor Freude, seufzt vor Seligkeit, schaudert vor Wonne, sage ich mir immer, es ist völlig normal, daß sie ihre Kindheit mit soviel Sinnenfreude genießt, weil sie es ganz einfach will.

Sie will etwas sagen. Es ist nicht leicht, in einer Familie, in der jeder seinen Senf dazugeben möchte (ich denke da nur an Jaona, um ein willkürlich gewähltes Beispiel zu nennen), zu Wort zu kommen. Kalvine hat einen Weg gefunden. Sie brüllt aus Leibeskräften:

»Ich will nichts mehr hören! Ich will nichts mehr hören! Halt den Mund, Jaona! Halt den Mund, Arthur! Halt den Mund, Dadou! Seid endlich still! Es ist wichtig! Ich will etwas sagen! Ich will etwas sagen!«

Sie tobt so lange, bis wir sie zu Wort kommen lassen. Eine radikale Methode, aber sehr wirkungsvoll. Und dann redet sie und redet …

Sie will schwimmen, und sie schwimmt – und zwar ausgezeichnet.

Sie will radfahren, und sie fährt überall, im Augenblick freilich noch mit Stützrädern.

Sie will ihre Morgengymnastik auf indische Art machen, und sie hat einen Mordsspaß dabei.

Sie will, daß man ihr etwas vorliest, und wir lesen ihr ganz, ganz oft etwas vor, manchmal mehr als fünfzehn Bücher am Tag.

Sie will lesen, und sie liest. Perfekt, mit ihren drei Jahren!

Sie will »Babar« im Fernsehen sehen, und sie schaut ihn sich an, vielleicht ein bißchen zu oft.

Sie will schreiben, und sie kritzelt, gar nicht so schlecht.

Sie will zeichnen, und sie bemüht sich, nicht sehr erfolgreich, aber immerhin.

Sie will malen, und sie malt, ganz gut sogar.

Sie will mit ihren Heften »arbeiten« – *Pomme d'api, Youpi, Blaireau, Toboggan, Wakou* – und das macht ihr viel Freude.

Sie will, daß wir einen Blues auflegen – und sie tanzt. Super! Das Schönste ist, wenn sich Jaona hinkniet und einen zärtlichen Slow mit ihr »tanzt«.

Sie will spielen – und wir kriechen auf allen vieren herum; das muß sein, da kennt sie kein Pardon!

Sie will sich Märchenkassetten anhören – und lauscht andächtig, grunzend vor gespannter Aufmerksamkeit, so wie ich damals, während sie die Begleitbücher durchblättert.

UND DANN HABEN WIR ENDLICH RUHE VOR IHR! UFF!

Wenn sie es jedoch darauf anlegt, uns fertigzumachen – dann schafft sie das auch!

12

Der 24. Juni 1991 war ein ganz besonderer Tag für uns.

Wir warteten auf meine Prüfungsergebnisse. Am späten Vormittag bekam ich sie: Ich hatte das Staatsexamen mit der Note »gut« bestanden – 14,25 Punkte von zwanzig möglichen. Und ich hatte meinen dritten Schein – vier benötigte ich insgesamt – für den Magister in reiner Mathematik. Erst zwei Jahre waren seit dem Abitur vergangen, vier seit der Mittleren Reife. Wie schnell doch die Zeit verging ...

Ich konnte beruhigt in die Ferien gehen.

Am Nachmittag bekam ich von meinen Eltern die beiden neuesten CDs von Stevie Ray Vaughan geschenkt (er ist mein Idol, mein Held, möchte ich fast sagen; er kam im August 1990 im Alter von fünfunddreißig Jahren bei einem Hubschrauberabsturz ums Leben, und sooft ich daran denke, ist meine Kehle wie zugeschnürt). Am Abend fuhren wir mit der S-Bahn nach Île St. Germain hinaus, wo ein Open Air Konzert stattfand. Im Programm: die Buddy Guy Blues Band und B.B. King.

Es war traumhaft! Buddy Guy spielte als erstes Stück – »Sweet Home Chicago«! Dadou fiel Jaona schluchzend um den Hals, Kalvine klatschte in die Hände, und ich sang mit:

»*Come on, baby, don't you wanna go* ...«

Literaturhinweise

Alexander, Gerda: *Eutonie – Ein Weg der körperlichen Selbsterfahrung,* 8. Aufl., München 1992

Dolto, Francoise: *Zwiesprache von Mutter und Kind,* München 1988

Doman, Glenn: *Wie kleine Kinder lesen lernen,* 4. Aufl., New York 1968

Gardner, Martin: *Aha! Oder das wahre Verständnis der Mathematik,* München 1987

Leboyer, Frédérick: *Geburt ohne Gewalt,* München 1988

ders.: *Sanfte Hände – die traditionelle Kunst der indischen Baby-Massage,* 12. Aufl., München 1991

Vahle, Fredrik/Heine, Helme: *Der Katzentatzentanz,* Köln 1980

Band 61264

Sophie Zerchin

Auf der Spur des Morgensterns

Dies ist der authentische Bericht einer Frau, die als Neunzehnjährige erstmals als schizophren und unheilbar geisteskrank in eine psychiatrische Anstalt kam. Weitere Schübe, neue Einweisungen folgten. Sophie schafft es schließlich, ihre Wahnvorstellungen als symbolische Botschaften ihres Unterbewußtseins zu deuten und auf diese Weise völlig gesund zu werden.

Ihr Buch weist nicht nur den Weg zum Verständnis psychotischen Denkens und Fühlens, es ist auch eine Anklage gegen die psychiatrische Verwahrungspraxis, die allzu oft dem psychotischen Menschen das eigentliche Heilen – Gespräch und Verständnis – verweigert.

Band 61284

Aiyleen Dardan

Tausendundein Schmerz

Aiyleen Dardan - aus einer assyrischen Familie stammend und streng katholisch erzogen – lernt mit 14 Jahren in Teheran den Moslem Mansur kennen. Beide fühlen sich zueinander hingezogen. Als Aiyleens Familie von dieser Liebe erfährt, wird sie verstoßen. Trotzdem läßt Aiyleen sich nicht beirren. Die Revolution verändert das Leben der Liebenden. Sie müssen untertauchen. Nach Überwindung unzähliger Gefahren gelingt es ihnen, mit ihrer kleinen Tochter nach Deutschland zu fliehen. Und hier muß Aiyleen eines Tages erkennen, daß sie nicht nur ihre geliebte Heimat für immer verloren hat, sondern auch den Mann, der ihr mehr bedeutete als ihr Leben...

BASTEI LÜBBE